权威·前沿·原创

皮书系列为

"十二五""十三五""十四五"时期国家重点出版物出版专项规划项目

BLUE BOOK

智 库 成 果 出 版 与 传 播 平 台

法治现代化蓝皮书

BLUE BOOK OF LEGAL MODERNIZATION

中国法治社会发展报告（2022）

DEVELOPMENT OF THE RULE OF LAW IN SOCIETY REPORT (2022)

主　编／公丕祥

副主编／李　力　庞　正

社会科学文献出版社
SOCIAL SCIENCES ACADEMIC PRESS (CHINA)

图书在版编目（CIP）数据

中国法治社会发展报告 . 2022/公丕祥主编；李力，
庞正副主编 . --北京：社会科学文献出版社，2022. 10
（法治现代化蓝皮书）
ISBN 978 - 7 - 5228 - 0555 - 9

Ⅰ . ①中… Ⅱ . ①公… ②李… ③庞… Ⅲ . ①社会主
义法治-研究报告-中国-2022 Ⅳ . ①D920. 0

中国版本图书馆 CIP 数据核字（2022）第 147188 号

法治现代化蓝皮书
中国法治社会发展报告（2022）

主　　编／公丕祥
副 主 编／李　力　庞　正

出 版 人／王利民
组稿编辑／刘骁军
责任编辑／易　卉
文稿编辑／郭锡超
责任印制／王京美

出　　版／社会科学文献出版社·集刊分社（010）59367161
　　　　　地址：北京市北三环中路甲 29 号院华龙大厦　邮编：100029
　　　　　网址：www. ssap. com. cn
发　　行／社会科学文献出版社（010）59367028
印　　装／三河市东方印刷有限公司

规　　格／开　本：787mm×1092mm　1/16
　　　　　印　张：21. 75　字　数：325 千字
版　　次／2022 年 10 月第 1 版　2022 年 10 月第 1 次印刷
书　　号／ISBN 978 - 7 - 5228 - 0555 - 9
定　　价／138. 00 元

读者服务电话：4008918866

中国法治社会发展报告（2022）

主　　　编　公丕祥

副　主　编　李　力　庞　正

策　　　划　中国法治现代化研究院蓝皮书工作室

工作室主任　庞　正

工作室副主任　倪　斐

工作室成员　（按照姓氏汉字笔画排序）

马　磊　丰　霈　王丽惠　尹培培　杜维超

李　旭　李　谦　吴　欢　张　鹏　孟星宇

夏少昂　韩玉亭　强　卉

撰　写　人　员　（按照姓氏汉字笔画排序）

王　琦　王伟彬　公丕祥　闫芳霖　孙文恺

李　旭　李　洋　李子晗　吴　欢　张莹莹

陈　朵　邵之恒　周苗涵　庞　正　孟星宇

赵永洁　倪　斐　鲁文辉

总　序

纵观世界法治现代化的历史进程，我们可以清晰地看到，现代化与法治内在联系，相互依存，不可分割。习近平总书记指出："法治和人治问题是人类政治文明史上一个基本问题，也是各国在实现现代化过程中必须面对和解决的一个重大问题。"[①] 近代以来，伴随着民族国家的建构过程，国家现代化与法治化成为国家和社会生活变革与发展的主旋律。然而，这一进程在不同的国家往往具有不同的历史特点，形成各具特质的法治发展及其现代化道路。中国式法治现代化道路是在中国的具体国情条件下所展开的法治变革过程，是具有鲜明社会主义性质、反映文明社会法治现代化运动规律、确证人类法治文明新形态的法治现代化的中国道路，体现了独特的内在逻辑。在当代中国，中国共产党人以高度的历史主动性，深刻认识法治这个治国理政最大最重要的规矩在国家现代化进程中的重要作用，坚定不移地厉行法治，深入推进广泛而深刻的社会与法治变革，中国式法治现代化道路显示出旺盛的活力与强大的生命力，充分表达了法治现代化的中国经验。

法律是以社会为基础的。法治革命是社会革命的历史产物，也是社会革命的法治样式。中国共产党成立一个世纪以来，领导中国人民坚定推进气壮山河的伟大社会革命，完成了新民主主义革命和社会主义革命，进行了改革开放新的伟大社会革命，"创造了一个又一个彪炳史册的人间奇迹"。[②] 这一进程中的两次前后相继的法治革命，首先都是一场社会革命。1949 年至

---

① 参见《习近平关于全面依法治国论述摘编》，中央文献出版社，2015，第 12 页。
② 参见《中国共产党第十九次全国代表大会文件汇编》，人民出版社，2017，第 12 页。

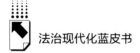

1956 年的当代中国第一次社会革命，在中国大地上创建了社会基本制度及其国家制度体系。"五四宪法"以国家根本法的形式确证了人民民主与社会主义这两大原则，创设了社会主义中国的国体与政体的宪制基础，由此形成了当代中国第一次法治革命。1978 年开启的改革开放新的伟大革命，乃是 1949 年之后中国的第二次社会革命，开辟了中国特色社会主义道路。"八二宪法"及其四个宪法修正案在改革开放的社会变革进程中第一次确立了发展社会主义市场经济、建设社会主义法治国家的国家根本法基础，进而形成了当代中国第二次法治革命。

党的十八大以来，法治发展领域发生了历史性变革，取得了历史性成就，中国式法治现代化进入了新时代。习近平总书记强调，"新时代中国特色社会主义是我们党领导人民进行伟大社会革命的成果，也是我们党领导人民进行伟大社会革命的继续，必须一以贯之进行下去"。①适应坚持和发展中国特色社会主义这一新时代伟大社会革命的需要，以习近平同志为核心的党中央从确保党和国家长治久安的战略高度，加强中国法治发展的战略谋划，在党的十八届三中全会作出"推进法治中国建设"的重大战略抉择的基础上，召开党的十八届四中全会对全面推进依法治国若干重大问题作出了专门系统的战略部署，成为新时代中国式法治现代化进程中的一个重要里程碑。党的十九届二中全会是继十八届四中全会之后我们党对新时代坚持全面依法治国作出的又一重大战略谋划，在我们党的历史上第一次以全会形式专题研究宪法修改问题，审议通过了《中共中央关于修改宪法部分内容的建议》，旨在为新时代坚持和发展中国特色社会主义这一伟大革命提供坚强的宪法保障。十三届全国人大一次会议审议通过的宪法修正案，充实完善了现行宪法有关制度规定。这集中体现了新时代中国国家发展及其现代化的内在需要，明确表达了新时代伟大社会革命的宪法逻辑，充分体现了中国式法治现代化的时代价值。党的十九届三中全会对深化党和国家机构改革作出重要部署，并且根据十九大的总体部署，决定组建中央全面依法治国委员会，借

---

① 参见《习近平谈治国理政》第三卷，外文出版社，2020，第 69~70 页。

以加强党中央对法治中国建设的集中统一领导。① 党的十九届四中全会把坚持和完善中国特色社会主义法治体系、提高党依法治国依法执政能力，纳入推进国家制度和国家治理体系建设的总体战略部署之中，提出了新时代加强法律制度建设的具体任务。② 党的十九届五中全会从当代中国进入全面建设社会主义现代化国家的新发展阶段的实际出发，勾画了到 2035 年基本建成法治国家、法治政府、法治社会，基本实现中国式法治现代化的远景目标，部署了"十四五"时期法治建设的重点任务。党的十九届六中全会全面总结党的百年奋斗的伟大成就和宝贵经验，系统回顾党的十八大以来全面依法治国取得的重大进展，强调"党的十八大以来，中国特色社会主义法治体系不断健全，法治中国建设迈出坚实步伐，法治固根本、稳预期、利长远的保障作用进一步发挥，党运用法治方式领导和治理国家的能力显著增强"。③ 中国式法治现代化道路不断拓展，深刻地改变着国家与社会生活的基本面貌。

中国共产党人在领导中国人民进行艰苦卓绝的伟大社会革命中，坚持把马克思主义法治思想同中国具体法治实际相结合、同中华优秀传统法律文化相结合，努力走出一条具有鲜明中国特色的社会主义法治道路。习近平总书记指出："各国国情不同，每个国家的政治制度都是独特的。"④ "走什么样的法治道路，建设什么样的法治体系，是由一个国家的基本国情决定的。"⑤ 中国社会经济、政治、文化、历史与地理环境诸方面的条件或因素，决定或制约着中国式法治现代化进程的基本取向和运动方向。

新中国成立 70 多年来特别是改革开放 40 多年来探索中国式法治现代化

---

① 参见《深化党和国家机构改革方案》，人民出版社，2018，第 4 页。

② 参见《中共中央关于坚持和完善中国特色社会主义制度　推进国家治理体系和治理能力现代化若干重大问题的决定》，人民出版社，2019，第 13~15 页。

③ 参见《中共中央关于党的百年奋斗重大成就和历史经验的决议》，人民出版社，2021，第 43 页。

④ 参见习近平《在庆祝全国人民代表大会成立 60 周年大会上的讲话》（2014 年 9 月 5 日），人民出版社，2014，第 16 页。

⑤ 参见习近平《加快建设社会主义法治国家》，载《习近平谈治国理政》第二卷，外文出版社，2017，第 117 页。

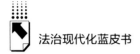

道路的艰辛实践，历史性地生成了法治现代化的中国道路的总体性特征。这主要是：（1）在当代中国，作为国家最高政治领导力量，中国共产党在整个国家和社会生活中处于领导地位，必须坚持和加强党对全面依法治国的领导，这是中国式法治现代化的根本政治保证。（2）法治现代化与国家治理现代化之间有着密切的关系，推进当代中国法治现代化，就是要促进从人治型的国家治理体制向法治型的国家治理体制的历史性转变，这是中国式法治现代化的方略选择。（3）全面推进依法治国，加快建设法治中国，必须坚持以人民为中心的法治准则，这是中国式法治现代化进程的最深厚的动因基础。（4）人民日益增长的美好生活需要和不平衡不充分的发展之间的矛盾这一新时代我国社会的主要矛盾，准确反映了当代中国社会发展的阶段性特征，对全面依法治国进程产生了深刻影响，这是推进中国式法治现代化的客观依据。（5）在新的时代条件下，推进中国法治现代化的宏伟大业，必须把新发展理念融入全面依法治国领域之中，充分展示法治对于保障当代中国发展的时代价值，这是中国式法治现代化的战略引领。（6）处于转型期的当代中国，必须始终高度关注和重视解决社会公平正义问题。全面依法治国要围绕保障和促进社会公平正义来进行，这是中国式法治现代化的价值取向。（7）在中国这样一个幅员辽阔的东方大国，东中西部各个区域之间的经济社会发展水平存在明显的差异，必然影响或制约各个区域法治发展的进程状况与实际效果，必须在坚持国家法制统一性的前提下认真对待区域法治发展，这是中国式法治现代化的现实路径。（8）全面依法治国是一个宏大的系统工程，必须加强整体谋划，统筹兼顾，坚持依法治国和以德治国相结合，依法治国和依规治党有机统一，这是中国式法治现代化的统筹机制。（9）在当代中国，"改革和法治为鸟之两翼，车之两轮"，[1] 必须立足法治国情条件，渐进有序地推进法治领域改革，坚持在法治下推进改革，在改革中完善法治。这是中国式法治现代化的动力机制。（10）在全球治理变革深入推进的历史条件下，国内法治与国际法治彼此互动、协调发展，以期推动构

---

[1]　参见习近平《在庆祝中国共产党成立95周年大会上的讲话》，人民出版社，2016，第17页。

建人类命运共同体，这是中国式法治现代化建设的全球方位。很显然，在当代中国伟大社会革命进程中逐步形成的法治现代化道路，有着自身独特的历史个性和鲜明的中国特征。只有从中国的实际情况出发，才能走出一条自主型的中国式法治现代化道路。越是民族的，越具有世界性。根植于法律文化传统创造性转换基础上的中华法治文明价值体系，并不是脱离世界法治文明发展大道的孤立的法治现象，而是基于对本国法治国情特点的悉心把握，"坚持以我为主、为我所用、认真鉴别、合理吸收"，充分吸取世界法治发展的有益经验，"学习借鉴世界上优秀的法治文明成果"。① 因此，法治现代化的中国道路，不仅记载深厚的中国经验，融入丰富的中国元素，体现鲜明的中国精神，而且注重把握世界法治文明发展大势，积极参与世界法治经验对话交流，辩证吸收世界法治发展有益成果，因而与世界法治文明的普遍准则沟通协调，具有普遍性的世界意义。

当代中国正处在从大国走向强国的新发展阶段。伴随着中国特色社会主义进入新时代的铿锵步履，"近代以来久经磨难的中华民族迎来了从站起来、富起来到强起来的伟大飞跃"。② 实现中华民族"强起来"的宏伟愿景，离不开法治的坚强保障。在中国这样一个幅员辽阔、人口庞大、民族众多、国情复杂的发展中的社会主义大国，作为执政党的中国共产党要跳出"历史周期律"，实现长期执政，确保党和国家的长治久安，就必须在习近平法治思想的指引下，悉心做好为民族复兴筹、为子孙后代计、为长远发展谋的战略筹划，全面推进法治中国建设，进而为新时代中华民族"强起来"的伟大飞跃提供根本性、全局性、长期性的制度保障。法治现代化的中国道路，集中体现了新时代从大国走向强国的中国法治使命和责任。

中国特色社会主义进入新时代，标志着当代中国现代化运动站在了一个新的时代起点上，中国式法治现代化迈进了一个新的社会历史阶段。党的十九大报告的一个重要理论贡献，就是清晰阐述了以习近平同志为核心的党中

---

① 参见习近平《论坚持全面依法治国》，中央文献出版社，2020，第111页。
② 参见《中国共产党第十九次全国代表大会文件汇编》，人民出版社，2017，第10页。

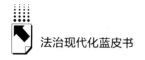

央关于从全面建成小康社会到基本实现现代化、再到全面建成社会主义现代化强国的重大战略谋划。这即是"新时代中国特色社会主义发展的战略安排"。这一战略安排蕴含着丰富的法治意义，具有鲜明的法治发展指向，实际上提出了推进新时代中国法治现代化的新的"三步走"战略构想，从而昭示着新时代中国式法治现代化的宏伟愿景。第一步，按照党的十六大、十七大、十八大提出的全面建成小康社会各项要求，到2020年全面建成小康社会。到那时，各方面制度更加成熟更加定型，国家治理体系和治理能力现代化取得重大进展，各领域基础性制度体系基本形成；人民民主更加健全，法治政府基本建成，司法公信力明显提高，人权得到切实保障，产权得到有效保护。第二步，从2020年到2035年基本实现现代化，比原先的设想提前了15年。到那时，在政治建设与法治发展领域，人民平等参与、平等发展权利得到充分保障，法治国家、法治政府、法治社会基本建成，各方面制度更加完善，国家治理体系和治理能力现代化基本实现。第三步，从2035年到21世纪中叶全面建成富强民主文明和谐美丽的社会主义现代化强国。到那时，在政治与法治发展领域，我国社会主义文明将全面提升，实现国家治理体系和治理能力现代化。我国政治文明的全面提升，必然意味着在这一进程中我国法治文明历时地得到全面提升。法治现代化是国家治理现代化的有机组成部分，二者内在联系、不可分割，处于同一个历史过程之中。中国国家治理现代化的实现，同样表明中国式法治现代化的全面实现。这无疑是一幅新时代推进中国式法治现代化的恢宏画卷。

从全面建成小康社会到基本实现现代化再到全面建成现代化强国的历史进程，赋予法治现代化的中国道路以全新的时代使命。新中国成立以来首次召开的中央全面依法治国工作会议最重大的成果，就是确立了习近平法治思想在全面依法治国工作中的指导地位，意义重大，影响深远。习近平法治思想是马克思主义法治理论中国化进程的最新重大理论成果，开辟了当代中国马克思主义法治理论、21世纪马克思主义法治理论发展的崭新境界，为深入推动新时代中国式法治现代化的历史进程提供了根本遵循，指明了中国式法治现代化理论研究、实践探索和智库建设的前进方向。中国法治现代化研究院是经中共江苏省委宣传部批准、设立在南京师范大学的一所法治智库。中国法治现代化研究院立足江苏、面向全国、放眼世界，致力于为党和国家以及地方党委和政府全面推进依法治国、深化法治江苏省建设提供决策咨询，注重把握应用性和对策性研究的工作主轴，坚持宏观层面研究和微观层面研究的有机结合，侧重中国式法治现代化领域的战略层面研究，着力提出具有长远考量和全局意义的中国式法治现代化进程的战略性预测和发展战略建议，为党和国家以及地方党委和政府提供思想和行动方案选择，努力建设成为全省领先、国内一流、国际知名的中国式法治现代化领域的新型高端法治智库。法治现代化蓝皮书是由中国法治现代化研究院组织编撰的专注于新时代中国式法治现代化领域重要问题的连续性的年度研究报告，旨在坚持以习近平法治思想为指导，面向新时代全面推进依法治国、加快建设法治中国的伟大实践，紧扣"建设中国特色社会主义法治体系、建设社会主义法治国家"的全面依法治国总目标，重点围绕探讨法治中国发展战略、全面贯彻实施宪法、推进科学民主立法、加强法治政府建设、深化司法体制改革、加快法治社会建设、推动区域法治发展、加强法治工作队伍建设、中国法治国情调研等领域，推出中国式法治现代化领域年度专题研究报告与法治智库产品，突出理论思考，突出问题导向，突出实证分析，突出咨政建言，努力在新时代中国式法治现代化理论建设、战略研究、社会引领、政策建言等方面取得新的成果，以期为新时代的中国式法治现代化事业奉献绵薄之力。

　　《法治现代化蓝皮书：中国法治社会发展报告》的编辑出版，得到了中共江苏省委宣传部、江苏省哲学社会科学规划办公室、社会科学文献出版社和南京师范大学的大力支持，得到了全国法学界和法律实务界的热情指导。在此，谨深致谢忱！

南京师范大学中国法治现代化研究院院长

公丕祥

2022 年 5 月于南京

前　言

党的十八大以来的十年，新时代中国法治社会建设取得了历史性的重大进展。2020年12月，中共中央印发了《法治社会建设实施纲要（2020—2025年）》（以下简称《纲要》），并发出通知要求各地区各部门结合实际认真贯彻落实。专门围绕法治社会建设发布纲领性文件，这在我们党的历史上是第一次，充分表明以习近平同志为核心的党中央对法治社会建设的高度重视。《纲要》与《法治中国建设规划（2020—2025年）》相互衔接、相互呼应，是"法治国家、法治政府、法治社会一体建设"布局在法治社会建设议题上的深化，进一步完善了新时代全面依法治国的战略蓝图。《纲要》在明确法治社会建设指导思想、主要原则和总体目标的基础上，全面部署了未来五年法治社会建设的重点内容，主要包括推动全社会增强法治观念、健全社会领域制度规范、加强权利保护、推进社会治理法治化、依法治理网络空间等五个方面，最后就强化组织领导、加强统筹协调、健全责任落实和考核评价机制、加强理论研究和舆论引导等作出了安排。进入2021年以来，全国各地区各部门以《纲要》为引领着力推进法治社会建设，取得了许多工作成效和实践经验。

以习近平法治思想为指导，2021年度中国法治社会发展成效显著、亮点突出。法治社会建设的实践场域在基层，基层社会治理同时也是法治社会建设的重点内容和任务。2021年4月28日，中共中央、国务院印发《关于加强基层治理体系和治理能力现代化建设的意见》，明确了加强基层治理体系和治理能力现代化建设的指导思想、基本原则和主要目标，部署了基层治

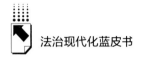

理体系和治理能力现代化建设的重点任务，强调要完善党全面领导基层治理制度，加强基层政权治理能力建设，健全基层群众自治制度，推进基层法治和德治建设，重视基层智慧治理能力建设。这一重要文件从基层治理的角度为法治社会建设提供了有力的制度支撑。

法治宣传教育是法治社会建设的基本任务之一。2021 年是全国"八五"普法工作的开局之年，中共中央、国务院转发了《中央宣传部、司法部关于开展法治宣传教育的第八个五年规划（2021—2025 年）》（以下简称《规划》）。《规划》部署了突出学习宣传习近平法治思想，突出宣传宪法，突出宣传民法典，深入宣传与推动高质量发展密切相关的法律法规，深入宣传与社会治理现代化密切相关的法律法规，深入宣传党内法规等六个方面的普法重点内容。在总结前七个五年普法规划经验基础上，《规划》坚持问题导向、目标导向和强基导向，主要提出了实施公民法治素养提升行动，加强社会主义法治文化建设，推动普法与依法治理有机融合等新举措。《规划》下发后，各地区各部门高度重视、积极行动，结合实际科学制定本地区、本系统法治宣传教育五年规划，"八五"普法工作实现顺利开局。

2021 年 4 月，中共中央办公厅、国务院办公厅印发《关于加强社会主义法治文化建设的意见》，这是推进新时代法治社会建设的又一重要举措。法治文化建设是法治社会发展事业的重要组成部分，法治社会的现实样态往往以文化风尚的外观呈现于世。信奉法律的普遍观念、自觉守法的行为习惯、明确的权利意识、理性的思维方式等构成的法治氛围，是法治社会建设成就的外部表征。因此，法治文化建设对法治社会的发展至关重要。

此外，在法治社会建设的具体实践领域，2021 年也取得了可圈可点的成效。例如，"滴滴出行"等百余款 App 因违规收集个人信息被下架，中央网信办在全国范围内开展了为期两个月的"清朗·'饭圈'乱象整治"专项行动，网络空间的法治化治理得到进一步推进；又如，在农业农村法治建设、公益法律援助立法、市域社会治理法治化等方面也涌现出一系列制度安排和创新举措。《法治现代化蓝皮书：中国法治社会发展报告（2022）》致力于呈现 2021 年度我国法治社会建设的面貌，既包括全局视域下整体实践样态的梳理，也涉及微观视角下基层社区活动的探察。

　　中国法治现代化研究院是江苏省首批新型高端智库，多年来努力面向国家法治发展和地方法治实践展开应用性和对策性研究。自 2018 年起，研究院开启"法治现代化蓝皮书"的编撰和发布工作，迄今为止已经发布了四部蓝皮书。作为全国唯一以法治社会发展报告为专题内容的蓝皮书，《法治现代化蓝皮书：中国法治社会发展报告》聚焦新时代法治社会建设实践，分年度持续展示我国法治社会发展的历时性场景，为法治社会建设事业咨政建言，近年来取得了较为广泛的社会影响力和较高的社会评价。

　　《法治现代化蓝皮书：中国法治社会发展报告（2022）》由总报告、地方报告、研究报告、调研报告和年度事件报告五个板块组成。总报告着重围绕法治宣传教育、公共法律服务、社会基层治理、矛盾纠纷化解、公民权利保护和社会领域立法等六个方面，总结回顾 2021 年我国法治社会建设总体面貌，呈现工作亮点和实践经验；指出各地在法治社会建设中存在的新情况和新问题，分析法治社会建设的薄弱环节；对照《法治社会建设实施纲要（2020—2025 年）》的基本内容，尝试就下一阶段法治社会建设的发展趋势作出预判和展望。

　　地方报告是总报告的细化，是在空间意义上的分报告，是法治社会建设在特定空间范围内的具体呈现。"地方"是法治社会建设的主要场域，也是法治社会建设相对于法治国家、法治政府建设的特殊性所在。本卷地方报告以山东省为专门对象，从法治宣传教育、公共法律服务、矛盾纠纷化解和社会基层治理等四个方面细致地展示法治社会建设在特定地方层面的整体样貌。

　　研究报告以法治社会建设的特定问题为板块，突出实践领域的问题意识和问题导向。本卷研究报告选取基层社会治理作为主题，分别以两个县级市为特定研究对象，以实证调研为基本方法，专门研究基层治理实践中的具体问题。其中第一篇研究报告探讨了通过构建"熟人社区"实现基层治理创新的必要性、可行性和科学性问题。第二篇研究报告以基层治理中的综合执法为研究对象，尝试总结提炼基层综合执法的改革经验。

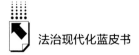
调研报告以田野调查为研究路径，运用观摩、访谈、问卷、数据统计等具体方法，致力于呈现城乡基层法治社会建设和社会治理创新的基本面貌、优势特色、工作亮点、条件限制、存在问题和完善方案。本卷调研报告选取了分布于五个省份的六个城乡社区（村），在深入扎实的调查研究基础上，梳理现状，总结经验，指出问题，尝试提出前瞻性、有分量、可操作的建议性意见。

年度事件报告是法治现代化蓝皮书的特色板块，用以专门遴选并发布"中国法治社会发展年度十大事件"。主编单位中国法治现代化研究院已连续多年开展"年度十大法治事件"评选发布活动，获得了广泛影响和良好声誉，入选了CTTI十大创新案例。法治社会发展年度事件报告，是在前述评选活动基础上专门就法治社会议题进行的具体化拓展，旨在集中呈现法治社会发展过程中的影响力事件，其中既包括政策出台和制度创新，也包括焦点事件和典型案例。

本年度报告的编撰工作是由中国法治现代化研究院蓝皮书工作室全体成员共同承担的，同时也吸纳了高等院校、科研单位和实务部门专业人员的研究成果。在报告的撰写、编辑过程中，蓝皮书工作室得到了江苏省司法厅和中南财经政法大学基层法治研究所的指导和帮助，也得到了研究院学术委员会和各所（中心）的指导和支持。本年度报告从选题策划到编辑出版，是在社会科学文献出版社刘骁军编审的悉心指导和姚敏、易卉、郭锡超、刘靖悦等老师的全力支持下完成的。在此，我们谨向这些机构和个人表示衷心的感谢。

中国法治现代化研究院蓝皮书工作室

2022 年 5 月 20 日

目 录 ↘

Ⅰ 总报告

B.1 中国法治社会发展2021年总报告 ⋯⋯⋯⋯ 倪 斐 陈 朵 / 001

Ⅱ 地方报告·山东

B.2 法治宣传教育报告⋯⋯⋯⋯⋯⋯⋯⋯⋯⋯⋯⋯ 李 旭 / 052

B.3 公共法律服务报告⋯⋯⋯⋯⋯⋯⋯⋯⋯⋯⋯⋯ 孟星宇 / 070

B.4 矛盾纠纷化解报告⋯⋯⋯⋯⋯⋯⋯⋯⋯⋯⋯⋯ 李 旭 / 085

B.5 社会基层治理报告⋯⋯⋯⋯⋯⋯⋯⋯⋯⋯⋯⋯ 孟星宇 / 104

Ⅲ 研究报告

B.6 以构建"熟人社区"为路径的基层治理创新研究
⋯⋯⋯⋯⋯⋯⋯⋯⋯⋯⋯⋯⋯⋯⋯⋯ 庞 正 李 洋 / 120

B.7 常熟市基层治理中的综合执法改革研究报告
⋯⋯⋯⋯⋯⋯⋯⋯⋯⋯⋯⋯⋯⋯ 孙文恺 鲁文辉 / 164

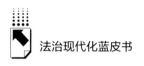
IV 调研报告

B.8 城市郊区基层治理实践探微
　　——以湖州市杨家埠街道为对象的田野调查‥‥‥‥‥ 邵之恒 / 185

B.9 漳州市西桥服务型社区治理模式探索‥‥‥‥‥‥‥ 王伟彬 / 203

B.10 临沂市小埠东社区治理实践探究 ‥‥‥‥‥‥‥‥ 闫芳霖 / 222

B.11 连云港市海州区洪门村基层治理实践报告 ‥‥‥‥ 张莹莹 / 247

B.12 "民主法治示范社区"创建的考察
　　——以安徽省阜阳市太和县关北社区为对象 ‥‥‥ 李子晗 / 263

B.13 依凭融合式发展的农村社区治理
　　——山东省诸城市相州镇莲池社区调查报告
　　‥‥‥‥‥‥‥‥‥‥‥‥‥‥‥‥‥‥‥ 赵永洁　王　琦 / 277

V 年度事件报告

B.14 中国法治社会发展2021年度十大事件‥‥‥ 吴　欢　周苗涵 / 292

Contents ‥‥‥‥‥‥‥‥‥‥‥‥‥‥‥‥‥‥‥‥‥‥‥‥‥ / 308

皮书数据库阅读**使用指南**

总 报 告
General Report

B.1
中国法治社会发展2021年总报告

倪斐　陈朵*

摘　要： 2021年，我国的法治社会建设在法治宣传教育、公共法律服务、社会基层治理、矛盾纠纷化解、公民权利保护和社会领域立法等方面获得了显著的成效，同时也存在法治社会建设发展不均衡、参与主体多元化不足和法治建设供给力度不够等问题。法治社会是构筑法治国家的基础，法治社会建设是实现国家治理体系和治理能力现代化的重要组成部分。在下一阶段我国法治社会的建设和发展过程中，应严格遵循《法治社会建设实施纲要（2020—2025年）》的法治社会建设新布局，进一步推进"八五"普法规划的实施，加强社会主义法治文化的建设，巩固和发展社会治理法治化，突出问题导向，实现创新发展，加快全面建成法治社会的步伐。

* 倪斐，南京师范大学法学院教授、博士生导师，中国法治现代化研究院研究员；陈朵，南京师范大学诉讼法学专业博士研究生，中国法治现代化研究院研究人员。

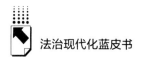

关键词： 法治社会建设实施纲要　法治宣传教育　公共法律服务　社会基层治理　矛盾纠纷化解　公民权利保护　社会领域立法

当前，我国正处在实现"两个一百年"奋斗目标的历史交汇期。经过不懈的努力，我国实现了全面建成小康社会的伟大愿景，同时又开启了全面建设社会主义现代化国家的新征程。法治社会作为实现国家治理体系和治理能力现代化的重要组成部分，是构筑法治国家的基础。[①] 中共中央印发的《法治社会建设实施纲要（2020—2025 年）》（以下简称《纲要》）出台一年以来，我国在法治宣传教育、公共法律服务、社会基层治理、矛盾纠纷化解、公民权利保护和社会领域立法等方面取得了突出成效和显著进展，但仍存在一定的薄弱环节，有待进一步完善。"十四五"期间，深入推进法治社会建设应当继续坚持以习近平法治思想为指导，严格遵循《纲要》有关法治社会建设新布局，巩固和发展社会治理法治化，突出问题导向，实现创新发展，进而加快全面建成法治社会的步伐。

一　法治社会建设年度基本情况

2021 年，在新时代党和国家全面推进依法治国和国家治理体系与治理能力现代化的指引下，在《纲要》提出的总体目标和重点要求的部署下，各地区、各部门立足法治社会建设过程中的实际情况，强弱项，补短板，在法治宣传教育、公共法律服务、社会基层治理、矛盾纠纷化解、公民权利保护和社会领域立法等方面取得了显著进展。

（一）法治宣传教育

2021 年，全国法治宣传教育职能部门和相关普法单位以习近平新时代

---

① 参见《中共中央印发法治社会建设实施纲要（二〇二〇—二〇二五年）》，《人民日报》2020 年 12 月 8 日，第 1 版。

中国特色社会主义思想为指导，深入贯彻落实党的十九大以及十九届历次全会精神，适应并推进新发展阶段的新要求，确保法治宣传教育的正确发展方向和导向。法治宣传教育不断彰显新时代这一重大主题，相关职能部门和普法单位深入研习和学习宣传贯彻习近平法治思想，贯彻落实全面依法治国新理念、新思路、新战略，坚定不移地走中国特色社会主义法治道路，不断加大普法宣传教育力度、创新工作方式方法、完善相关体制机制、壮大法治队伍建设，开创了法治宣传教育新局面。

1. 全民普法工作不断深入

2021 年是国家"十四五"规划开局之年，也是"八五"普法规划的启程之年。全民普法是全面依法治国的基础性、战略性、保障性、长期性工程。各地区、各部门深入开展全民普法工作，针对与社会经济发展和人民群众利益密不可分的法律法规开展广泛宣传，进一步提升了全社会学法用法的热情，使法治观念更加深入人心。

自 2021 年 6 月《中央宣传部、司法部关于开展法治宣传教育的第八个五年规划（2021—2025 年）》（以下简称"八五"普法规划）发布以来，各地区、各部门结合自身实际，认真贯彻落实规划的相关内容。[1] 天津市"八五"普法规划提出一系列创新举措，计划在 2025 年形成富有"天津特色"的普法成果，有力推动了全民普法工作。[2] 法治水平不仅是一个地区的核心竞争力，也充分体现着一个区域的综合软实力。如何落实好"八五"普法规划，是推进全面依法治国、坚持依宪治国、建设社会主义现代化国家赋予的时代要求和使命，关乎法治社会建设的成效。上海市推行的"八五"普法在继承和巩固以往多年普法经验教训的基础上，着重从辨识度、集成度、浸润度三个角度下苦功，力争在法治宣传教育关键指标上达到全国领先

---

[1] 参见《中央宣传部、司法部关于开展法治宣传教育的第八个五年规划（2021—2025 年）》，《人民日报》2021 年 6 月 16 日，第 1 版。

[2] 参见《天津市"八五"普法规划发布》，载中国普法网，http://www.legalinfo.gov.cn/pub/sfbzhfx/zhfxpfxx/pfxxpfjj/202112/t20211203_443042.html，最后访问日期：2022 年 2 月 11 日。

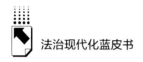
水平，彰显"崇法向善、循法而行、持法达变"的城市风格和内涵。① 无论是与其他省市普法规划内容的横向比较，还是与此前历次普法规划的纵向比较，上海市"八五"普法规划都体现出明显的引领性和辨识性特征，形成了独树一帜的上海普法宣传名片。

在基层普法方面，武汉市硚口区积极推动普法宣传教育向精准式、渗透式、滴灌式转变，不断增强人民群众法治获得感与幸福感，坚持法治先行、普治并举，先后展开了"3·15"消费者权益日普法宣传活动、"4·26"世界知识产权日以版权保护为主题的普法宣传、"5·12"防灾、减灾周的紧急疏散演练、以"尚俭崇信 健康生活"为主题的食品安全宣传周、"6·26"国际禁毒日打击毒品和禁止毒品等主题宣传活动，进一步提升了人民群众的法治意识。②

除了各地区在城市整体法治建设和依法治理方面科学实施"八五"普法规划之外，相关部门也根据实际工作情况积极贯彻"八五"普法规划，进而确保规划的各项内容落到实处。如司法部和全国普法办联合印发通知，部署并开展2021年全民国家安全教育日普法宣传活动，指出要适应社会新发展阶段的需求，坚持总体国家安全观，使国家安全贯穿党和国家工作的各方面以及全部过程，不断加强全民法治意识和国家安全意识。③ 根据中央相关文件精神，各地以"4·15"全民国家安全教育日为契机，广泛开展国家安全普法宣传的各项活动，通过各类媒体开展宣传，坚持线上线下相结合，切实提高了国家安全宣传的实效性和广泛性，在全社会形成了维护国家安全的浓厚氛围。再如，湖南各级法院努力将"谁执法谁普法"工作落到实处，

---

① 参见《以全国领先法宣教育提升城市软实力，"三大维度"解读上海"八五"普法规划》，载中国普法网，http://www.legalinfo.gov.cn/pub/sfbzhfx/zhfxpfxx/pfxxpfjj/202110/t20211012_439180.html，最后访问日期：2022年2月11日。
② 参见《武汉市硚口区：法治先行、普治并举，创新引领基层社会治理路径》，载湖北法治网，http://www.124.gov.cn/2021/0723/884406.shtml，最后访问日期：2022年2月11日。
③ 参见《司法部 全国普法办关于开展2021年全民国家安全教育日普法宣传活动的通知》，载中国普法网，http://www.legalinfo.gov.cn/pub/sfbzhfx/zhfxpfxx/pfxxzthd/202103/t20210330_348471.html，最后访问日期：2022年2月11日。

主动延伸司法职能，广泛宣传法律知识，提高全民法律意识，使"看得见"的法治深入人心，让普法工作"实"起来，以案释法"亮"起来。①

2. 宪法教育在法治宣传教育工作中的比重显著提高

法治宣传教育要提高对宪法的学习和宣传工作的重视程度，其重中之重是在全社会弘扬宪法精神、树立宪法权威。根据中央"八五"普法规划要求，2021 年各地区、各部门应深入持久开展宪法宣传教育活动，阐释好"中国之治"的制度基础，阐释好新时代依宪治国、依宪执政的内涵和意义，阐释好宪法精神。② 值得一提的是，中宣部、司法部、全国普法办公室在全国部署开展的以"以习近平法治思想为指引，坚定不移走中国特色社会主义法治道路"为主题的"宪法宣传周"活动取得了较好的成效。2021 年 11 月 29 日至 12 月 5 日，各级党委和政府以第八个"国家宪法日"为契机，开展形式各异的宪法宣传活动，举办了宪法进企业、军营、网络等七场主题活动，掀起了全社会进行宪法学习和宣传的热潮。③ 例如，2021 年 12 月，太原市公安局在为民服务中心南广场组织开展"国家宪法日"集中宣传活动，其中机关法制、行政审批、交警等 13 个部门的人民警察通过发放宣传资料、设立法律服务台、摆放宪法宣传板等多种形式，面向群众有序开展以宪法为核心的相关法律法规宣传活动。④ 辽宁省高院则要求，司法工作人员要时刻践行"宪法法律至上"的理念，法院副厅级以上领导干部、2021 年新任法律职务和选拔任用人员以及 2020 年新录用的公务员需进行宪法宣誓。⑤

① 参见《湖南法院创新形式奏响普法宣传大合唱》，载中国普法网，http：//www. legalinfo. gov. cn/pub/sfbzhfx/zhfxpfxx/pfxxszfspf/202108/t20210812_ 434299. html，最后访问日期：2022 年 2 月 11 日。

② 参见《中央宣传部、司法部关于开展法治宣传教育的第八个五年规划（2021—2025 年）》，《人民日报》2021 年 6 月 16 日，第 1 版。

③ 参见《中央宣传部 司法部 全国普法办关于印发〈2021 年全国"宪法宣传周"工作方案〉的通知》，载中国普法网，http：//www. legalinfo. gov. cn/pub/sfbzhfx/zhfxpfxx/pfxxzthd/202111/t20211122_ 442243. html，最后访问日期：2022 年 2 月 11 日。

④ 参见《太原公安组织开展国家宪法日集中宣传活动》，载人民网，http：//sx. people. com. cn/n2/2021/1203/c189147-35035181. html，最后访问日期：2022 年 2 月 11 日。

⑤ 参见《辽宁省法院举行"国家宪法日"宣誓活动》，载人民网，http：//ln. people. com. cn/n2/2021/1205/c378317-35036157. html，最后访问日期：2022 年 2 月 11 日。

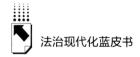

又如，云南省就群众热切关注和广泛需求的法治热点问题，通过主题示范、专题展示等一系列形式开展宪法宣传周活动，打出精彩呈"宪""组合拳"，同时在边境的州县村寨开展双语普法活动，发放景汉、汉傣等双语版《宪法》读本，做亮做活边疆民族地区普法工作，为推进法治云南建设贡献力量。①

3. 普法责任机制得到落实和强化

2021 年，各地各单位围绕"谁执法谁普法"普法责任制要求，增强了普法责任制的相关协调工作，优化普法责任各类清单，进一步加大案例普法力度，为全民普法工作提质增效保驾护航。

江苏省徐州市司法局在把握新时代普法依法治理工作要求的同时，不断深化服务型、互动型和创新型宣传教育模式，以"谁执法谁普法"普法责任制为抓手，运用"五度"工作法完善以政府主动普法、社会参与普法、媒体公益普法为代表的普法制度，从而构建大普法格局。② 山东省自然资源厅在探索中形成了自然资源法治文化，该法治文化蕴含着自然资源特色、地域特点和法治精神，同时提出"法润自然"普法宣传品牌，与普法宣传及时精准的要求相融合，使得"润物细无声"的工作理念在普法宣传活动中落到实处。③ 江西省南昌市经开区检察院不断更新司法理念，紧扣"惩、防、教、治、责"五字要求，加强对未成年人的保护，不捕、不诉、附条件不诉率均大幅提升；同时，在检察宣传周期间，以学校为中心设置宣传点开展针对未成年人的法治宣传教育。④ 上海市静安区警方深入贯彻"谁执法

① 参见《云南省宪法法律宣传形式丰富多彩》，载法治网，http：//www. legaldaily. com. cn/zt/content/2021-12/29/content_ 8650340. htm，最后访问日期：2022 年 2 月 11 日。
② 参见《徐州"五度法"落实"谁执法谁普法"普法责任制》，载中国普法网，http：//www. legalinfo. gov. cn/pub/sfbzhfx/zhfxpfxx/pfxxszfspf/202102/t20210205_ 173494. html，最后访问日期：2022 年 2 月 11 日。
③ 参见《山东省自然资源厅打造"法润自然"普法宣传品牌》，载中国普法网，http：//www. legalinfo. gov. cn/pub/sfbzhfx/zhfxpfxx/pfxxszfspf/202103/t20210301_ 191363. html，最后访问日期：2022 年 2 月 11 日。
④ 参见《南昌经开检察念好"五字诀"保护未成年人》，载中国普法网，http：//www. legalinfo. gov. cn/pub/sfbzhfx/zhfxpfxx/pfxxszfspf/202108/t20210818_ 435111. html，最后访问日期：2022 年 2 月 11 日。

谁普法"普法责任制,开展"法制夜市"法制宣传活动,通过"网红民警+夜间经济+移动宣传+网络直播"的运营模式,将安全防范的法治宣传与城市夜经济有机融合,培养了一批出得了警、上得了舞台的年轻民警,形成了一系列成熟的工作机制、积累了很多可复制可推广的工作经验,不断提升人民群众的安全感、获得感和满意度,这也是"谁执法谁普法"工作的有效延伸和有力探索。①

4. 法治热点议题在法治宣传教育工作中得到充分的重视

2021年,各类法治宣传教育工作积极围绕相关法治热点议题展开,法律知识普及的时效性得到较好保障。江苏省江阴市人民检察院在民法典宣传月活动中,就民法典中与日常生活密不可分的法律知识和新增法律规定,采用多种多样的形式向群众普及民法知识;与此同时,江阴市人民检察院以民间借贷、婚姻家庭、损害赔偿等问题为切入点,结合实际案例帮助老百姓解决生活中的法律问题,进一步推动民法典在广大人民群众中顺利落地和实施。② 浙江省丽水市公安局在应对近年来层出不穷的新型网络电信诈骗现象时,通过开展反诈直播活动、宣传推广"国家反诈中心"手机软件等方式积极做好诈骗的源头防范工作,切实提高了群众防诈反诈能力。③ 山西省戒毒系统在"全民禁毒宣传月"发挥禁毒宣传教育主力军的作用,围绕"禁毒宣传进校园""走进社区宣禁毒""心理疏导解难题"等活动主题,开展一系列"线上+线下"活动,全方位展示了新时代司法行政戒毒工作新成效。④

---

① 参见《上海静安警方创新"法制夜市"开展别样普法》,载中国普法网,http://www.legalinfo.gov.cn/pub/sfbzhfx/zhfxpfxx/pfxxszfspf/202111/t20211103_440536.html,最后访问日期:2022年2月11日。

② 参见《江阴市人民检察院:"美好生活·民法典相伴"打通普法"最后一公里"》,载中国江苏网,http://jsnews.jschina.com.cn/2021/ztgk2021/202107/t20210729_2824422.shtml,最后访问日期:2022年2月11日。

③ 参见《浙江丽水公安开展直播接力 线上加线下反诈宣传》,载中国普法网,http://www.legalinfo.gov.cn/pub/sfbzhfx/zhfxpfxx/pfxxszfspf/202108/t20210804_433350.html,最后访问日期:2022年2月11日。

④ 参见《"禁毒"传万家 青春不"毒"行》,《山西法制报》2021年6月24日,第4版。

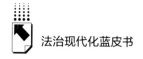
（二）公共法律服务

党的十九大和十九届历次全会都强调要坚持"以人民为中心"的发展思想，为人民群众积极提供切实有效的公共法律服务，以确保人民群众能获得充分、有效且及时的法律帮助。为此，要不断加快推进公共法律服务的顶层设计，促进我国公共法律服务体系建设进入新的发展阶段。回顾 2021 年，我国的公共法律服务建设在以下四个方面取得了显著进展。

1. 公共法律服务实现精准、高质量发展

各地根据自身经济发展情况，进行公共法律服务的细化和完善，不断加深精准化、标准化的公共法律服务，着力为人民群众日益增长的美好生活需要提供更加配套的法律服务。江苏省沛县在社区网格化管理的基础上，积极探寻社会治理的新途径，科学利用社区网格进行公共法律服务，在服务平台的搭建、服务渠道的拓宽、服务质量的提升等方面都取得极大的成效，网格式调解和网格式普法的做法使得矛盾纠纷的化解与法律宣传的落地得以妥善完成。①

作为深圳首家以中小微企业为服务对象的法律中心，深圳市龙华区中小微企业公共法律服务中心本着"打造 500 米公共法律服务圈，以智能化和定制服务'面+点'结合提升公共法律服务精准性、有效性、实用性，提升辖区群众法治获得感和幸福感"的理念，致力于提供便捷高效、均等普惠的法律帮助，进而推动中小微企业的合规设立与发展。② 通过教育整顿，"我为群众办实事"活动持续深入开展，甘肃兰州市司法局坚持从实际出发，制定了包括建立公共法律服务"便民超市"、开通法律援助"绿色通道"、举办"法治体检"活动等便民、惠民措施，聚焦于解决涉及人民群

---

① 参见《江苏沛县"网格+公共法律服务"取得显著成效》，载民主与法制网，http://www.mzyfz.com/index.php/cms/item-view-id-1508365，最后访问日期：2022 年 2 月 16 日。

② 参见《深圳市龙华区着力打造五百米公共法律服务圈——"智能+定制"让公共法律服务更精准》，载法治网，http://www.legaldaily.com.cn/mediation/content/content_8620072.htm，最后访问日期：2022 年 2 月 16 日。

众切身利益、急难愁盼的法律问题，为人民群众提供便捷、优质的公共法律服务。① 天津市司法局印发《关于进一步推进开发区公共法律服务体系建设的指导意见》，为各开发区公共法律服务中心的成立提供指导，通过对居民分布和产业结构的分析，探索出适合情况各异的不同区域的公共法律服务模式，并开展与之相对应的法律服务活动，从而达到营造良好的法治氛围之效。② 新疆维吾尔自治区阿克苏地区司法局本着以人民为中心的发展理念，通过地、县、乡、村四级的实体平台构建，均衡发展地区间公共法律服务，在夯实三大平台使用的基础上推进法律服务的体系建设，将法律服务人民群众的"最后一公里"彻底打通。③ 浙江省松阳县司法局着力提升公共法律服务质效，通过公共法律服务中心再升级、产品再升级以及团队再升级的方式，打造出综合性服务平台、便民化法律服务以及专业化法律队伍，该中心所经办的"叶某某土地承包经营权纠纷案"作为全国法律援助助力脱贫攻坚典型案例被《法治日报》刊发，并被评为2020年度丽水市十佳精品案例。④

2. 公共法律服务平台建设趋于完备

2021年，我国的公共法律服务平台建设取得了重大进展。截止到2021年12月28日，我国共建成省、市、县、乡、村五级公共法律服务实体平台57万个，每年提供法律咨询、法律援助等各类服务1800多万件次，"12348"公共法律服务热线设座席近2000个；中国法律服务网、各省级法律服务网全面建成，覆盖城乡的公共法律服务网络已基本形成。⑤ 云南省剑

---

① 参见《甘肃兰州便民"12条"助公共法律服务提档升级》，载民主与法制网，http://www.mzyfz.com/index.php/cms/item-view-id-1497130，最后访问日期：2022年2月16日。

② 参见《拓展平台，服务群企 各开发区公共法律服务建设显成效》，载天津市司法局官网，http://sf.tj.gov.cn/XWDT5156/YWDT57/202112/t20211222_5757799.html，最后访问日期：2022年2月16日。

③ 参见《阿克苏地区司法局：狠抓公共法律服务体系建设 提升法律服务质量》，载法治新疆网，http://sft.xinjiang.gov.cn/xjsft/dffz/202101/36c20b7a0d8741908b1a4dd261d2ef76.shtml，最后访问日期：2022年2月16日。

④ 参见《松阳县司法局"三升级"提升公共法律服务质效》，载浙江省司法厅官网，http://sft.zj.gov.cn/art/2021/8/24/art_1659556_58933071.html，最后访问日期：2022年2月16日。

⑤ 参见《中国已建立五级公共法律服务实体平台57万个》，载人民网，http://society.people.com.cn/n1/2021/1228/c1008-32318373.html，最后访问日期：2022年2月16日。

川县在保护特殊群体权益方面开辟绿色通道，为以农民工为代表的困难群体打造高效、便捷的法律服务维权平台，全县93个村（社区）法律顾问实现100%全覆盖，低收入人口法律服务需求回应率达100%，低收入人口有法律援助需求时受援率达100%。① 立足于矛盾纠纷化解、法律服务指导、法律事项咨询和困难群众维权的定位，海南省司法厅积极推动建立"抬头能见、举手能及、扫码可得"的三大法律服务平台，力争创建出让人民群众都满意的公共服务平台。②

全国各省市在科学建设公共法律服务平台的同时，还积极将建设重点转移到如何将平台不断完备和优化等方面。河南省司法厅发布《关于优化公共法律服务实体平台运行管理的通知》，要求各地认真贯彻落实中央和省委、省政府关于建立公共法律服务体系的工作部署和具体要求，加快推进全省公共法律服务实体、热线和网络平台建设，为公共法律服务工作开展提供了有力支撑；③ 甘肃省发布《关于加快推进公共法律服务体系建设的实施意见》，要求加大对服务平台建设的力度，进一步完善法律援助工作，推动公证制度、政府采购等方面的改革，加强法律服务机构的队伍和人才培养。④

3. 公共法律服务智能化程度不断提高

2021年，各地在加强公共法律服务实体、热线、网络三大平台建设的基础上，加速建成覆盖全业务、全时空的公共法律服务网络，实现了公共法律服务与科技创新手段的深度融合。绍兴市将公共法律服务智能自助终端设

---

① 参见《打造"便捷、高效、惠民"公共法律服务平台——云南剑川这样做》，载民主与法制网，http://www.mzyfz.com/index.php/cms/item-view-id-1539722，最后访问日期：2022年2月16日。

② 参见《实体、热线、网络三大平台覆盖海南 让公共法律服务触手可及》，载民主与法制网，http://www.mzyfz.com/index.php/cms/item-view-id-1522655，最后访问日期：2022年2月16日。

③ 参见《河南省司法厅关于优化公共法律服务实体平台运行管理的通知》，载河南省司法厅官网，http://sft.henan.gov.cn/2021/09-02/2306129.html，最后访问日期：2022年2月16日。

④ 参见《关于加快推进公共法律服务体系建设的实施意见》，载甘肃省司法厅官网，http://sft.gansu.gov.cn/sft/c113187/201808/4439b934627845578a1af3ca78cdc236.shtml，最后访问日期：2022年2月16日。

备普及工作纳入 2021 年十大民生实事工程，目前投放的 169 台智能自助机为广大人民群众提供便捷、高效的法律服务，同时也使绍兴率先在全省实现公共法律服务中心、公共法律服务站和全国民主法治村（社区）公共法律服务点全覆盖。① 本着"以人民为中心"的办事方法，浙江省瑞安市司法局为广大人民群众提供"最多跑一次"高效率政府服务，通过数字化改革进行新时代下的智能服务平台建设。② 吉林省汪清县以大数据、云计算及移动互联网为技术基础，打造出创新型"互联网+法律服务"平台并在无人亭中投产使用，该平台突破时空界限，实现为民服务"24 小时"不停歇，同时配套了公共法律服务机器人"汪小律"，开启了汪清县"公共法律服务+人工智能"的新篇章。③ 海南省儋州市通过建立法律服务网，设置了司法行政全部服务和行政审批事项的网上办事指南和功能，并在市、镇两级公共法律服务机构投放 16 台公共法律服务终端机和 1 台"无人律所"，进而为群众提供可选择、可评价的淘宝式公共法律服务。④

4. 公共法律服务专业化水平显著提升

各地各单位积极开展专项公共法律服务，提高不同专业领域法律服务的整体水平。2021 年，退役军人事务部、司法部出台《关于加强退役军人法律援助工作的意见》，以推进退役军人法律援助工作，这对于建立健全退役军人权益保障机制、完善公共法律服务体系具有重要现实意义。⑤ 湖北省开

---

① 参见《浙江绍兴 169 台公共法律服务智能自助终端机"上岗"推动法律服务智能化》，载民主与法制网，http://www.mzyfz.com/index.php/cms/item-view-id-1538334，最后访问日期：2022 年 2 月 16 日。

② 参见《瑞安市司法局"数字化"牵引打造"高效便捷"现代化公共法律服务体系》，载浙江省司法厅官网，http://sft.zj.gov.cn/art/2021/10/28/art_ 1659556_ 58933701.html，最后访问日期：2022 年 2 月 16 日。

③ 参见《公共法律服务无人亭和公共法律服务机器人在汪清正式亮相》，载吉林省司法厅官网，http://sft.jl.gov.cn/zwgk_ 158944/zwdt/202106/t20210618_ 8108856.html，最后访问日期：2022 年 2 月 16 日。

④ 参见《"无人律所"上线！海南儋州让公共法律服务触手可及》，载民主与法制网，http://www.mzyfz.com/index.php/cms/item-view-id-1485308，最后访问日期：2022 年 2 月 16 日。

⑤ 参见《退役军人事务部 司法部关于印发〈关于加强退役军人法律援助工作的意见〉的通知》，载中华人民共和国退役军人事务部，https://www.mva.gov.cn/gongkai/zfxxgkpt/zc/gfxwj/202112/t20211230_ 54842.html，最后访问日期：2022 年 2 月 16 日。

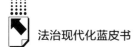

展公共法律服务进园区进企业、优化营商环境大气候专项法律服务行动，积极设立公共法律服务平台，通过走访座谈、数据研究等方式，充分吸纳园区企业和职工意见建议，聚焦企业经营活动的"堵点""难点"，调查梳理本地园区的立法需求和法律服务需求，进而为企业提供更具针对性和实效性的法律服务。① 贵州省六盘水市司法局为易地搬迁的人民群众设立"易扶搬迁安置点法律服务站"以解除居民的后顾之忧，降低法律援助的申请和审核门槛，打通易扶点法治为民的"最后一公里"，为搬迁住户提供切实的法律保障。② 浙江省温岭市司法局积极适应知识产权保护需求，通过加强行业协作、优化公共服务、前移诉前调解等方式不断强化知识产权保护力量，运用"智库链""供给链""调节链"推进关于知识产权的公共法律服务。③

（三）社会基层治理

基层治理是国家治理的基石。在完善基层社会治理的过程中，应当将法治贯穿于治理的全过程和各方面，法治宣传教育工作与法治实践运行同步开展，坚持将全民普法和全民守法作为社会治理法治化过程中的长期基础性工作。发挥法律化解矛盾纠纷、协调利益关系、维护社会秩序、推动社会发展的积极作用，构建充满活力、和谐有序的法治社会。中共中央、国务院《关于加强基层治理体系和治理能力现代化建设的意见》要求推动建立健全基层治理体制机制，完善党全面领导基层治理制度，加强基层政权治理能力建设，推进基层法治、德治和智慧治理能力建设，实现国家治理体系和治理

① 参见《湖北省公共法律服务进园区进企业　优化营商环境大气候专项法律服务行动》，载湖北省司法厅官网，http：//sft. hubei. gov. cn/sfxz/ztzl/fgf/202107/t20210707_ 3633033. shtml，最后访问日期：2022 年 2 月 16 日。
② 参见《六盘水市司法局：强力推进易地扶贫搬迁群众公共法律服务》，载贵州省司法厅官网，http：//sft. guizhou. gov. cn/xwzx_ 97/sxdt/202112/t20211215_ 72042125. html，最后访问日期：2022 年 2 月 16 日。
③ 参见《温岭市司法局"全链式"推进知识产权法律服务》，载浙江省司法厅官网，http：//sft. zj. gov. cn/art/2021/12/20/art_ 1659556_ 58934176. html，最后访问日期：2022 年 2 月 16 日。

能力的现代化。① 2021 年，我国社会治理制度保障持续完善、依法治理工作持续高效高质高速推进、"数字化信息技术"在法治社会治理中的作用日益凸显、社区治安综合治理能力不断提升。

1. 社会治理制度保障持续完善

基层治理制度构建应着眼于法治社会的底层架构，通过制度层面的完善推进基层治理的社会化、法治化、智能化和专业化，为实现这一目标，全国各地先后做出了诸多有益的探索。江苏省南京市发布的《南京市社会治理促进条例》以促进市域社会治理为主题，明确市域社会治理领导体制，融合实践成果，将"大数据+网格化+铁脚板"等成功经验上升为法规高度，针对社会矛盾解决突出社会协同，多元化解，推动南京市域社会治理现代化工作的法治化建设实施。② 陕西省商洛市镇安县积极探索"人盯人+基层社会治理"的工作机制，以大数据平台为支撑，线上线下互动监测，建立以片区为基本单元的社会治理格局，尊重人民群众的主体地位，推动治理覆盖全域化和治理资源一体化，着力构建智慧化社会治理体系，激活社会治理微细胞。③ 湖南省郴州市桂东县以"一网治理"工程为抓手，以大数据信息平台为支持，落实"五个到户"要求，纵向基础抓管理、横向工作抓统筹，打造精细化的基层网格治理模式。④ 河北省石家庄市鹿泉区积极打造一村一品亮点，构建自治为基、法治为本、德治为先的"三治融合"模式，打造乡村治理的"鹿泉名片"。⑤

---

① 参见《中共中央国务院关于加强基层治理体系和治理能力现代化建设的意见》，《人民日报》2021 年 7 月 12 日，第 1 版。

② 参见《全国首部以促进市域社会治理为主题的地方性法规——〈南京市社会治理促进条例〉今起实施》，载南京市人民政府官网，http://www.nanjing.gov.cn/njxx/202103/t20210310_2843067.html，最后访问日期：2022 年 2 月 16 日。

③ 参见《陕西省商洛市镇安县激活社会治理微细胞》，载中国普法网，http://www.legalinfo.gov.cn/pub/sfbzhfx/zhfxyfzl/yfzljcyfzl/202112/t20211224_444443.html，最后访问日期：2022 年 2 月 16 日。

④ 参见《郴州桂东县打造精细化网格治理新模式》，载中国普法网，http://www.legalinfo.gov.cn/pub/sfbzhfx/zhfxyfzl/yfzljcyfzl/202111/t20211125_442437.html，最后访问日期：2022 年 2 月 16 日。

⑤ 参见《鹿泉提升乡村治理"三治融合"》，载中国普法网，http://www.legalinfo.gov.cn/pub/sfbzhfx/zhfxyfzl/yfzljcyfzl/202111/t20211122_442192.html，最后访问日期：2022 年 2 月 16 日。

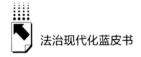

甘肃省武威市古浪县富民村通过优化社区治理结构，推动全体居民共建社区，同时开辟移民新村法治创建新路径，汇聚起法治宣传教育工作新动能，探索出"一核引领、三业协同、三治融合、五项机制"社区治理新模式。① 四川省成都市蒲江县围绕平安建设暨市域社会治理现代化试点，创新建立"平安团"工作机制、"说事"制度和"党建+矛盾纠纷多元化解"模式，积极践行"项目+治理场景"机制，着力打造自治、法治、德治相结合的社会治理体系。② 山东省临沂市平邑县临涧镇坚持打造"全面依法治镇"的新格局，推进基层法治治理，通过深入开展法治宣传、加强社会稳定治理、抓好法治队伍建设、强化法治服务等，深化"365"社区治理模式，实现基层法治体系全覆盖。③ 陕西省西咸新区空港新城围绕"村改居"核心任务，形成"聚焦163，共筑幸福梦"的社区治理经验，坚持高位推动，推进"三级联抓"，围绕社区治理中的重点难点问题，确定统筹责任主体，细化责任范围，同时优化服务平台，破解服务群众的"最后一百米"难题。④

2. 依法治理工作持续高效高质高速推进

《纲要》在社会治理层面强调市域治理创新，增强基层工作依法治理能力，试点先行，总结经验，逐步推广，实现政府、社会、居民三方的良性互动。2021 年我国各地基层法治社会建设持续加强，法治在城乡一体化发展中的核心竞争优势凸显。

针对超大型城市高密度城区治理现代化所面临的困境，广东省深圳市福

---

① 参见《甘肃古浪：富民新村探索社区治理新模式》，载中国普法网，http：//www.legalinfo. gov.cn/pub/sfbzhfx/zhfxyfzl/yfzljcyfzl/202110/t20211021_ 439711.html，最后访问日期：2022 年 2 月 16 日。

② 参见《四川成都蒲江县积极推进新时代市域社会治理现代化工作》，载中国普法网，http：// www.legalinfo.gov.cn/pub/sfbzhfx/zhfxyfzl/yfzljcyfzl/202102/t20210219_ 175243.html，最后访问日期：2022 年 2 月 16 日。

③ 参见《山东临沂平邑：临涧"365"模式实现基层法治体系全覆盖》，载中国普法网，http：//www.legalinfo.gov.cn/pub/sfbzhfx/zhfxyfzl/yfzljcyfzl/202102/t20210207 _ 173719.html，最后访问日期：2022 年 2 月 16 日。

④ 参见《深化"村改居"社区治理 创新城市发展方式》，载民政部官网，http：//www.mca. gov.cn/article/xw/mtbd/202111/20211100038027.shtml，最后访问日期：2022 年 2 月 16 日。

田区建立区级群众诉求服务指挥中心，统筹调度全区各类诉求服务，同时在每个社区设立党群服务中心（群众诉求服务中心），推行"1块牌子+2个窗口+3个功能室+N类人员"建设，为居民提供精准公共服务，构建"诉求服务在身边，矛盾化解在源头，问题处理在基层"的群众诉求服务新格局。① 面对疫情防控的艰难挑战，浙江省坚持全局视野，依托"一中心、四平台、一网格"县域社会治理体系，充分发挥科技优势，在全域构建网格"战'疫'防火墙"，形成"线上大数据支撑、线下网格化核实"模式，为全省人民交上一份优秀的答卷。②

广西壮族自治区钦州市大力发扬乡土情怀，以"乡贤+"为抓手，在全市推行"村'两委'+自然村党支部+乡贤会"的村级治理模式。与此同时，政府积极推广乡贤文化，呼吁在外的游子回来建设家乡，依靠乡贤的知识、技能和资金优势共同治乡建乡，激发乡村振兴活力，破解治理难题。③ 安徽省黄山市制定印发《关于开展全域平安创建工作的实施意见》，推行以"一个工作点，九大行业载体，四级工作层面"为基础的工作体系制度，推出了"平安指数"制度，涵盖五大领域118项突出影响群众安全感、满意度的事件，逐一明确责任单位，形成可量化、可操作、可考评的指标体系，开展全域平安创建工作，统筹谋划工作格局，规范工作行为，加快社会治理从"被动响应"向"主动预见"转变，打造基层治理领域的"黄山名片"。④

---

① 参见《深圳市福田区打造群众诉求服务新样本》，载中国普法网，http：//www. legalinfo. gov. cn/pub/sfbzhfx/zhfxyfzl/yfzljcyfzl/202111/t20211108_ 440952. html，最后访问日期：2022年2月16日。

② 参见《浙江在战"疫"大考中推进基层治理现代化》，载中国普法网，http：//www. legalinfo. gov. cn/pub/sfbzhfx/zhfxyfzl/yfzljcyfzl/202112/t20211210_ 443471. html，最后访问日期：2022年2月16日。

③ 参见《乡土乡情乡愁 回乡治乡建乡——钦州市"乡贤+"提升乡村治理水平》，载民政部官网，http：//www. mca. gov. cn/article/xw/mtbd/202108/20210800035985. shtml，最后访问日期：2022年2月16日。

④ 参见《安徽黄山全域打造共建共治共享市域社会治理共同体》，载中国长安网，http：//www. chinapeace. gov. cn/chinapeace/c100007/2021-12/18/content_ 12572399. shtml，最后访问日期：2022年2月16日。

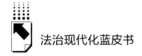

3. "数字化信息技术"在法治社会治理中的作用日益凸显

在各地对社区治理方式的有益探索中，运用物联网、信息化、云时代、云计算、互联网、大数据应用等现代化手段打造智慧城市，"用科技赋能公共服务"逐渐成为创新基层治理的主要选择。湖南省益阳市以"网格+微信群"筑牢数据底座，为网格化服务平台提供数据化信息支持，其研发的网络化协同管理微信小程序——"网小格"，将政务服务、诉求处理、政策宣传等数个方面的服务纳入小程序的服务范围内，同时在社区推行"网小格+四红五民"联动机制，实现线上和线下相互配合，提升基层治理数字化智能水平，提高服务效能。①

福建省福州市仓山区利用大数据破局，线上响应，线下联防，探索平台化的网络共治模式，该区政府推出的"12348"公共法律服务中心、"云立案"、"云调解"等服务平台，统筹整合群众需求热点和社会纠纷解决等问题，集合相关单位，为广大群众提供"一站式"法律服务，使法律服务在身边、零距离。② 深圳市坪山区推出"大数据+网格化"云端管理平台，运用公安、民政等部门数据和社区人口库进行交叉对比、线下扫楼摸排、电话调查等方式，全面掌握网格人员流动信息，在此基础上进行工作整合，发挥信息技术优势，推出"多码合一、一证通行"的坪山电子通行证，优化查验规则，加强对存在感染风险人员的实时管控，从而筑牢疫情防控之网，最大限度地保障人民群众的正常生活秩序。③

四川省南充市仪陇县顺应数字时代发展趋势，发挥物联网、云计算、大数据应用和信息平台等技术优势，整合县域内所有前端感知资源，互联互

① 参见《益阳科技赋能基层社会治理创新》，载中国长安网，http：//www.legalinfo.gov.cn/pub/sfbzhfx/zhfxyfzl/yfzljcyfzl/201111/t20211101_440351.html，最后访问日期：2022年2月16日。

② 参见《福建省福州市仓山区以大数据赋能社会治理》，载中国普法网，http：//www.legalinfo.gov.cn/pub/sfbzhfx/zhfxyfzl/yfzljcyfzl/201110/t20211021_439710.html，最后访问日期：2022年2月16日。

③ 参见《深圳坪山"大数据+网格化"筑牢疫情防控网》，载中国普法网，http：//www.legalinfo.gov.cn/pub/sfbzhfx/zhfxyfzl/yfzljcyfzl/201101/t20210122_157086.html，最后访问日期：2022年2月16日。

通，联防联控，点线面立体结合构建智慧城乡治理体系格局；治理中心大数据平台所研发的事件信息收集功能可以通过"公众反映""网格上报呼叫中心""110一键转接""视频巡查"等途径来收集各类事件信息，并针对事件情况予以不同的处理，小事告知，大事交办，处理结果纳入年度目标考核，实现资源整合，对症下药，为城乡综合治理提供信息支撑，推动全县城乡治理的智能化、智慧化、现代化发展。①

4. 社区治安综合治理能力不断提升

深入推进社会治理创新是建设平安中国的基本途径，对推进国家治理体系和治理能力现代化具有重要意义。② 广西壮族自治区百色市右江区积极探索"智能+"治理新模式，通过投入建设实体化综治中心、"微信+社区警务"小程序等数据平台，开展国家政策、法律法规和反诈扫黑的宣传教育，加强人民群众的安全意识；同时，右江区还推出"背包警务"，将与人民息息相关的警务工作延伸到家门口，以智能科技打造智治前沿，以传统方式筑牢治理根基，在市域社会治理现代化的尝试中打造"百色样板"。③ 海南省万宁市公安围绕海南自贸港建设和市域治理创新大局，以打开路保平安，对危害群众人身财产安全的犯罪保持严厉打击的态势，以防为先护稳定，搭建"警保联控"岗亭，以点带面实现网格化管控；以"3个片区、29个派出所"进行分片联防，发挥群众力量，推进"一村一警务助理"机制，整合信息资源技术，推进"智慧安防校区建设"，多项举措共同推进，构筑基层社会治理的"平安前哨"。④

---

① 参见《仪陇县率先建成南充市首个智慧城乡治理中心工作纪实》，载中国普法网，http://www. legalinfo. gov. cn/pub/sfbzhfx/zhfxyfzl/yfzljcyfzl/202101/t20210120_ 100678. html，最后访问日期：2022年2月16日。

② 郑萍：《浅析社会治安综合治理与平安深圳建设的实践探索》，载严励、岳平主编《犯罪学论坛》（第四卷·上册），2018。

③ 参见《广西百色右江以"智治"助推市域社会治理现代化》，载中国普法网，http://www. legalinfo. gov. cn/pub/sfbzhfx/zhfxyfzl/yfzljcyfzl/202103/t20210315_ 200419. html，最后访问日期：2022年2月16日。

④ 参见《万宁公安构筑基层社会治理"平安前哨"》，载中国普法网，http://www. legalinfo. gov. cn/pub/sfbzhfx/zhfxyfzl/yfzljcyfzl/202112/t20211201_ 442819. html，最后访问日期：2022年2月16日。

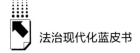

　　安徽省合肥市高新区坚持创新驱动发展战略，大力推动智慧安防建设，通过联动联建等形式邀请高新技术企业参与社会防控问题，发挥企业产能优势，提高平安建设的能力和水平。此外，高新区政府还推动智慧平安小区系统与公安大数据系统连接，覆盖率已超过90%，进而保障群众"智慧平安"一路到家。① 湖南省永州市双牌县立足创新市域社会治理方式，提高社会治安综合治理效能，以政治建警铸忠诚、从严治警建铁军、群众议警优作风、街面见警保平安、从优待警激活力的"五警"建设为重点，增强社区治理能力，坚持警务联动一盘棋、治安防控一张网，打造市域社会治理新名片。②

　　广西壮族自治区柳州市柳江区以巩固提升群众安全感为出发点，结合本地实际推进扫黑除恶常态化，严打毒品犯罪，发动人民群众，联防联控，实现社会基层共治；同时，推动立体化安防，打造以"智慧小区"为代表的"平安家园"立体化治安防控系统，筑牢平安根基，实现从"乱"到"治"的飞跃。③ 山西省长治市沁源县为有效践行"枫桥经验"，切实提高平安创建的能力，推进联防联治，强调政府带头，职能部门参与，公安机关全程指导。沁源县以"一室两队"（即综合指挥室、社区警务队、案件办理队）为基本单位，建设智能化警务服务站，创新"警务助理制度"，将治安管理、防范、服务的触角延伸到基层社会的最末端，提高预知预警预防能力，着力打造具有王陶特色的"枫桥式派出所"，维护辖区治安与社会稳定。④

---

① 参见《合肥高新区"智慧平安"一路到家》，载中国普法网，http：//www. legalinfo. gov. cn/pub/sfbzhfx/zhfxyfzl/yfzljcyfzl/202111/t20211130_ 442687. html，最后访问日期：2022 年 2 月 16 日。

② 参见《湖南双牌县打造市域社会治理新名片》，载中国普法网，http：//www. legalinfo. gov. cn/pub/sfbzhfx/zhfxyfzl/yfzljcyfzl/202111/t20211126_ 442512. html，最后访问日期：2022 年 2 月 16 日。

③ 参见《柳州市柳江区筑牢平安根基实现从乱到治》，载中国普法网，http：//www. legalinfo. gov. cn/pub/sfbzhfx/zhfxyfzl/yfzljcyfzl/202111/t20211117_ 441702. html，最后访问日期：2022 年 2 月 16 日。

④ 参见《推进"六个创新"打造"枫桥式派出所"》，载法治周末网，http：//www. legalweekly. cn/zfdt/2021-12/30/content_ 8651334. html，最后访问日期：2022 年 2 月 16 日。

（四）矛盾纠纷化解

在经济社会高速发展的转型期，社会矛盾类型更为多样，利益纠纷形式更为复杂，这对推进社会治理的法治化和促进社会矛盾的有效化解提出了更严峻的挑战。随着改革的进一步深化，2021年，我国各地区、各部门致力于满足人民群众多元解纷需求，加强矛盾纠纷化解机制多元化、制度化、规范化建设工作，完善共建共治共享的社会治理格局。

1. 矛盾纠纷化解机制多元化发展

目前，人民调解、仲裁、行政调解、行政复议、司法调解、诉讼等是我国具有明确法律规定的纠纷解决方式，多种解决方式协同发展、互助互补，促进社会关系获得及时、有效的修复。矛盾纠纷化解机制的多元化发展，可以提升矛盾化解率，扩大法律救济的覆盖面，降低化解成本，实现更高水平的公正与效率之统一。2021年，山西省在实践中摸索出一套较为成熟的模式化解决纠纷方法，其中，技术上数据化、覆盖面网络化、解纷模式智慧化等方式提升了多元解纷平台的运转质效；同时，山西省法院在2016年至2020年案件的诉前调解量持续增长、调解成功率持续提高，多元解纷指标排名稳居全国第一，矛盾纠纷化解成效显著。[①]

广州市白云区委政法委在积极创建"枫桥式"镇街的基础上，着力打造跨时空、跨地域的纠纷化解新模式，探索运行白云区多元解纷平台，与此同时，建立基层四级协调联动机制，与N个调解组织共同形成"4+N"多元解纷体系，形成具有社会治理现代化特点的"线下一站式、线上一码通、联动一体化"多元解纷路径。[②] 河北省平山县积极扩大社会矛盾纠纷多元化解中心的职能范围，涵盖了包括诉讼服务中心、疑难纠纷调解中心在内的6

---

① 参见《多元解纷指标排名全国第一！山西多元解纷平台应用按下"快进键"》，载中国长安网，http://www.chinapeace.gov.cn/chinapeace/c100040/2021-02/25/content_12454944.shtml，最后访问日期：2022年2月18日。

② 参见《广州白云区线下线上联动一体化　探索纠纷多元化解体系助推市域社会治理》，载中国长安网，http://www.chinapeace.gov.cn/chinapeace/c100007/2021-12/28/content_12578600.shtml，最后访问日期：2022年2月18日。

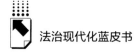

个中心职能，对于矛盾纠纷的一揽子解决起到促进作用。此外，平山县积极组织多方力量进行调解联动，在乡镇设立多元解纷工作站，并在各个村落设置纠纷调解室，进一步深化"百姓说事、调解员说理、律师说法、包村干部帮联"的纠纷化解工作。①

湖北省以信访制度改革为契机，将涉及信访矛盾较为集中的职能部门并入矛盾纠纷多元化解中心，本着协商为主、调解优先的工作准则，坚持运行"信访'店小二'、矛盾'一站调'"的工作机制，将人民群众反映的问题"只跑一地、一站受理、多元化解"。② 云南省发布《云南省矛盾纠纷多元化解条例》，对矛盾纠纷如何发现、如何处理、如何督办、如何回告等问题进行了细化规定，文件在注重因地制宜、凸显云南特色的基础上进一步畅通群众诉求表达渠道、规范利益协调关系、打通权益保障通道、压实各级各方责任。③

2. 矛盾纠纷源头化解初显成效

中央全面深化改革委员会第十八次会议审议通过的《关于加强诉源治理推动矛盾纠纷源头化解的意见》强调，法治建设既要抓末端、治已病，更要抓前端、治未病。④ 要坚持和发展新时代"枫桥经验"，把非诉讼纠纷解决机制挺在前面，加强矛盾纠纷源头预防、前端化解、关口把控，完善预防性法律制度，从源头上减少诉讼增量。浙江是习近平新时代中国特色社会主义思想重要萌发地，是"枫桥经验"发源地，也是诉源治理发源地。诉源治理作为法治浙江建设的创新成果，是新时代"枫桥经验"的生动实践，

---

① 参见《平山多元解纷紧扣"和"字诀》，载法治网，http://www.legaldaily.com.cn/index/content/2021-12/30/content_ 8650188. htm，最后访问日期：2022 年 2 月 18 日。
② 参见《湖北以信访制度改革推进矛盾纠纷多元化解》，载国家信访局官网，https://www.gjxfj.gov.cn/2021-11/25/c_ 1310331424. htm，最后访问日期：2022 年 2 月 18 日。
③ 参见《〈云南省矛盾纠纷多元化解条例〉明年 1 月 1 日起施行》，载人民网，http://yn. people. com. cn/n2/2021/1218/c378439-35056525. html，最后访问日期：2022 年 2 月 18 日。
④ 参见《中央深改委今年首次会议专题研究如何从源头上化解矛盾纠纷 诉源治理的浙江创新实践》，载中国长安网，http://www.chinapeace. gov. cn/chinapeace/c100007/2021-02/22/content_ 12453289. shtml，最后访问日期：2022 年 2 月 18 日。

是社会矛盾纠纷调处化解机制的法治化改革。① 最高人民法院发布的《关于深化人民法院一站式多元解纷机制建设推动矛盾纠纷源头化解的实施意见》提出，推动重点行业领域矛盾纠纷预防化解工作；对金融、建筑、教育、物业、环境、消费、房地产、互联网、交通运输、医疗卫生等行业领域多发易发纠纷，积极会同行业主管部门研究源头治理举措，建立信息共享、业务协同和诉非衔接机制，统一类型化纠纷赔偿标准、证据规则等，预防和减少纠纷产生。② 对此，江西省赣州市南康区检察院践行新时代"枫桥经验"，努力在"提升满意率、降低不满意率、转化不了解率"上下功夫，把大量矛盾纠纷化解在基层，尽最大努力把纠纷解决在诉前。③

3. 因地制宜化解矛盾纠纷

辽宁省沈阳市为促进行政争议的实质性化解，进行了行政复议体制改革，构建起全流程化解行政争议路径，只要出现可化解争议的契机，便及时、灵活地引导并协调涉案主体达成和解，从而妥善地化解纠纷。④ 山东省威海市文登区创设的企业信用纠纷人民调解委员会是全省首个以"企业信用纠纷"为主的人民调解委员会，在进行基层矛盾化解新机制的探索过程中，文登区采取调解与信用相结合的工作模式，在调解的过程中灵活运用信用手段，通过采取信用惩戒的方式以达到保证当事人履约践诺的目的，弱化了企业与个人之间的矛盾冲突，不仅使调解成功率大幅提高，还有助于法治化营商环境的优化，达到了基层有效治理和社会和谐稳定的双重效果。⑤

---

① 参见《数字赋能多元参与 诉源治理开创浙江社会治理新格局》，载中国长安网，http://www.chinapeace.gov.cn/chinapeace/c100007/2021-01/20/content_ 12440985.shtml，最后访问日期：2022年2月18日。

② 参见《最高法：加强重点领域矛盾纠纷源头化解工作》，载人民网，http://yn.people.com.cn/n2/2021/0929/c361322-34936784.html，最后访问日期：2022年2月18日。

③ 参见《赣州南康：创新矛盾纠纷化解机制推进诉源治理》，载正义网，http://news.jcrb.com/jsxw/2021/202110/t20211024_ 2330651.html，最后访问日期：2022年2月18日。

④ 参见《行政争议化解"沈阳模式"亮点频现》，载法治网，http://www.legaldaily.com.cn/mediation/content/content_ 8636119.htm，最后访问日期：2022年2月18日。

⑤ 参见《威海文登创新"调解+信用"模式提升社会治理效能》，载中国普法网，http://www.legalinfo.gov.cn/pub/sfbzhfx/zhfxyfzl/yfzljcyfzl/202111/t20211125_ 442427.html，最后访问日期：2022年2月18日。

浙江省临海市不断完善基层社会矛调中心与新乡贤调解室诉调对接机制，结合案件类型、难易程度以及当事人的诉求等方面，推行"一案一乡贤化解"模式，新乡贤化解纠纷的方式使矛盾纠纷调处化解率显著提升。① 在"蒙马奔腾"专项行动中，内蒙古包头市铁路运输法院大力弘扬"蒙古马精神"，所成立的诉前调解"青年突击队"采用"听诉求、找症结、做权衡、善引导、聚共识"五步法广泛开展诉前调解工作，促进了一站式多元解纷工作机制的完善。② 甘肃省天祝县打柴沟派出所进行化解纠纷的新尝试，实现矛盾纠纷从"灭火"向"防火"转变，从程序化调解到"板凳炕头"拉家常转变，这种根植于基层的调解方式，被形象地称为"板凳会议"，是政法队伍教育整顿以来政法系统为民办实事的一个鲜活事例和真实缩影。③ 福建省安溪县法院开展"茶乡巡回审判"，通过典型案例普法来引导群众自觉运用法治思维化解矛盾纠纷，促进同类纠纷在老百姓"家门口"诉前化解，依托"茶乡流动调解室"将道路交通、家事、劳动争议等多类案件纳入诉前调解前置程序，全力打造矛盾纠纷的"茶乡解法"新模式。④

（五）公民权利保护

2021年6月24日，国务院新闻办公室发布《中国共产党尊重和保障人权的伟大实践》白皮书。白皮书指出中国在中国共产党的领导下，坚持将人权的普遍性原则与中国实际相结合，中国特色社会主义人权发展道路的推进，应当坚持贯彻以人民为中心的根本立场，增强人民的获得感、幸福感、

---

① 参见《台州临海社会矛盾纠纷调解开启新乡贤治理模式》，载人民网，http：//zj.people.com.cn/n2/2021/1130/c186327-35029672.html，最后访问日期：2022年2月18日。

② 参见《包铁法院诉前调解"五步法" 巧化矛盾解纠纷》，载法治网，http：//www.legaldaily.com.cn/mediation/content/content_8620135.htm，最后访问日期：2022年2月18日。

③ 参见《化解夫妻矛盾、调解邻里纠纷，这个"板凳会议"作用大》，载中国长安网，http：//www.chinapeace.gov.cn/chinapeace/c100064/2021-04/08/content_12472392.shtml，最后访问日期：2022年2月18日。

④ 参见《安溪法院打造矛盾纠纷"茶乡解法"》，载法治网，http：//www.legaldaily.com.cn/mediation/content/content_8612159.htm，最后访问日期：2022年2月18日。

安全感。2021 年，我国法治社会建设在加强权利保护方面取得了显著进展，主要体现为以下四个方面。

1. 公民权利的法治保护力度进一步加大

宪法是我国的根本大法，是公民权利的保障书，2021 年我国继续完善社会主义法律体系，不断为公民权利保障夯实法治基础。2021 年国务院新闻办公室发布《全面建成小康社会：中国人权事业发展的光辉篇章》白皮书，根据白皮书的内容，我国当前已从"脱贫攻坚""疫情防控""特定群体权益保障""群众需求"等方面圆满完成《国家人权行动计划》中的 168 项目标和任务，白皮书对我国在 2020 年到 2021 年新冠肺炎疫情防控期间的人权保障工作进行总结，凸显在特殊时期下我国对于"人民至上""生命至上"理念的坚守，同时发布了第四期国家人权行动计划，未来将继续把人民的安危冷暖、安居乐业放在首位，确保在全面建成小康社会的新阶段惠益全体人民，努力推动人权事业的高质量发展。①

2021 年中国公民权益保护事业聚焦社会热点问题，我国各地各单位都进行了有益的探索。《中华人民共和国个人信息保护法》出台，向近年来丛生的"网络乱象"亮剑，对"大数据杀熟""违法收集使用个人行踪轨迹等信息""未成年人个人信息保护"等方面做了明确规定，严格侵犯个人信息权益的违法责任。2021 年 12 月 20 日，《中华人民共和国工会法（修正草案）》提请全国人大常委会审议，草案坚持问题导向，回应社会热点问题，体现新时代工人队伍建设的新要求，强化对工人队伍的主体地位的保障，维护新就业形态工人的合法权利，进一步完善工会职责定位和扩大基层工会组织的覆盖范围，更好地发挥工会的职能作用。② 新修订的《中华人民共和国工会法》已于 2022 年 1 月 1 日起正式施行。

---

① 参见《焦点访谈：中国人权事业的答卷》，载央视网，https://news.cctv.com/2021/10/22/ARTIzpoq2i91Zn05gWTAlAyJ211022.shtml，最后访问日期：2022 年 2 月 16 日。

② 参见《工会法迎来修改　进一步维护新就业形态劳动者权利》，载中国人大网，http://www.npc.gov.cn/npc/c30834/202112/9d70424d97374302948b42262055f24f.shtml，最后访问日期：2022 年 2 月 16 日。

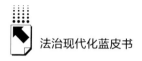
  江苏省八部门联合印发的《关于维护新就业形态劳动者劳动保障权益的意见》关注新就业形态劳动者的权利类型、权利保障和维权路径等社会热点问题，从明确责任、健全制度、优化服务和强化机制四个方面提出 19 条细化措施，维护网约配送员、网约车驾驶员、货车司机、互联网营销师等新就业形态劳动者的劳动保障权益。①

  在特定群体的权益保护方面，《中华人民共和国医师法》提交十三届全国人大常委会第三十次会议审议通过，从法律角度对相关社会热点问题进行积极回应。② 十三届全国人大常委会第三十二次会议审议了《中华人民共和国妇女权益保障法（修订草案）》，同现行法律相比，该修订稿进一步阐释了"歧视妇女"的含义，加强对女性人身安全和人格权益的保护，通过列举具体情形的方式向学校招生和人才招聘时的性别歧视说"不"，同时突出强调保障农村妇女的土地权益，数方面合力从而更有针对性地保障妇女合法权益。③ 教育部公布《未成年人学校保护规定（征求意见稿）》，文件以未成年人在校期间合法权益的保护为宗旨，针对"师生恋""未成年人的休息权保障""预防校园欺凌""防治性侵"等社会关注度较高的问题，依照《中华人民共和国未成年人保护法》的相关规定进行学校层面的具体落实，引导学校科学合理地做好教育、保护和管理工作。④ 各地也就加强特定群体权利保护展开积极行动，厦门市政府将随迁子女义务教育阶段入学问题作为为民解难题、办实事的重要工作，通过完善入学政策、增加学位供给、简化申请程序、深化权利保障、加强关心关爱、推进家校共育六个方面，深入做

① 参见《如何保障外卖小哥、网约司机权益》，载光明网，https：//m. gmw. cn/2021－12/31/content_ 1302744336. htm，最后访问日期：2022 年 2 月 16 日。
② 参见《医师法：以法治明确医师权利保障执业规范》，载民主与法制网，http：//www. mzyfz. com/index. php/cms/item-view-id-1522381，最后访问日期：2022 年 2 月 16 日。
③ 参见《妇女权益保障法迎来"大修"！涉及招生就业性别歧视、农村妇女分不到征地补偿款等社会热点》，载中国人大网，http：//www. npc. gov. cn/npc/c30834/202112/6571d2726f334b2d9329e6002a8ebd99. shtml，最后访问日期：2022 年 2 月 16 日。
④ 参见《新未成年人保护法将施行　如何强化学校责任保护"少年的你"》，载中国长安网，http：//www. chinapeace. gov. cn/chinapeace/c100007/2021－04/20/content_ 12477443. shtml，最后访问日期：2022 年 2 月 16 日。

好义务教育阶段进城务工人员随迁子女入学工作。[①]

2. 司法领域公民权益保护力度不断加大

2021年围绕公民权益保障，司法机关进行了多种有益的探索，最高人民法院在工作报告中要求规范司法权力运行体制和司法行为，加强司法能动性，努力让每一个公民在司法过程中感受到公平正义。

以人格权保护为例，2021年各地法院持续发力，从侵害"两弹一星"功勋于敏名誉权案到微信群侮辱人格案、职场性骚扰损害责任案等，司法机关通过衡平公民私权保障和信息自由的关系，取得了良好的社会效果，为加强对公民人格权的保护提供了丰富的司法经验，有力地回应了新时代人民群众对于人格尊严保护的新要求、新期待，具有深刻的指导意义。[②]

面对日益纷繁复杂的新型民事纠纷，十三届全国人大常委会第三十二次会议通过了新版《中华人民共和国民事诉讼法》，结合近两年的试点经验反馈，顺应社会发展趋势，优化司法确认程序，完善小额诉讼程序，扩大独任制的适用范围，完善在线诉讼规则，推进多元化矛盾纠纷化解机制，为当事人提供了更多程序选择和司法增量服务，满足人民群众新时代多元化的司法需求，推动民事诉讼制度的与时俱进。[③]

2021年，公安部稳步落实公安执法规范化建设，通过规范行政性管理执法行为、加强犯罪嫌疑人权利保障、加强辩护律师执业权利保障、畅通权利救济渠道等措施，在打击违法犯罪的过程中，强化执法人员和侦查人员的法治思维，强化执法监督，规范执法行为，切实维护公民包括犯罪嫌疑人在

---

① 参见《厦门市深入做好义务教育阶段进城务工人员随迁子女入学工作》，载教育部官网，http：//www.moe.gov.cn/jyb_ xwfb/s6192/s222/moe_ 1771/202103/t20210310_ 518755.html，最后访问日期：2022年2月16日。

② 参见《人格权纠纷案件攀升，新形势下人格权保护发力》，载光明网，https：//politics. gmw.cn/2021-03/10/content_ 34673073.htm，最后访问日期：2022年2月16日。

③ 参见《提升司法质量效率 保障当事人诉讼权利》，载中国人大网，http：//www.npc. gov.cn/npc/c30834/202112/837c20bdb22e44e3afa4969537458cca.shtml，最后访问日期：2022年2月16日。

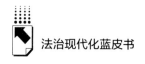

内的合法权益。①

法律援助制度是国家公共法律服务体系的重要组成部分，2021年8月20日出台的《中华人民共和国法律援助法》通过吸收全国各地的成熟做法和实践经验，完善了法律援助制度，健全了司法救助体系，鼓励和支持法律职业从业人员和法律援助志愿者的有序参与，提高保障水平，让有需要的人更便利地享受法律援助服务。②

在司法领域的特殊群体权利保护上，最高人民法院会同中国残疾人联合会发布的十大典型案例聚焦残疾人权益保护，通过发挥经典案例的指导作用，完善残疾人权益保护配套政策等措施，多维度维护残疾人的合法权益，保障其平等参与社会生活，共享新时代社会发展成果，帮助残疾人在中华民族伟大复兴的进程中实现自己的价值，作出自己的贡献。③

3. 社会公共服务提供的规范化程度显著提高

2021年各地立足于自身经济社会发展情况，加快完善社会公共服务管理体制和工作机制，推进服务多元化、精准化。天津市滨海新区为解决农村饮用水问题，打破城乡二元化供水格局，实现城乡供水一体化，着力推进管道网格建设，科学规划因地制宜推动统筹供水，实现农村饮水工程全覆盖，让广大农民从"喝上水"转向"喝好水"。④

在儿童保护专业化方面，我国已经初步形成了"在村（居）民委员会设立儿童主任、在乡镇（街道）设立儿童督导员、在县（市、区、

---

① 参见《公安部：保障辩护律师执业权利，积极推动落实值班律师制度》，载澎湃网，https：//www.thepaper.cn/newsDetail_ forward_ 14493187，最后访问日期：2022年2月16日。

② 参见《法律援助法出台：让"温情法援"更贴近百姓》，载中国人大网，http：//www. npc. gov. cn/npc/c30834/202109/6c499cb63e914820ba39d0e05c1d6f29. shtml，最后访问日期：2022年2月16日。

③ 参见《最高人民法院　中国残疾人联合会共同发布残疾人权益保护十大典型案例》，载中国长安网，http：//www. chinapeace. gov. cn/chinapeace/c100007/2021-12/02/content_ 12567 118. shtml，最后访问日期：2022年2月16日。

④ 参见《天津滨海新区：城乡供水一体化　村民喝上放心水》，载农业农村部官网，http：//www. shsys. moa. gov. cn/ncggfw/202112/t20211229_ 6385847. htm，最后访问日期：2022年2月16日。

旗）设立未成年人救助保护机构"的基层儿童保护三级体系。该体系整合相关平台资源，从困境儿童保障向关爱未成年人权益转变，将呵护未成年人落到实处。如广东省组建了由儿童主任、儿童督导员、"双百"社工和各级未成年人救助保护中心工作人员组成的基层儿童工作队伍，充分发挥社工的"黏合"作用，实现对儿童的教育、保护，促进其潜能发展。① 此外，广东省佛山市顺德区搭建"众扶乐享"信息共享平台，统筹社会慈善资源，通过线下扫楼摸排明确本区域的帮扶对象名单，针对苦难群众的实际需要制定个性化的帮扶项目，形成"一对一"需求清单，依托法治力量和制度化优势，不断完善"慈善+社会救助"的综合服务体系机制。②

4. 积极引导社会主体履行法定义务和承担社会责任

中国消费者协会针对互联网视频平台 VIP 会员服务乱象，提出平台公司提供服务应当遵守法律规定、质价相符，尊重消费者，对于部分付费视频的超前点播应尊重消费者的真实意愿。③ 对此，各地积极采取措施进行整改，努力提升平台服务水平。北京市民政局会同市发改委、财政局、卫健委等五部门共同修订《北京市社区养老服务驿站运营扶持办法》，该文件要求强化社区养老服务驿站基本养老服务的公益属性，在保障基本养老服务的基础上开展普惠性和市场性的养老服务，同时通过政府购买服务、划分责任片区等方式，明确养老驿站对责任片区内所有基本养老服务对象的服务责任，鼓励探索多样化的养老服务，不断增强老年人的幸福

---

① 参见《从保护到发展 社工助力儿童服务迈向专业化》，载民政部官网，http://www.mca.gov.cn/article/xw/mtbd/202112/20211200038662.shtml，最后访问日期：2022 年 2 月 16 日。

② 参见《"慈善+救助"让困难群众"众扶乐享"》，载民政部官网，http://www.mca.gov.cn/article/xw/mtbd/202112/20211200038579.shtml，最后访问日期：2022 年 2 月 16 日。

③ 参见《中消协：视频平台 VIP 服务应依法合规、质价相符》，载中国长安网，http://www.chinapeace.gov.cn/chinapeace/c100007/2021-09/09/content_12534612.shtml，最后访问日期：2022 年 2 月 16 日。

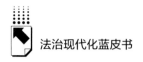
感和获得感。①

各地积极实施应对人口老龄化战略，北京、南京、青岛、成都等地积极探索"时间银行"模式，将储蓄和激励机制引入养老服务中，以互联网、大数据等技术为支持，倡导互助养老服务。该模式鼓励社区有照护能力的退休老人参与养老服务，在社会层面缓解了老年人紧张的养老资源需求；同时，多地通过搭建统一的信息平台，建立长期可靠的记录管理和通存通兑功能，亦能有效解决服务时间异地存取的问题；通过引导相关市场养老服务机构规范市场行为，明确"时间银行"的宗旨在于提供互助化的养老服务，鼓励社会协同参与，倡导尊老敬老爱老的传统文化，着力提升社会对互助养老以及"养老储蓄"的重视程度。②

（六）社会领域立法

法律是治国之重器。2021 年，《纲要》得到持续稳步实施，各地不断加快推进中国特色社会主义法律体系和法治社会建设，从"有法可依"向"良法善治"迈进。坚持和完善中国特色社会主义制度、推进国家治理体系和治理能力现代化，更需要高质量的立法，充分发挥法律制度的引领和保障作用，满足新时代我们国家治理实践的各项需求。③围绕完善社会领域立法问题，全国各地主要进行了四个方面的实践探索。

1. 民生领域法律法规持续完善

2021 年，教育、信用体系建设、个人信息保护、社会保障、城市治理、环境资源保护、历史文物保护、社会救助等多个领域的法律规范建设不断强

---

① 参见《北京市修订社区养老服务驿站运营扶持办法——让基本养老服务对象享受更好服务》，载中国政府网，http://www.mca.gov.cn/article/xw/mtbd/202112/20211200038991.shtml，最后访问日期：2022 年 2 月 16 日。

② 参见《多地探索"时间银行"模式　倡导互助养老服务》，载中国政府网，http://www.mca.gov.cn/article/xw/mtbd/202112/20211200038912.shtml，最后访问日期：2022 年 2 月 16 日。

③ 参见封丽霞《加强重要领域立法以良法保障国家善治》，《中央党校学习时报》2020 年 6 月 17 日，第 1 版。

化。中央层面，修正后的《人口与计划生育法》规定"国家提倡适龄婚育、优生优育。一对夫妻可以生育三个子女"，这些法律内容适应了我国人口和经济社会发展的新形势，细化了国家生育政策的适用情况，增强了国家"计划生育"的包容性。①

地方层面，湖北省十三届人大常委会通过《湖北省家庭教育促进条例》，对新时代家庭教育事业的发展提出了新的主张，要求充分发挥家庭家风家教的作用，明确各个主体在家庭教育中的责任范围，提升家长或者其他监护人的家庭教育能力，强化特殊困境未成年人家庭教育的特殊保护，形成政府推进、社会协同、学校指导、家校共育的多维度保障，促进未成年人健康成长。②

上海市浦东新区通过《浦东新区人民代表大会常务委员会关于率先构建经济治理、社会治理、城市治理统筹推进和有机衔接的治理体系的决定》，引导政府、市场、社会协同发力，共治共享，发挥浦东城市运行综合管理中心的数据平台作用，搭建个性化的治理应用场景，追求实战管用、基层爱用、群众受用，实现治理流程优化和智能化提升。③ 重庆市人大常委会通过的《重庆市生活垃圾管理条例》细化了重庆市生活垃圾的分类标准，明确了个人不按照指定地点分流投放垃圾的规制措施，将住宅小区的物业服务企业确定为管理责任人负责垃圾分类工作，同时还规定相关产业在提供服务时应当遵循绿色生态的原则，从源头上为生活垃圾"减量"，切实为城市环境治理提供制度保障。④

---

① 参见《人口与计划生育法完成修改 规定"一对夫妻可以生育三个子女"》，载中国人大网，http://www.npc.gov.cn/npc/c30834/202108/f66b71feebc2437b9de27cb903f6fdf4.shtml，最后访问日期：2022年2月18日。

② 参见《〈湖北省家庭教育促进条例〉5月1日起施行》，载法治网，http://www.legaldaily.com.cn/rdlf/content/2021-03/01/content_8444008.htm，最后访问日期：2022年2月16日。

③ 参见《上海浦东首部社会城市治理措施实施》，载法治网，http://www.legaldaily.com.cn/rdlf/content/2021-11/12/content_8627143.htm，最后访问日期：2022年2月16日。

④ 参见《重庆生活垃圾管理条例明年3月1日起施行》，载中国普法网，http://www.legalinfo.gov.cn/pub/sfbzhfx/zhfxyfzl/yfzlfzcj/202112/t20211202_442911.html，最后访问日期：2022年2月16日。

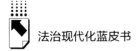

福建省人大常委会通过的《福建省水污染防治条例》在原有条例的基础上扩大了对水资源的保护范围，提出要建立健全流域上下游生态保护补偿机制，提升流域内水环境质量，严格限制雨水收集管网的排入水来源，控制企业排污年度指标，为打造绿水青山的美丽福建提供制度保障。① 安徽省出台的《安徽省大数据发展条例》细化了数据安全保护规定，明确实行数据安全责任制。② 广东省人大常委会通过的《广东省社会信用条例》要求加强社会信用体系的建设，细化对于公共信用信息和市场信用信息两者的不同管理要求，强化信息安全管理，强调商家在采集信息时的履行告知义务，并明确了限制和禁止采集的范围，为数据信息加上"保险锁"。③

2. 社会弱势群体保护的规章制度逐步健全

2021 年全国人大常委会通过的《中华人民共和国法律援助法》将民生重点领域、社会热点问题、特殊困难群体纳入法律援助的范围，拓宽法律援助对象的覆盖面，确保应援尽援，让困难群众都享受到高质量的法律援助，维护人民群众的合法权益。④ 江苏省出台《江苏省反家庭暴力条例》，科学界定家暴范围，秉持"预防为主，早期干预"的原则，以综合治理大数据平台为支撑，通过构建社会联动机制，完善家庭暴力的处置情况，实现对"家暴"零容忍，以法治力量按住家暴的"拳头"。⑤ 甘肃省修订《甘肃省实施〈中华人民共和国未成年人保护法〉办法》，细化未成年人遭受侵害时的保护措施，对"校园欺凌""性侵害、性骚扰"等社会问题进行回应，强

---

① 参见《〈福建省水污染防治条例〉11 月 1 日起施行》，载法治网，http：//www.legaldaily. com.cn/rdlf/content/2021-08/02/content_ 8569692.htm，最后访问日期：2022 年 2 月 16 日。
② 参见《〈安徽省大数据发展条例〉5 月 1 日起施行》，载法治网，http：//www.legaldaily. com.cn/rdlf/content/2021-03/30/content_ 8469564.htm，最后访问日期：2022 年 2 月 18 日。
③ 参见《〈广东省社会信用条例〉下月起施行 禁止商家等采集个人生物识别信息》，载广东人大网，http：//www.rd.gd.cn/rdlz/lfgz/202106/t20210602_ 183814.html，最后访问日期：2022 年 2 月 18 日。
④ 参见《法律援助法明年 1 月 1 日起实施》，载法治网，http：//www.legaldaily.com.cn/rdlf/content/2021-12/28/content_ 8649497.htm，最后访问日期：2022 年 2 月 18 日。
⑤ 参见《以法治力量按住家暴的"拳头"，〈江苏省反家庭暴力条例〉审议通过》，载中国人大网，http：//www.npc.gov.cn/npc/c30834/202112/24d632235fd045e4a4d29bcd8b9f6cb5.shtml，最后访问日期：2022 年 2 月 18 日。

化对未成年人合法权益的法治保护。① 贵州省出台《贵州省养老服务条例》，以法治推动养老服务的体系化建设，推动家庭社区机构相协调、医养康养相结合，要求全省各地开展老年人能力综合评估，制定能够满足老年人多元化养老需求的服务清单，凸显养老敬老的社会责任，凸显"法治贵州"的人文关怀。②

3. 公共卫生领域法律法规建设全面加强

2021年，各地通过加强公共卫生领域立法，切实用制度守护人民群众的生命健康。广东省第十三届人民代表大会常务委员会第三十七次会议审议了《广东省艾滋病防治条例（草案）》，明确了面向全省各地设立自愿咨询检测门诊，免费向艾滋病病毒感染者、病人、疑似感染者等提供咨询和检测服务，强化对于艾滋病病毒感染者、病人的个人信息及其隐私的法律保护，明确其告知和配合义务，为保障人民群众身体健康，完善艾滋病预防和控制、治疗和救助等机制提供制度保障。③ 天津市发布的《天津市院前医疗急救服务条例》明确了建设院前急救服务体系的责任主体和范围，统筹规划，整体推进，保证院前医疗急救服务的公益性；同时将院前医疗急救经验固化为制度规范，提高救治效率，用法治保卫人民群众的健康身体。④

4. 社会工作、社会组织等领域制度立法工作持续推进

浙江省杭州市发布《杭州市物业管理条例》，增加了"物业管理区域""前期物业管理""监督管理"等三个章节，嵌入大数据信息技术，

---

① 参见《甘肃修订未成年人保护法实施办法》，载法治网，http：//www.legaldaily.com.cn/rdlf/content/202112/08/content_8640742.htm，最后访问日期：2022年2月18日。
② 参见《〈贵州省养老服务条例〉10月1日起施行》，载法治网，http：//www.legaldaily.com.cn/rdlf/content/2021-09/08/content_8598133.htm，最后访问日期：2022年2月18日。
③ 参见《广东省艾滋病防治条例提请审议 拟明确检测阳性者告知义务》，载广东人大网，http：//www.rd.gd.cn/rdlz/lfgz/202112/t20211201_185341.html，最后访问日期：2022年2月18日。
④ 参见《天津出台院前医疗急救服务条例 守住群众生命健康防线》，载中国人大网，http：//www.npc.gov.cn/npc/c30834/202108/dbfa378515f049fe9b57a5610c67a7ca.shtml，最后访问日期：2022年2月19日。

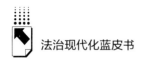

发挥数字经济优势；扩大了物业服务企业的服务范围和责任承担范围，增强业主委员会的运行管理机制，规定了居民物业使用中的负面行为清单，确立物业管理责任制度，推动物业管理服务工作的正常运转，保障业主的生活品质。①

广东省佛山市出台的《佛山市住宅物业管理条例》将物业管理纳入社区治理体系，鼓励采用数据平台和新兴技术方法提升服务能力，完善综合协调和服务目标责任机制，规范住宅物业的日常管理活动；建立物业管理活动监督评价办法，通过政府引导、部门监督、行业自律和业主评价等多方面维护业主和物业服务企业的合法权益，同时将物业管理纳入社会治理体系，鼓励社区成立业主委员会，坚持政府鼓励引导、社会自发调度和居民自我管理"三位一体"，提升城乡社区治理的水平和能力，实现多方主体的良性互动。②

上海市颁布《上海市促进多元化解矛盾纠纷条例》，尊重解决纠纷的人民性特征，积极发挥调解工作的"第一道防线"作用，推进社会调解组织和调解工作队伍建设，促进各类调解组织的健康发展，通过搭建智慧解纷信息平台，积极发挥公证机构、司法所的作用，为当事人矛盾纠纷提供多元化的解决途径和"一站式"矛盾纠纷化解服务。③

二　法治社会建设的薄弱环节

"新时代社会主要矛盾深刻变化"这一命题既是一个重大的政治判断，也是一项重要的思想论断，是习近平新时代中国特色社会主义思想的精髓，

① 参见《〈杭州市物业管理条例〉适应新形势再修订》，载中国普法网，http：//www. legalinfo. gov. cn/pub/sfbzhfx/zhfxyfzl/yfzlfzcj/202111/t20211116_ 441647. html，最后访问日期：2022年2月19日。
② 参见《〈佛山市住宅物业管理条例〉4月1日起施行》，载法治网，http：//www. legaldaily. com. cn/rdlf/content/2021-02/23/content_ 8438170. htm，最后访问日期：2022年2月19日。
③ 参见《上海促进多元化解矛盾纠纷条例5月起施行》，载法治网，http：//www. legaldaily. com. cn/rdlf/content/2021-03/01/content_ 8444177. htm，最后访问日期：2022年2月19日。

是中国特色社会主义进入新时代的主要客观依据和理论依据，是新时代坚持和发展中国特色社会主义思想和基本方略的实践基础。① 党的十九大报告指出："中国特色社会主义进入新时代，我国社会主要矛盾已经转化为人民日益增长的美好生活需要和不平衡不充分的发展之间的矛盾。……人民美好生活需要日益广泛，不仅对物质文化生活提出了更高要求，而且在民主、法治、公平、正义、安全、环境等方面的要求日益增长。"②

社会主要矛盾是指一个相当长时期里的社会主要矛盾，党的十九大报告中对现阶段我国社会主要矛盾变化的判断，至少要适用于从现在到2035年。③ 这也表明，在未来相当长的一段时间内，社会主要矛盾中所蕴含的法治需求将指引着社会的法治化建设，同时也是社会治理转型的重要参考和主要内容。正如有学者说："新时代社会主要矛盾新变化在法治领域的集中体现，乃是日益增长的人民法治新需要与法治领域发展不平衡不充分之间的矛盾。深刻把握和解决这一矛盾，构成了推动新时代中国法治现代化进程的内在动因。"④

新时代社会主要矛盾的转变对中国法治现代化的发展进程提出了新要求，也为中国日后加快推进法治社会建设指明了方向。通过对我国法治社会建设实践情况的反思，有利于精准把握和清晰认识法治社会建设中不尽如人意的内容与环节，加快新时代法治社会建设的速度，提高新时代法治社会建设的质量，在法治轨道上实现社会治理的转型。具体来看，法治社会建设发展不均衡、参与主体多元化不足和法治建设供给力度不够，是我国当前法治社会建设过程中面临的主要问题。

---

① 参见张文显《新时代社会主要矛盾变化与中国法治现代化》，《法治现代化研究》2018年第2期。
② 参见习近平《决胜全面建成小康社会　夺取新时代中国特色社会主义伟大胜利——在中国共产党第十九次全国代表大会上的报告》，人民出版社，2017，第11页。
③ 参见蒋立山《社会治理现代化的法治路径——从党的十九大报告到十九届四中全会决定》，《法律科学》2020年第2期。
④ 公丕祥：《新时代中国法治现代化的内在动因——基于我国社会主要矛盾新变化的初步分析》，《中国高校社会科学》2019年第3期。

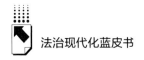
（一）法治社会建设发展不均衡

法治社会建设应当实现区域间协同发展。法治社会要想稳定、协同发展，应当注重发展的均衡性、协调性和可持续性。然而，随着改革开放的持续深入推进，我国法治社会建设总体上呈现出发展不均衡的状态。

1. 区域发展不平衡

我国东、中、西部地区的经济发展程度和社会结构差异，导致其法治社会建设也出现了发展不平衡现象。① 从整体上看，法治社会建设和社会治理的创新实践已经形成了长期、稳定的发展态势，但城乡之间的不平衡、发达地区与欠发达地区之间的不平衡持续存在，且短期内难以消除。城市治理和乡村治理是基层社会治理不可或缺的部分，同时也是法治社会建设的重中之重，两者的关系好比鸟之两翼、车之两轮。

城乡之间的不平衡发展势必会影响法治社会建设进程，因此，需要对乡村的建设投入更多力量和精力。在加强公共法律服务平台等物质硬件建设的同时，也要加大法治宣传教育的力度，积极践行社会主义法治观念，增强对良好家风、善良风俗和公共秩序的培育和弘扬。此外，值得关注的是同一行政区域内部的不平衡发展问题。同一行政区域内的风土人情和地方特色较为相似，在观念和习俗上也颇为接近，因此在接受法治宣传教育和社会基层治理的过程中本可以做到同步接受和同步执行，然而，在实践中却出现省会城市法治建设和非省会城市法治建设的分层，这也反映出社会治理的倾斜发展问题。

2. 法律服务资源分布不均衡

目前，我国执业律师有近50万人，仅北京、上海、广州和深圳四个城市的执业律师人数就占全国执业律师总数的22%，相当一部分城市的律师数量较少，且能够提供的相关法律服务紧缺。较东部发达城市而言，中西部

---

① 公丕祥主编《法治现代化蓝皮书：中国法治社会发展报告（2021）》，社会科学文献出版社，2021，第29页。

欠发达城市，尤其是乡镇法律服务人员严重缺乏，难以满足法治社会标准下公共法律服务的需求。

在进行法律援助和公证事务的全覆盖工作中，资源分布不均衡的现象更加凸显。全国排名靠前、综合实力较强的律师事务所主要集中在发达的一线城市和省会城市，其他市县的律师事务所和高端律师人才极度缺乏。

在涉及处理网络信息安全、电子数据区块链存证、知识产权等业务时，欠发达地区难以及时跟进和解决，且发展较为缓慢。在偏远的中西部某些地区，法律服务平台完善度不够、相应配套设施不够完备。其中，平台基础建设条件较差、法律援助工作人员短缺、服务功能和职能效果微弱等是乡镇层级服务平台的主要症结所在。在"三大平台"上各个环节的衔接不够流畅，数据互通、信息共享以及业务协同的问题最为突出。由于法律服务中心的场地自身存在局限性，不足以入驻齐全和完备的服务机构，前台受理和后台办理的联动还没有发挥出应有的功能。一些地区运用信息化手段的能力不佳，且存在欠发达地区人力、物力和财力短缺等问题，影响到法律服务人员参与的积极性和主动性。就当前的情况来看，"全天候""全时空""全业务"的法律服务还不能完全落地实施。

（二）法治建设参与主体多元化不足

"社会治理法治化"这一命题在我国的现实语境下，应当理解为执政党、政府、社会、公民等多元主体，充分利用国家法和民间法等多元规范，维护社会的良好发展秩序。[①] 法治社会应当是多元主体参与治理的社会，法治社会的建设是一项极其复杂的系统工程，需要社会不同主体群策群力，共同参与治理。积极构建社会治理共同体，法治社会建设的所有主体都是法治社会发展的中坚力量，只有在多元主体共同发力、形成合力的基础上，才能实现法治社会的协同发展。

---

① 公丕祥主编《法治现代化蓝皮书：中国法治社会发展报告（2021）》，社会科学文献出版社，2021，第33页。

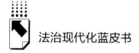
在法治社会建设的过程中，政府职能部门、基层党组织、社会组织和广大人民群众共同参与，构成了多元主体共同建设法治社会的新格局，但与法治社会建设的理想格局仍有一定距离。党的十九届四中全会指出，要"发挥群团组织、社会组织作用，发挥行业协会商会自律功能，实现政府治理和社会调节、居民自治良性互动，夯实基层社会治理基层"。①

在进行法治社会建设的过程中，各地政府职能机关发挥了主力军作用，社会组织和社会成员仍存在规模不够、建设参与度不足等问题。从各地的实践情况来看，政府等公权力的力量较为强势，挤压了社会组织和社会成员的发展空间。尽管社会组织和社会成员已经参与到了法治社会的建设和治理之中，但其参与范围和程度明显没有达到预期的理想状态，法治建设的很多方面都鲜有涉及，参与主体多元化不足。

一些基层组织尽管被赋予了较大的自治空间，但在涉及管理、决策和监督等事项的法治社会治理过程中仍然发力不足，共治共建共享的理念没有得到很好的贯彻。目前，许多社会组织（包括基层群众自治组织）和个人往往是在地方党委和政府的行政指令下参与到社会建设活动中来的，其参与行动具有被动性甚至逐利性，这就降低了社会主体自发地组织、参与法治社会建设的主动性和积极性。

（三）法治建设供给力度不够

中华人民共和国成立以来，人民群众的法治需求经历了一个不断变化的演进过程。随着人民群众物质生活条件的不断改善和生活水平的显著提升，群众的需要呈现多样化、多层次、多方面的特点，人民不仅对物质文化生活提出了更高要求，而且对法治建设与发展寄予了更高的期待，人民的法治新需要正在日益增长。② 近年来，由网络信息安全、知识产权纠纷、公民权利

---

① 《中共中央关于坚持和完善中国特色社会主义制度　推进国家治理体系和治理能力现代化若干重大问题的决定》，人民出版社，2019，第30页。
② 参见公丕祥《新时代中国法治现代化的内在动因——基于我国社会主要矛盾新变化的初步分析》，《中国高校社会科学》2019年第3期。

保护、人工智能、物业管理、民间借贷等引起的纠纷时有发生，这些矛盾纠纷的产生、发展和解决不单关系着纠纷主体和利益关系人，也是对法治社会建设提出的需求。法治社会的建设绝非一朝一夕之事，它是循序渐进的，法治治理的水平和成效需要靠广大人民群众在实践中进行检验。人民群众对于社会法治治理和社会法治化的需求不断增加，这些问题的解决都需要持续加大法治建设的供给力度。

值得注意的是，目前我国社会治理的法治建设尚显不足，主要表现在以下方面。第一，新增和热点议题的法治宣传虽然已经得到充分的重视，但法治宣传内容的落实运用工作还没有得到很好的落实；一些地方的宣传教育依旧存在普法职能部门"小马拉大车"的现象，法治宣传的广度和力度不足，没有发挥广大人民群众的主人翁意识，没有激发社会组织的活力。第二，公共法律服务虽然实现了精准、高质量发展，预算投入却不够充足，公益服务、法律援助等保障程度不够高，从而使公共法律服务的水平和质量大打折扣。第三，社会治理层面的制度保障虽然得以健全完善，但在突发性事件和新兴事物的应对与处理中还存在衔接不畅等问题，无法第一时间为人民群众提供与之相应的治理方法和法律救济。第四，矛盾纠纷源头化解机制初显成效，但当前力量主要集中于诉源治理方面，对诉讼以外的其他多元纠纷源头化解重视度不够。第五，公民权益在司法领域的保护力度不断加大，而与之相对应的法律援助制度仍存在较大的完善空间。

三　法治社会建设新布局

"十四五"时期，深入推进法治社会建设需要更加注重法治社会发展进程中的顶层设计、宏观方略。同时，各地的法治社会建设实践也充分凸显了地方治理需求，进而有助于因地制宜明确具体的任务部署和举措。

（一）法治社会发展进程中的顶层设计

全面推进依法治国要坚持"法治国家""法治政府""法治社会"三位

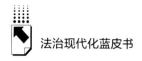

一体建设。2021年以来，我国法治社会建设继续稳步推进，彰显了新时代中国特色社会主义法治建设道路的优势所在。新时代社会的发展与进步必然要求将法治社会作为一个相对独立的建设内容予以重点关注。

2021年1月10日，中共中央发布《法治中国建设规划（2020—2025年）》（以下简称《规划》），再次强调法治国家、法治政府的建设需要以法治社会作为基础和依托，法治社会建设在制度层面的完善与能力层面的发展对法治国家、法治政府建设具有重要意义。

（二）宏观层面方略

中国特色的法治社会建设理论是中国特色社会主义理论体系的一个组成部分。① 随着习近平法治思想的深入贯彻落实和全面依法治国战略部署的有力推动，法治社会建设发展也要求不断加强顶层政策设计和理论支撑。2021年1月10日，中共中央印发的《规划》明确了法治建设的总体目标，对法治国家、法治政府、法治社会建设进行了整体安排和统筹部署。同年3月11日，十三届全国人大四次会议批准通过了《中华人民共和国国民经济和社会发展第十四个五年规划和2035年远景目标纲要（草案）》（以下简称《草案》），强调要坚持系统观念，立足国家、政府和社会治理的60余个方面进行整体规划，完善中国特色社会主义法律体系制度，健全实施机制，坚定不移地走法治中国道路，彰显社会公平正义。②

2021年8月11日，中共中央、国务院印发《法治政府建设实施纲要（2021—2025年）》，在政府层面同法治社会建设相互呼应，为2035年法治中国建设阶段性目标的实现奠定坚实基础。上述文件的颁布引领中国建设进入"规划法治"新阶段，③标志着"一规划两纲要"的顶层设计基本形成，为统筹推进"十四五"时期的法治建设指明了实施路径，集中

---

① 参见张鸣起《论一体建设法治社会》，《中国法学》2016年第4期。
② 参见《中华人民共和国国民经济和社会发展第十四个五年规划和2035年远景目标纲要》，《人民日报》2021年3月13日，第1版。
③ 张文显：《习近平法治思想是全面依法治国的根本指导思想》，《法学》2021年第12期。

贯彻了习近平法治思想的精神内核，进而为全面依法治国、推进国家治理体系和治理能力现代化提供制度保障与科学指引。

（三）地方实施

法治社会建设路径的选择需要将其置于国内外的大背景中予以考量，当前，我国正处于实现中华民族伟大复兴的关键时期，妥善处置好社会发展中的各种矛盾和问题是发展的重要前提。有学者指出，习近平法治思想中法治社会理论的产生背景来源于三个方面，即"建设社会主义和谐社会的法治需要"、"风险社会导致不确定性的应对需要"以及"革新传统社会治理模式的内在需求"。① 法治社会建设是法治中国建设体系中的重要组成部分。

2020 年 12 月 7 日中共中央印发《纲要》后，全国各地结合实际情况，聚焦本地区社会关注度高、人民群众反响强烈的突出问题，先后出台了适合本地法治社会建设的实施方案。例如，2021 年 3 月 26 日黑龙江出台《黑龙江省法治社会建设实施方案（2021—2025 年）》，强调要继续开展"学宪法讲宪法"活动，实施"法律明白人"培养工程，贯彻"八五"普法精神，增强社会法治观念。推进法治乡村建设，制定不同主体之间的权责清单，加强乡村依法治理，完善乡村公共法律服务，推动公证、司法鉴定、仲裁等法律服务主动向农村延伸；同时狠抓平安乡村建设落实，联防联控，推动"雪亮工程"逐步落地，实现公民、法人其他组织合法权益的有效保障，进而为实现黑龙江全面振兴筑牢坚实法治基础。②

中共浙江省委于 2021 年 4 月 24 日印发《法治浙江建设规划（2021—2025 年）》，致力于探索构建基层治理法治化体系，坚持党建统领、"四治融合"，完善地方立法体制机制，推动市域治理法治建设的创新发展；继续

---

① 谭波、赵智：《论习近平法治思想中的法治社会建设理论》，《法治社会》2021 年第 5 期。
② 参见《中共黑龙江省委印发〈实施方案〉加快推进我省法治社会建设》，载黑龙江省人民政府官网，https://www.hlj.gov.cn/n200/2021/0408/c35-11016284.html，最后访问日期：2022 年 2 月 24 日。

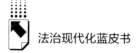

坚持新时代"枫桥经验"，强化公众的法治意识和法治观念；改良现有公共法律服务标准，强化法治保障，统筹公共服务法律资源，拓展服务领域，培育农村法治建设带头人，深化一村（社区）一法律顾问制度；同时大力推进社会治理数字化转型，深入推进智慧型法治省份建设，打造与数字时代相适应的法治浙江。[①]

河南省为法治社会建设打出"组合拳"，于2021年5月19日印发《法治河南建设规划（2021—2025年）》和《河南省法治社会建设实施方案（2021—2025年）》，将法治建设成效纳入考核范围，细化考核标准，要求符合地域实际，坚持问题导向，回应社会关切，积极探索区域协同立法，完善"1211"法治政府建设推进机制；同时要持续提升"河南黄河法治文化带"建设水平，将法治文化融入南水北调等重大工程，发掘传统法律文化精神内涵和新时代下的价值所在，突出本省特色，铸就"四个强省、一个高地、一个家园"的现代化河南。[②]

2021年6月9日，中共江苏省委出台《江苏省法治社会建设实施方案（2021—2025年）》，明确系统构建多元规范、规范实施、法治服务、秩序修复、信仰培育"五大体系"；着力提升全社会法治素养，强化法律宣传工作；贯彻落实习近平法治思想，明确全省法治社会建设的五个方面、十七个事项的重点任务，为社会治理进行法治赋能；突出"江苏经验"，落实基层治理法治创建，坚持社区、社会组织、社会工作的协同进行，稳步推进法治社会建设，绘就"十四五"时期江苏省法治社会建设的"施工图"。[③]

2021年7月21日，中共山东省委发布《贯彻落实〈法治社会建设实施

① 参见《中共浙江省委关于印发〈法治浙江建设规划（2021—2025年）〉的通知》，载浙江在线网，https://zjnews.zjol.com.cn/202104/t20210424_22436611.shtml，最后访问日期：2022年2月24日。

② 参见《未来五年，法治河南怎么建？法治社会建设怎么干？河南省法治建设画出路线图》，载河南省人民政府官网，https://www.henan.gov.cn/2021/05-20/2148053.html，最后访问日期：2022年2月24日。

③ 参见《〈江苏省法治社会建设实施方案（2021—2025年）〉新闻发布会》，载江苏省司法厅官网，http://sft.jiangsu.gov.cn/art/2021/6/9/art_48524_9844546.html，最后访问日期：2022年2月24日。

纲要（2020—2025年）〉具体措施》，要求推进普法工作的全面开展，建立国家工作人员依法办事和法治素养考核机制，推进学生"法育工程"，深化"法律进企业"活动，鼓励支持社会组织、志愿者等开展法治宣传教育活动，固定成熟做法，打造优秀法治宣讲队伍品牌；培养"法律明白人""学法示范户"，发挥先锋模范带头作用。同时利用网络短视频平台等技术优势加强法治文化建设，推进网络法治和网络素养教育，夯实法治山东基础。①

中共湖南省委于2021年7月28日发布《湖南省法治社会建设实施方案（2021—2025年）》，要求充分发挥道德对于法治社会建设的滋养作用，落实《湖南省见义勇为人员奖励和保护条例》；完善弘扬社会主义核心价值观的法律法规，建立健全善行义举的奖励机制；完善尊老爱幼、尊崇英烈的制度体系；大力弘扬社会正能量，注重道德对法律规范的滋养作用，发挥法治对于道德规范的促进作用；同时注重以制度保障推进社会诚信体系构建，为实施"三高四新"战略、建设现代化新湖南营造良好法治氛围。②

2021年9月25日，中共云南省委印发《云南省法治社会建设实施纲要（2021—2025年）》，提出要坚持党建领导，系统规划，坚持法治社会与法治云南、法治政府建设相协调，立足地方实际，推进社会规范建设，发挥村（居）民自治在基层社会治理中的积极作用，加强理论研究和舆论引导，优化现代公共法律服务体系，强化法律服务供给和法律宣传教育，增强乡村地区群众的法律观念和法律素养，筑牢谱写美丽的云南篇章的法治基础。③

2021年10月12日，中共四川省委出台《四川省法治社会建设实施方案

① 参见《中共山东省委关于印发〈贯彻落实〈法治社会建设实施纲要（2020—2025年）〉具体措施〉的通知》，载山东省人民政府官网，http：//www.shandong.gov.cn/art/2021/7/21/art_107851_113357.html，最后访问日期：2022年2月24日。

② 参见《省委印发〈湖南省法治社会建设实施方案（2021—2025年）〉》，载湖南省人民政府官网，http：//www.hunan.gov.cn/hnszf/hnyw/sy/hnyw1/202107/t20210728_20002252.html，最后访问日期：2022年2月24日。

③ 参见《中共云南省委印发〈云南省法治社会建设实施纲要（2021—2025年）〉》，载云南省人民政府官网，http：//www.yn.gov.cn/zwgk/zcwj/swwj/202109/t20210925_228594.html，最后访问日期：2022年2月24日。

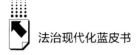

（2021—2025 年）》，强调要提升全省公共法律服务水平，开展法律文化建设和普法宣传教育工作，推动法律服务“线上数据平台+线下实体平台”建设，联动“12348”法律服务热线平台，实现“网络+实体+热线”平台协同促进、交互发展；同时推动公共法律服务体系标准化试点工作，统筹全省公共服务资源，集中管理，统一调配，打造覆盖城乡、均等普惠的现代公共法律服务体系；加强公民的合法权益保障，落实法治四川建设总体部署。①

2021 年 11 月 11 日，中共天津市委发布《天津市法治社会建设实施纲要（2021—2025 年）》，聚焦网络空间，推进市域网络空间治理体系与治理能力的法治化，开展针对重点领域、新兴领域的立法探索，强化制度保障；制定网络内容管理权力清单和责任清单，持续推进“清朗”“净网”等网络生态治理专项整治行动，提升公民的网络法治意识，落实网络安全责任制，强化公民网络空间合法权益保障，规范网络空间行为，深化对于“网络暴力”“人肉搜索”“网络性侵”等行为的治理，持续打击电信网络诈骗，保护公民的用网合法权益，提升市民法治素养，增强全社会法治观念，为全面建成法治建设先行区提供“天津经验”。②

2022 年 1 月 7 日，云南省德宏州印发《德宏州法治社会建设实施纲要（2021—2025 年）》，落点社会治理体制机制的完善，坚持以人民为中心的基本原则，明确各方主体的职责定位，充分发挥信息技术的优势地位，坚持社会协同，打造共建共治共享的社会治理理念；持续开展民族团结进步活动，筑牢中华民族共同体意识，共同促进市域治理现代化发展；形成符合国情省情州情、符合人民美好生活愿景的法治社会建设生动局面。③ 各地关于

① 参见《省委印发〈四川省法治社会建设实施方案（2021—2025 年）〉》，载四川省人民政府官网，https：//www.sc.gov.cn/10462/10464/10797/2021/10/12/e0cad50fd6654f6bad464719d193cf2c.shtml，最后访问日期：2022 年 2 月 24 日。

② 参见《天津市法治社会建设实施纲要（2021—2025 年）》，载天津共青团官网，http：//www.youthtj.org.cn/system/2021/11/11/030069161.shtml，最后访问日期：2022 年 2 月 24 日。

③ 参见《中共德宏州委关于印发〈德宏州法治社会建设实施纲要（2021—2025 年）〉的通知》，载德宏州人民政府官网，http：//www.dh.gov.cn/Web/publice/_F46_ZE9D8CFBEA62AEAE0001C7_4TY2H0IA601E5B176FE0408DA9.htm，最后访问日期：2022 年 2 月 24 日。

法治社会建设的生动实践无不彰显着中央顶层设计和地方治理需求的有益结合，为深入推进法治社会建设筑牢了根基。

（四）任务部署举措

《纲要》从五个方面提出了法治社会建设的 28 项具体措施。过去的一年，我国的法治社会建设成效显著，但仍然存在区域发展不平衡、主体参与不充分和法治化不全面等若干短板弱项。新的一年，我国法治社会建设应当继续巩固实践中的有益经验，同时坚持问题导向，实现创新发展。

1. 法治社会建设应当持续加强社会法治观念

新时代法治社会建设必须大力推进社会主义法治文化建设，在全社会弘扬法治精神、增强法治观念、厚植法治信仰，为法治社会建设奠定精神基础。[①]"十四五"时期，要继续贯彻落实"八五"普法规划，推动法治文化同我国重点工程建设相互融合，重视道德对法治建设的滋润作用，引导人民群众崇尚法治、信仰法治、捍卫法治。

首先，应当坚持维护宪法的尊严与权威，完善宪法宣传教育制度，注重节日效应，鼓励支持各种宪法宣传、宪法学习活动的开展。其次，应当持续增强全民法治观念，以新媒体大数据技术为支撑，广泛开展针对国家工作人员、青少年在校学生、企业社会组织等不同主体的普法工作，普及与人民生活休戚相关的法律规定，将法治教育纳入国民教育体系，贯彻落实习近平法治思想精神。再次，加快健全普法责任制，拓展普法宣传抓手，培育多元化的普法主体，创新普法形式，针对与人民群众利益相关的法律，采用喜闻乐见的方式进行宣讲解读；坚持法治宣传教育和法治实践相结合的普法路径，在行政执法、司法案件的处理过程中要主动讲解，强化相对人、利害关系人的法治观念，推动案件处理的顺利进行。最后，加快社会主义法治文化建设，注重法治文化建设同社会热点事件的联动作用，充分利用群众性文化活

---

① 参见王齐齐、刘田原《我国法治社会研究二十年：回顾、反思与展望》，《时代法学》2021年第 6 期。

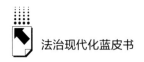

动、重大节日活动的开展，扩大法治文化的影响力。

2. 法治社会建设应当加快完善社会领域制度规范

法治社会基本构成的制度维度，所强调的是基于社会自治的规则多元，实现多元化的社会规范在社会层面的整合协调。① 《规划》指出，法治中国建设坚持统筹推进，其中法律规范体系的完善居于首要地位。

首先，应当大力完善社会重要领域立法，聚焦群众民生、社会保障、生态环境、特殊群体保护等重要领域，疫情防控等公共卫生领域，城乡社区治理领域，法治文化建设领域的规章制度建设，以良法善治保障新业态新模式的健康发展；② 其次，应加大力度推动社会规范建设，充分发挥社会规范在社会自治层面的积极作用；再次，应当注重道德规范建设，坚持"法安天下、德润人心"，充分利用法律与道德在社会治理层面的互动关系，畅通道德规范与法律规范的转化机制；最后，要加快推进社会诚信体系建设，强化诚信管理制度建设，健全失信人员惩戒制度，加强诚信理念宣传教育。多重措施齐下，建立健全国家治理急需、人民美好生活需要必备的规则规范，为法治社会发展筑牢制度基础。

3. 法治社会建设应当切实强化公民权益保障

人民幸福生活是最大的人权。③ 习近平法治思想坚持"江山就是人民，人民就是江山"的根本原则，④ 努力实现人民幸福生活权、美好生活权，不断加强公民基本权利保障，维护各类社会主体的合法权益。

首先，法治社会的建设应当坚持人民是国家的主人，建立健全公众参与重大公共决策机制，多渠道、多形式广泛听取群众意见，夯实全过程人民民主的实践基础。其次，应当强化行政执法中当事人合法权益的保障，强化行

---

① 参见屈茂辉《法治社会的基本构成与新时代我国法治社会建设的基本路径》，《湖湘论坛》2019 年第 6 期。
② 参见习近平《论坚持全面依法治国》，中央文献出版社，2020，第 4 页。
③ 参见习近平《走符合国情的人权发展道路》（2018 年 12 月 10 日），载《习近平谈治国理政》第三卷，外文出版社，2020，第 288 页。
④ 参见习近平《在庆祝中国共产党成立 100 周年大会上的讲话》，《人民日报》2021 年 7 月 2 日，第 2 版。

政执法行为的规范化、程序化、法治化；推动政府信息公开，对于涉及公民切身利益的行政决定应当依法予以公开，保障公民知情权。再次，应当继续加强人权司法保障，发挥数字信息技术优势，构建现代化诉讼服务体系，优化诉讼程序规则，加大涉民生案件的办理力度，提升其办案水平，健全案件纠错机制，努力让人民群众在每一个案件中切实感受到公平正义。此外，应当不断加强公共法律服务供给，鼓励支持律师事务所、高校、法律资格从业者、法律服务志愿者等优质法律服务资源向城乡倾斜，利用网络平台提供法律服务；同时强化公共法律服务清单制度，提高法律服务供给的标准化、规范化，满足群众日益增长的高品质、多元化的法律服务需求。最后，应当坚持"权利与义务相统一"法治观，引导社会主体承担相应的社会责任，强化规则意识，注重矛盾纠纷的理性解决，推动经济社会的稳定运行。

4. 充分发挥多元治理主体的协同作用

法治社会建设应当深入推进社会治理法治化建设，充分发挥多元治理主体的协同作用，协调社会关系，化解社会矛盾，增进社会认同，保障和改善民生。① 创新在党领导下的自治与法治的关系，强化道德的支撑作用，法治是自治的基础，自治是法治的延伸。

首先，社会治理法治化建设应当加大力度完善社会治理体制机制，社会协同、法治保障，发挥数字信息技术优势，推动社会治理的制度化和规范化发展。其次，应当加快推进多层次多领域依法治理，明确不同主体在市域治理创新中的责任范围，实现社会治理层面的良性互动，发挥法治在市域治理中的核心作用。再次，应当持续强化社会综合治理能力，坚持问题导向，针对影响人民群众生活稳定的黑社会性质组织犯罪、网络犯罪、诈骗盗窃犯罪、食品安全犯罪等进行重点治理，不断增强社会安全感。最后，完善社会矛盾纠纷多元化解机制，以新时代"枫桥经验"为理念指导，建立层次化的多元化纠纷化解机制，完善信访工作制度，加快落实诉讼与信访分离工

---

① 参见江必新《推进国家治理体系和治理能力现代化》，《光明日报》2013年11月15日，第1版。

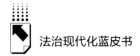

作，保障民众诉求得以依法妥善处理。

5. 法治社会建设应当继续坚持网络空间治理的法治道路

依法治理网络空间，是维护国家安全和社会和谐稳定、维护公民合法权益、促进网络空间健康有序发展的必然之举和迫切需要。[①] 互联网信息技术对社会发展产生了深刻影响，数字技术作为新一轮产业革命的核心内涵，由信息交互产生的网络空间逐渐成为社会治理的新领域。持续强化网络空间依法治理，是坚持习近平法治思想在网络空间的具体体现。加快数字治理的前瞻布局，是提升国家现代化治理水平的重要手段，是当今中国应对世界变局、抢占科技和产业革命战略高地的有力保证，是维护国家安全与社会和谐、推动网络空间健康发展、保障公民的合法权益的必然选择。

加强法治社会建设，首先应当持续完善网络法律制度，坚持立法先行，对现行法律制度在网络空间进行"领域性改造"，回应社会热点问题，推动网络空间内重点领域、新兴领域立法。其次，着重培育良好的网络法治意识。发挥法治和德治在提升公民网络素养方面的积极作用，强化网络传播内容管理机制，弘扬社会正能量。最后，强化公民依法安全用网保障。加强对未成年人网络行为的保护措施，引导其树立科学的网络安全观，对于网络犯罪行为，提升监控查处能力，加大惩处力度，落实网络服务提供企业的主体责任和安全管理责任，建立健全网络突发安全事件的应急处置机制，加大网络行为监管力度，保护公民在网络空间的合法权益。

四 下一阶段法治社会建设展望

"历史和现实都告诉我们，法治兴则国兴，法治强则国强。"[②] 党的十九

---

① 参见周琰《依法治理网络空间是法治社会建设重点内容——〈法治社会建设实施纲要（2020—2025年）〉解读》，《网络传播》2021年第9期。

② 参见《"法治兴则国兴，法治强则国强"——"十个明确"彰显马克思主义中国化新飞跃述评之六》，载人民网，http://dangshi.people.com.cn/n1/2022/0221/c436975-32356109.html，最后访问日期：2022年2月24日。

届五中全会开启了建设社会主义现代化强国的新征程。毫无疑问，我国法治建设的目标和方向必须与建设社会主义现代化强国相协调。① 从党和国家事业发展进程中的重大时间节点中不难看出，法治社会建设同样存在"三步走"的战略安排。目前，法治社会的建设处于"第二步"的阶段，即从2020年到2035年，法治国家、法治政府和法治社会将基本建成。在此阶段，社会治理的法治体系将更加完善，依法治理社会的能力将显著提高，基本实现法治社会的建设目标。

法治社会是构筑法治国家的基础，法治社会建设是实现国家治理体系和治理能力现代化的重要组成部分。② 因此，我国在下一阶段法治社会的建设和发展过程中，应当继续坚持以习近平法治思想为根本遵循，深入贯彻落实党的十九大和十九届历次全会精神，坚持和完善中国特色社会主义制度、推进国家治理体系和治理能力现代化的新要求，严格遵循《纲要》的法治社会建设新布局，进一步推进"八五"普法规划的实施，加强社会主义法治文化建设，巩固和发展社会治理法治化成果，突出问题导向，实现创新发展，加快全面建成法治社会的步伐。

（一）进一步遵循《纲要》的法治社会建设新布局

《纲要》指出："到2025年，'八五'普法规划实施完成，法治观念深入人心，社会领域制度规范更加健全，社会主义核心价值观要求融入法治建设和社会治理成效显著，公民、法人和其他组织合法权益得到切实保障，社会治理法治化水平显著提高，形成符合国情、体现时代特征、人民群众满意的法治社会建设生动局面，为2035年基本建成法治社会奠定坚实基础。"③法治社会建设要严格以习近平法治思想为根本遵循，坚持全面依法治国，在

---

① 参见付子堂《中国特色社会主义现代化法治强国的理论支撑》，《中国社会科学报》2021年1月6日，第4版。

② 参见《中共中央印发法治社会建设实施纲要（二〇二〇—二〇二五年）》，《人民日报》2020年12月8日，第1版。

③ 《中共中央印发法治社会建设实施纲要（二〇二〇—二〇二五年）》，《人民日报》2020年12月8日，第1版。

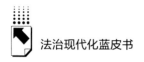

2035 年基本实现社会主义现代化这一目标之时，实现社会治理全面法治化，开创法治社会建设的新纪元。

1. 不断完善社会治理体制机制

完善党委领导、政府负责、民主协商、社会协同、公众参与、法治保障、科技支撑的社会治理体系，打造共建共治共享的社会治理格局。共建共治共享，是党在十八大以来提出并不断完善的一套社会治理制度，是习近平新时代中国特色社会主义思想的重要内容。党的十九届四中全会通过的决定为共建共治共享的社会治理制度赋予了更加完备的内涵，并提出了"社会治理共同体"的全新命题。下一阶段，要深化共建共治共享的社会治理格局，打造包括广大人民群众在内的共同参与、共同负责的治理共同体，推动形成多元主体治理法治化新局面，积极营造和谐的社会氛围。

2. 持续推进多层次多领域依法治理

党的十八届四中全会决定确立的法治社会建设基本任务之一，就是推进多层次多领域依法治理，提高社会治理的法治化水平。各地各部门在提升各层次各领域依法治理能力的同时，不断持续加强基层治理主体法治意识。社会治理活动的主战场在基层，只有深化基层组织和行业的依法治理，支持各类社会主体自我约束、自我管理，才能将法治精神融入社会治理的全过程，加快社会治理法治化进程。与此同时，未来各地应当不断完善激励机制，推动法治治理力量下沉，扩充社会基层治理人员的队伍，让社会基层治理成为法治社会建设的主要抓手，彰显基层社会治理的中国特色。

（二）进一步推进"八五"普法规划贯彻落实

制定和实施五年普法规划是党领导全民普法的重要方式，自开始实施普法规划以来，目前我国已经完成了七个五年普法规划。尤其是党的十八大以来，以宪法为核心的中国特色社会主义法律体系学习宣传深入开展，"谁执法谁普法"普法责任制广泛实行，全社会法治观念明显增强，社会治理法治化水平明显提高。[1] 全民普法是全面依法治国和法治社会建设的长期基础性工作，也是学习宣传贯彻习近平法治思想的重要举措，更是持续提升公民法治素养和社会治理法治化水平的必然要求。因此，下一阶段我国应当进一步推进"八五"普法规划的实施，形成全社会尊法、学法、守法、用法的良好氛围。

建设法治社会的前提条件之一，就是在全社会树立宪法法律至上、法律面前人人平等的观念。要深入学习宣传宪法，讲好中国宪法故事，使宪法精神深入人心，以宪法精神凝心聚力。目前，在宪法的宣传教育上，还存在形式主义的痕迹，宪法宣传的实效性不够高，号召力和感染力亦有待加强。下一阶段应将宣传周形式的宣传与常态化宣传紧密结合，要把宪法权威牢牢树立在人民群众心里，让宪法精神融入广大人民群众中，推动宪法学习宣传常态化、制度化。

在我国民法典颁布一周年之际，社会上形成了学习宣传贯彻民法典的热潮，民法典普法作为"八五"普法规划中的重要一环，更应融入到人民群众的日常生活中去。[2] 要让民法典走到群众身边，走进群众心里，促进公民法治素养提升，促进人民高品质生活。下一阶段，各地各部门应当持续深入推进民法典主题宣传活动，紧贴社会和经济发展、变化，加强民法典在数据、网络、平台等新兴领域的融合与运用，确保民法典得到全面有效执行。

坚持宣传教育与实践的结合，各地各部门认真落实"谁执法谁普法"普法责任制。全面建立普法责任清单制度，明确各重点执法单位年度普法重点内容、重点项目，狠抓普法责任主体落实，将各单位普法责任制落实情况纳入到城市法治建设的考核中。下一阶段，各地应积极开展年度评议工作，及时总结并发现问题，明确整改措施方案，加强跟踪问责，

---

[1] 参见《提高普法针对性和实效性（人民时评）》，载人民网，http://yn.people.com.cn/n2/2021/0803/c372441-34849779.html，最后访问日期：2022年2月22日。

[2] 参见《中央宣传部　中央网信办　全国人大常委会法工委　最高人民法院　最高人民检察院　教育部　司法部全国普法办　中国法学会关于印发〈"美好生活·民法典相伴"主题宣传方案〉的通知》，载中国普法网，http://www.legalinfo.gov.cn/pub/sfbzhfx/zhfxpfxx/pfxxzthd/202109/t20210907_437122.html，最后访问日期：2022年2月22日。

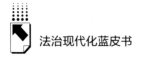

推广典型经验，确保"谁执法谁普法"工作落到实处、见到实效，增强责任制的实效性。

（三）进一步加强社会主义法治文化建设

社会主义法治文化建设是中国特色社会主义文化建设的重要组成部分，是社会主义法治国家建设的重要支撑。中共中央办公厅、国务院办公厅印发的《关于加强社会主义法治文化建设的意见》指出，要深入学习宣传贯彻习近平法治思想和习近平总书记关于文化自信的重要论述，把建设社会主义法治文化作为建设中国特色社会主义法治体系、建设社会主义法治国家的战略性和基础性工作以及建设社会主义文化强国的重要内容，切实提高全民族法治素养和道德素质，着力建设面向现代化、面向世界、面向未来的，民族的、科学的、大众的社会主义法治文化，为全面依法治国提供坚强思想保证和强大精神动力。①

在法治社会发展的过程中，着重凸显法治文化的引领作用，不断强化法治文化建设的顶层设计，细化相关操作指引，大力实施法治文化的宣传工程。法治社会建设需要借助有效的社会治理，才能逐渐去除公共理性缺失、法治意识薄弱的弊病症结，才能抑制个体诉求非理性表达所导致的各类极端化事件和群体性事件。因此，要加快培育与中国特色社会主义法治体系相适应的社会主义法治文化，尽快形成全社会办事依法、遇事找法、解决问题用法、化解矛盾靠法的法治环境。

当前，我国的法治文化建设水平已经取得了长足的进步和发展，现已搭建较多的普法渠道和窗口去宣传和弘扬中国特色社会主义法治文化，提供了多层次、多类型的法治文化产品，使法治文化的建设水平有了整体性提升。尽管如此，法治文化建设仍存在法治文化产品形式单一、宣传的载体创新度不够、法治文化的广度和深度欠发掘以及法治文化的本土化程度不佳等问题

---

① 参见《中共中央办公厅　国务院办公厅印发〈关于加强社会主义法治文化建设的意见〉》，载中国政府网，http://www.gov.cn/zhengce/2021-04/05/content_5597861.htm，最后访问日期：2022年2月22日。

亟待解决。下一阶段，需要把"建设社会主义法治文化"作为各级党委和政府的日常工作，加快形成社会主义法治文化体系，充分发挥法治文化在法治社会建设中的引领和熏陶作用；加强社会主义法治文化阵地建设，兴建法治文化主题公园、法治文化实践教育基地等，增加法治文化建设在城乡建设中的比重；坚持培育公民的法治素养，实现法治文化建设从"形式化"向"生活化"的跨越，注重公民法治习惯的实践养成。

地方报告·山东
Local Reports · Shandong

B.2
法治宣传教育报告[*]

李　旭[**]

摘　要： 2021年，山东省结合本地实际，积极部署和实施"八五"普法规划，不断加强和完善普法工作体系建设，聚焦"关键少数""关键群体""重点对象"开展普法教育工作，突出围绕重点普法内容开展主题鲜明的法治宣传教育活动，不断创新发展法治宣传教育的载体和形式，法治宣传教育工作整体上成效显著，为"八五"普法工作的深入开展创造了良好开端。山东省各地积极探索普法工作创新机制，其中青岛市即墨区、临沂市费县、威海市、济南市法治宣传教育工作亮点突出，具有典型借鉴意义。为进一步推进普法工作深入开展，山东省要以强化落实普法责任机制和保障机制、推动普法工作方式守正创新、加强普法队伍建设、拓展法治宣传教育的层次和领域、深化基层法治宣传教育工作为重要着力点。

---

* 除专门引注外，本报告涉及的所有事例、数据均为课题组于2022年2~4月调研所得。
** 李旭，法学博士，中国法治现代化研究院研究员，南京师范大学法学院讲师。

关键词：　法治宣传教育　"八五"普法　公民法治素养　普法责任制

　　党的十九大报告强调要"提高全民族法治素养和道德素质"，① 为法治宣传教育工作提出了明确要求和指向。2021 年以来，山东省各地深入学习宣传贯彻习近平法治思想，抓实制定"八五"普法规划，全面加强守法普法工作统筹协调，完善和落实"谁执法谁普法"普法责任制等重点任务，为"八五"普法工作的顺利开展奠定了坚实基础。

一　2021年山东"八五"普法开局良好

　　2021 年是"八五"普法规划的开局之年。山东省紧紧围绕"提升公民法治素养，推动全社会尊法学法守法用法"这一目标，稳步推进法治宣传教育工作，不断完善守法普法工作体系，创新普法载体和形式，推动全省守法普法工作取得新的进展和成效，为"八五"普法工作的深入开展创造了良好开端。

（一）坚持高点谋划，完善法治宣传教育工作体系

　　在全面总结山东"七五"普法工作经验，深入贯彻国家"八五"普法规划精神的基础上，山东省以持续提升公民法治意识和法治素养为重点，不断加强和完善普法工作体系建设，不断健全普法工作制度和机制，切实加强和落实普法工作保障，法治宣传教育各项工作有效开展。

　　1.完善普法统筹协调工作机制

　　2021 年，山东省委全面依法治省委员会守法普法协调小组召开第二次会议，围绕立足新发展阶段、贯彻新发展理念、服务新发展格局，积极制定

---

　　① 习近平：《决胜全面建成小康社会　夺取新时代中国特色社会主义伟大胜利——在中国共产党第十九次全国代表大会上的报告》，人民出版社，2017，第 22~23 页。

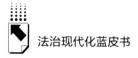

工作规划，及时研究部署全省普法依法治理工作要点，明确 2021 年守法普法工作的"任务书"和"施工图"。为保障法治宣传教育工作有效开展，山东省充分发挥省委全面依法治省委员会的组织协调和统筹推动作用，及时调整充实守法普法协调小组组成人员，优化完善成员单位职责任务，并加强对山东省 16 市守法普法协调小组的工作指导，进一步完善了普法工作推进机制。

2. 完善普法制度建设

在继续推进实施《山东省法治宣传教育条例》《省委全面依法治省委员会守法普法协调小组工作细则》《关于进一步实行国家机关"谁执法谁普法"普法责任制的意见》等普法政策文件的基础上，2021 年初山东省委全面依法治省委员会积极推动出台"八五"普法决议和"八五"普法规划，印发实施《2021 年全省普法依法治理工作要点》《关于进一步增强普法工作针对性和实效性的意见》《关于进一步完善国家工作人员学法用法制度的实施意见》等系列文件，从顶层设计、指导思想、重点内容、重点对象、普法方式、责任落实等方面进行了明确规定，以高标准的谋划，推动"八五"普法工作创新发展。

3. 强化落实保障措施

为保障全民守法普法工作落地见效，在普法责任机制方面，山东省各地全面推进落实"谁执法谁普法""谁主管谁普法""谁服务谁普法"普法责任制，建立健全公开报备、工作台账、工作会议、报告总结、评价通报五项工作制度。在普法队伍建设方面，近年来山东持续注重培育壮大普法讲师团、普法志愿者等社会普法队伍，加强资源整合，积极吸纳公职律师、公司律师以及高校法律专业人士加入普法队伍。此外，为充分发挥"法治带头人""法律明白人"等志愿者在基层普法工作中的重要作用，山东省印发实施《山东省乡村"法治带头人""法律明白人"培养工作指引》，明确到 2022 年底，实现全省每个村培育 1 名以上"法治带头人"和 3 名以上"法律明白人"。

4. 完善普法责任落实监督制度

山东省积极推进落实普法责任制，督促各普法责任主体制定落实年度普法工作计划，将守法普法工作纳入 2021 年度各市高质量发展综合绩效考核和省直机关绩效考核内容，不断激发履行普法责任的内生动力，推动各级各有关部门和普法责任主体增强普法工作针对性和实效性。此外，为推进普法工作与法治实践相结合，山东省实施以案释法长效工作机制，广泛开展以案说法、以案释法活动，同时建立以案释法案例定期报送制度，择优上报司法部案例库。2021 年以来，山东省累计报送优秀普法案例 92 篇，入选案例库 58 篇，入选数量位居全国第一。[①]

（二）坚持突出重点，开展主题法治宣传教育活动

1. 坚持政治统领，深入学习贯彻习近平法治思想

山东省认真贯彻"八五"普法精神，将学习宣传贯彻习近平法治思想作为守法普法协调小组开展工作的首要政治任务，落实到普法工作全过程、各环节，纳入各级党委（党组）理论学习中心组重点学习内容，列入干部教育总体规划，融入学校教育，在各类普法阵地设立专区专栏，推动习近平法治思想入脑入心、走深走实。此外，山东各地各部门在宣传月期间围绕"以习近平法治思想为指引　坚定不移走中国特色社会主义法治道路"主题，组织开展形式多样的普法宣传活动，推动习近平法治思想进校园、进社区、进企业、进网络，向基层延伸、向群众贴近。

2. 坚持"宪法"核心位置，广泛开展宪法学习宣传

山东省始终将学习宪法作为普法工作的重点，充分发挥全省法治宣传教育、法治文化建设两个"示范基地"作用，持续深化"宪法十进"活动。2021 年以来，山东省各地组织开展"12·4"国家宪法日、宪法宣传周暨山东省法治宣传教育月主题宣传活动，组织参加全国学生"学宪法讲宪法"活动，形成了宪法学习宣传教育的浓厚氛围。如青岛市举行宪法宣传教育主

---

① 数据系课题组调研所得。

题雕塑揭幕仪式，在全国首创"宪法宣传主题雕塑"城市地标，将宪法元素融入城市空间，增强全社会宪法意识；淄博市创新建立"淄博市宪法宣传教育馆"，打造全省首个网上宪法宣传平台，打破法治宣传时间和空间限制；枣庄市通过举办专题讲座、法治枣庄百人宣讲、赶大集、手绘、维权驿站在行动等多种形式，增强宪法宣传的吸引力和感染力。山东其他各市也都结合本地实际举行了亮点纷呈的宪法学习宣传活动。据统计，"山东省法治宣传教育月"活动期间，开展宪法"十进"活动25964场次，发放读本、宣传册等学习资料372.75万余份。[①]

3. 以"民法典"作为普法重点任务，扎实开展民法典学习宣传

自2021年民法典实施以来，山东省扎实推进民法典学习宣传教育工作，将民法典纳入各级党委（党组）理论学习中心组、政府常务会议学习重要内容，启动实施民法典解读宣讲工程，持续推动民法典融入日常生活、融入基层治理、融入法治实践，让民法典走到群众身边、走进群众心里。2021年5月，山东省与司法部普法与依法治理局联合在烟台市举办"美好生活·民法典相伴"主题宣传集中展示活动，并以此为契机深入开展民法典"十进"活动，推动打造一批民法典主题法治文化阵地，同时运用新媒体手段推动民法典普法工作深入开展。

4. 以党内法规作为必修课，加大党内法规宣传力度

党内法规是广大党员干部的行为准则，"八五"普法规划明确提出要以党章、准则、条例等为重点，深入开展党内法规学习宣传教育。围绕喜迎中国共产党百年华诞，结合党史学习教育、人防系统腐败问题专项治理等工作，山东省各地认真组织学习宣传党章和党的十八大以来新颁布的党内法规，推动依规治党向基层延伸、向全体党员干部覆盖，教育广大党员以党章为根本遵循，把学习党内法规作为党员的基本要求，列入党支部"三会一课"内容，通过领导干部学法用法考试、知识竞赛等形式，以及引导党员

---

① 参见《山东省组织开展法治宣传教育月活动》，载中国法律服务网，http：//alk.12348.gov.cn/Detail？dbID=38&dbName=FXJH&sysID=15389，最后访问日期：2022年3月28日。

干部积极参加"学习强国"党内法规专项答题等活动，推动党内法规学习宣传常态化、制度化。

5.围绕党委和政府工作大局，加强重点领域普法宣传

山东省各地围绕推动高质量发展、打造乡村振兴齐鲁样板、推动绿色发展、防范化解重大风险等"十四五"规划目标任务，重点学习宣传优化营商环境、突发事件应急保障、公共卫生安全、安全生产、生态文明、知识产权、国家安全等相关法律法规。① 如围绕打造法治化营商环境，山东各地开展《优化营商环境条例》集中宣传月活动，组织执法人员和律师等到企业巡回宣讲；围绕统筹发展和安全，组织开展非煤矿山、危化品领域安全生产专项普法百日行动，做到中心工作延伸到哪里，普法宣传就跟进到哪里，以高质量普法促进高质量发展，不断增强人民群众法治获得感、幸福感、安全感。

（三）坚持分类施策，强化重点群体学法用法

1.聚焦领导干部"关键少数"

党的十八届四中全会强调，"坚持把领导干部带头学法、模范守法作为树立法治意识的关键"，② 为普法工作明确了重点对象。山东省抓住领导干部这个"关键少数"，不断深化国家工作人员学法用法。省委组织部、省委宣传部、省委全面依法治省委员会办公室、省司法厅联合印发《关于进一步完善国家工作人员学法用法制度的实施意见》，强调进一步推动完善领导干部集体学法制度，健全完善日常学法制度、法治培训制度、学法用法考试制度，健全完善依法决策和问责制度、严格依法履职制度和考核评估机制，建立健全学用法激励机制和通报制度，推进国家工作人员学法用法工作的深入开展。据不完全统计，2021 年以来山东省各地各部门组织国家工作人员法治讲座（培训）11000 余场次，参加 120 万余人次，副处级以上国家工

---

① 参见《山东省人民代表大会常务委员会关于在全省开展第八个五年法治宣传教育的决议》，《大众日报》2021 年 8 月 3 日，第 2 版。

② 《中共中央关于全面推进依法治国若干重大问题的决定》，人民出版社，2014，第 26 页。

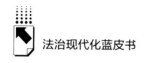
作人员参加法律知识考试测试 2 万余人次。①

2. 聚焦青少年"关键群体"

为抓好普法工作基础，山东紧紧围绕青少年这一关键普法对象，进一步贯彻落实《青少年法治教育大纲》，组织开展"彩虹伞·法护青春""法治副校长讲法治课""走进法庭，听法官叔叔讲宪法"等法治宣传教育活动，通过集中系统开展以宪法、未成年人保护法、预防未成年人犯罪法为核心的普法宣传教育活动，不断增强青少年法治素养；大力推进青少年法治教育实践基地建设，组织召开全省法治副校长工作推进会，指导督促各地组建法治副校长人才库，壮大法治副校长队伍。目前，山东全省建有青少年法治宣传教育基地 2391 个，有 99.4% 的中小学配备了法治副校长，为全面深化青少年法治宣传教育提供了有力保障。②

3. 加强企业管理者和劳动者法治教育

为贯彻落实"八五"普法精神，提升全民法治素养，山东省推动建立企业经营管理人员法律培训制度，重点围绕依法管理经营企业开展法治宣传教育，引导企业树立合规意识，推动诚信守法企业创建；组织开展"宪法进企业""尊法守法·携手筑梦"等法治宣传教育和法律咨询服务活动，提升全省劳动者懂法、守法和用法的法治意识。此外，在全省的积极部署下，山东省在全国职工法律知识网上答题活动中闯关近 350 万人次，位居全国第一。③

4. 提升城乡居民法治素养

为推进基层法治，提升城乡居民法治素养，山东省各地持续深化"服务大局普法行"主题实践活动，围绕村（社区）"两委"换届，加强基层组织选举专题法治宣传教育；围绕乡村振兴，发挥村（社区）法律顾问和普法志愿服务队作用，广泛宣传与农村群众生产生活密切相关的法律法规；结合"四德"建设、"三下乡"活动，实施公民法治素养提升行动，推广法治

---

① 数据系课题组调研所得。
② 数据系课题组调研所得。
③ 数据系课题组调研所得。

行为实践养成试点工作经验，推动人民群众在遵守交通规则、培养垃圾分类习惯、防止餐饮浪费等日常生活实践中养成守法习惯。山东全省基层法治宣传教育活动取得良好成效，在第八批全国民主法治示范村（社区）评选中，山东省获评数量居全国首位。

（四）坚持创新发展，丰富法治宣传教育载体和形式

1. 强化阵地拓展

法治文化阵地是普法工作深入开展的重要载体，是保障法治宣传教育长效发展的重要举措。2021 年以来，山东省推动把法治文化阵地建设纳入城乡规划和重大文化建设项目，依托图书馆、博物馆、社区文化中心、农家书屋等文化基地，建立健全基层法治文化公共设施体系，加强基层单位和乡村（社区）法治文化形象塑造。目前，全省已命名 3 批 396 个法治文化建设示范基地和法治宣传教育示范基地，威海市刘公岛获评第三批全国法治宣传教育基地，初步形成了覆盖城乡的法治文化阵地网络。[1]

2. 推进法治文化精品创作

党的十八届四中全会要求"弘扬社会主义法治精神，建设社会主义法治文化"，[2] 为普法工作提供了抓手。"七五"普法经验表明，法治文化建设水平决定了法治宣传教育的成效。为全面提高法治文化的渗透力和影响力，山东省结合全省舞台艺术创作"4+1"工程和重点选题资助计划，鼓励开展优秀法治题材作品创作；实施"法润齐鲁创作扶持计划"，扶持创作展现齐鲁特色、接地气、高质量、有影响、受欢迎的优秀法治文化产品。全国普法办开设的普法产品库，山东省报送数量、入库数量均居全国前列，被全国普法办通报表扬。

3. 打造法治文化地方特色

近年来，山东坚持把法治文化植根于本地土壤，与本地民间艺术和传统

---

① 数据系课题组调研所得。

② 《中共中央关于全面推进依法治国若干重大问题的决定》，人民出版社，2014，第 26 页。

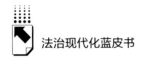

文化相结合，努力打造齐鲁特色法治文化品牌。2021年以来，山东省各地持续深挖齐鲁文化法治思想内涵，充分发掘地域特色文化底蕴，发挥地域、部门、行业特色文化优势，围绕群众需求和时代发展趋势，促进法治文化建设与齐鲁传统文化、廉政文化、机关文化、行业文化等有机结合，推动形成"一市一品牌、一县一特色、部门有特点、行业有亮点"的法治文化建设格局。此外，山东各地也积极开展法治文化专项课题研究，为提升齐鲁法治文化建设水平提供理论支撑。2021年山东省法治文化建设活动推进以来，全省各地创建了许多独具特色且优质的法治文化，其中烟台市深化"法德共进"普法模式、潍坊市开展法治文化进景区、省黄河河务局打造沿黄法治文化景观等成效明显。

4. 提升法治文化传播力

在充分利用传统有效的普法方式基础上，山东省也致力于加强新媒体在普法中的运用。2021年山东省司法厅、山东省互联网传媒集团、山东省律师协会联合成立山东首家法治宣传联盟，构建普法网络矩阵集群，推出《小姜说"法"厅》、"法治攻坚·乡村振兴"等栏目或专栏，开通"山东乡村普法广播"和"山东乡村振兴普法宣传站"，持续提升普法工作的社会影响力。目前，全省开设各类普法栏目1000余个，建设普法网站400余个，形成了"舆论全覆盖、媒体全联动"的普法传播态势，"山东普法"一点资讯位列全国政法榜"司法优质榜"十强。①

二 2021年山东各地法治宣传教育的创新举措

在"八五"普法开局之年，山东省各地区在总结"七五"普法工作经验的基础上，围绕新格局、新要求、新任务积极部署新一轮的普法工作，立足本地实际，守正创新，积极探索并实践法治宣传教育的新模式和新载体，针对提升法治宣传教育工作的实效性采取了许多亮眼的创新举措，成效显著。

---

① 数据系课题组调研所得。

（一）青岛市即墨区：打造"网络+网格"双网普法新模式

2021 年以来，青岛市即墨区进一步拓展普法路径，创新开展"网络+网格"双网普法，打造"网络全覆盖、资源共分享、宣传零距离"的全新普法宣传模式，进一步拓展了普法宣传的广度和深度，提升了普法针对性和实效性。

1.推进"互联网+"普法，实现普法提质增效

即墨区将互联网作为提升普法覆盖面的重要载体，依托全区各相关部门 30 多个普法网站、微博、微信、抖音等新媒体方式形成普法矩阵，开展网络普法。2021 年以来，即墨区依托青岛市干部网络学院进行网上学法考法，实现国家工作人员"随时随地学法"；依托全区教育系统"云端"，将法律知识送到中小学生的课堂上；依托网上专题普法直播，将法治课程送到群众手中。即墨区各单位也积极打造民法典宣传网上阵地，依托知即墨 App、中国即墨网、新即墨官微等新媒体，在首页首屏开设"学习《民法典》关系你我他"专栏，解读、宣传民法典内容；区融媒体中心《民生播报》栏目推出"读懂《民法典》'典'亮你我生活"宣传专栏；即墨区司法局依托网络平台开通《民法典》网上直播，不仅支持现场互动答疑，也支持无限回放，群众只需通过手机就能随时随地听课学习，灵活方便，既扩大了普法的受众范围，也提升了普法实效。

2.网格员化身普法员，壮大社会普法力量

即墨区依托网格化管理机制，在全区 17 个镇街 2600 余个网格中打造"一张网、全覆盖、无缝隙"的普法宣传新模式，把法治宣传教育融入基层社会管理，搭建全区网格化普法宣传平台，充分发挥网格员人熟、地熟、情况熟、业务熟的优势，使网格员化身"普法宣传员"，深入辖区逐栋逐户开展反电信诈骗、《民法典》等法律知识宣讲，引导居民运用法律手段解决问题，有效提升了居民群众的法治意识。除网格员外，即墨区不断优化普法资源配置，壮大社会普法力量，推进社区民警、法官、检察官、行政执法人员、律师、社区法律顾问等专业力量下沉到基层，为各村

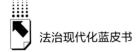

居培育一批以村干部、人民调解员等为重点的"法治带头人""法律明白人",各镇街通过法治讲座、以会代训、以案释法等通俗易懂的方式对"法律明白人""网格员"等进行培训,不断提高他们的法律知识,使他们成为基层普法能手。

3."菜单式"精准普法,力求供需动态平衡

"菜单式"普法是即墨区普法工作的一次"供给侧"改革,将过去"讲什么听什么"的填鸭式普法转变为"听什么就讲什么"的订单式普法,把法治宣传教育与普法对象相结合、与群众需求相结合、与工作实践相结合,逐步实现法治需求与普法供给之间的动态平衡。为此,即墨区创新提出"收集—供给—反馈"的普法模式:首先,依托各村居基层网格,精准化收集群众法治需求;其次,结合普法对象的法治需求、文化程度等因素科学制定普法方案,做到有效供给、充分供给;最后,通过问卷调查、个别谈话等方式详细了解普法对象对普法内容、授课方式、普法效果等的评价,并及时进行普法服务调整,实现互动式普法,精准普法。[①]

(二)临沂市费县:以"一聚焦+三结合"模式开展普法宣传

2021年山东临沂费县以"一聚焦+三结合"模式深入开展法治宣传,扎实开展法治宣传教育进农村、进社区、进集市、进校园主题活动,切实加强民众法律意识,提高民众法治素养。

1.聚焦法治保障,培育法治队伍

为进一步推进法治建设,培育一批懂法、知法、守法的法治宣传队伍,费县积极开展"法治带头人""法律明白人"培育活动,通过村(社区)党组织推荐,司法所严格把关,从村干部、党员、法律顾问中挑选"法治带头人""法律明白人"。截至2021年末,费县402个行政村每个村都已配齐1名"法治带头人"和3名"法律明白人"。费县各村镇通过组织召开

---

① 参见《青岛市即墨区打造"网络+网格"双网普法新模式》,载中国法律服务网,http://alk.12348.gov.cn/Detail? dbID=39&dbName=FXFC&sysID=5921,最后访问日期:2022年3月31日。

"法治带头人""法律明白人"培训会议，向村（居）"法治带头人""法律明白人"传达职责范围和工作精神，围绕习近平法治思想、民法典等主题，结合典型案例，就农村法律实务及基层工作中普遍存在的法律问题开展专题授课，有效提高了"法律明白人""法治带头人"的法律素养和依法化解矛盾纠纷的能力。2021年以来，"法律明白人"共参与普法宣传活动200余场，有效化解大小矛盾40余个，逐步营造了广大群众办事依法、遇事找法、解决问题用法、化解矛盾靠法的浓厚氛围。

2. 运用"三结合"方式，深化普法工作

为抓好党员领导干部"关键少数"法治思想教育，开展精准普法，费县把普法宣传与党建相结合，开展普法宣传进机关，将"全面依法治国""全面从严治党""习近平法治思想"作为理论中心组的学习内容，切实发挥费县党内法规教育阵地作用，定期召开普法学习座谈会、报告会和专题学习会，开展领导干部学法用法等主题活动，加强党员领导干部普法学习常态化、制度化建设。为切实加强基层普法，提升普法实效，费县把普法宣传与社会治理相结合，因地制宜开展具有地方特点、实效性强的普法主题活动，做到宣传内容为群众所需、宣传方式为群众所喜、宣传成效为群众所赞。同时，全县各村（居）积极健全基层法律服务配套设施，整合法律服务资源，发挥普法社会组织优势，为群众提供家门口的法律服务；同时以媒体平台为载体扩大普法辐射面，把普法宣传视频、知识图解传输到各村各居。为推进德法同行，费县把普法宣传与新时代文明实践相结合。全县12个乡镇（街道）积极开展民主法治示范村创建活动，搭建新时代文明实践站和普法阵地，深入开展丰富多彩的普法宣传活动，如在文化科技卫生"三下乡"和群众性精神文明实践等活动中融入法治元素，在文明实践站村居不定期组织法治文艺会演，以喜闻乐见的形式进行普法宣传和法律服务。①

---

① 参见《费县"一聚焦+三结合"模式开展普法宣传》，载中国法律服务网，http：//alk. 12348. gov. cn/Detail？dbID＝38&dbName＝FXJH&sysID＝15262，最后访问日期：2022年3月31日。

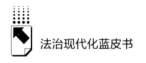

（三）威海：推进智慧普法，打造网上普法阵地

为提升普法质效，威海市不断深化"互联网+"普法宣传工作，进一步拓展新媒体普法矩阵，构建多层次、立体化、全方位的"智慧普法"体系，打造网上法治宣传教育基地。具体举措包括如下几个方面。

其一，开展线上法治培训和考试，提升国家工作人员依法履职能力。威海市委依法治市办、市司法局加大"威海市国家工作人员学法考法平台"的开发和运用力度，将时政性高、普及面广、实用性强的法律知识纳入平台，各区市、各部门设管理员，及时组织、跟踪、指导本单位人员学法考试，将平台打造成全市国家工作人员学法考法的主阵地。据统计，威海市1622家单位近6.5万名国家工作人员完成法治培训和考试，参训率和通过率均达到100%。系统后台详细记载学员学习和考试情况，计入个人学法档案。

其二，推进媒体融合发展，履行媒体普法责任。2021年威海市成为全国首个"法治融屏"全覆盖城市。"法治融屏"以户外LED电子屏为媒介，运用现代通信、互联网、人工智能等新技术取代传统静态宣传栏，实现法治宣传内容的便捷推送，是全国规模最大、覆盖范围最广的智慧普法融媒体平台。威海市将"法治融屏"分别建在刘公岛全国法治宣传教育基地、文登学公园、荣成法治文化公园和乳山母爱文化广场，地理位置显著，人员密集，观看便利。此外，"法治融屏"对接全国普法系统，整合法治日报社"报、网、端、微、屏"全平台内容，以短视频、动漫、动画等多种形式，每天14小时持续宣传普法内容，普及法律知识，传播法治声音，讲述法治故事。法治融屏指挥中心大数据显示，自"法治融屏"安装以来累计有151万余名普法受众，极大提高了法治宣传的覆盖率和影响力。

其三，开展线上线下、融合立体的法治宣传。威海的具体做法，一是依托广播、电视台、纸媒等平台，开设《案件聚焦》《法治一线》《百姓法治》等法治类栏目20多个，充分发挥传统媒体效能；二是挖掘新媒体力量，打造"法治威海""长安威海"及政法各部门微信、微博公众号等新媒体普法矩阵，开通"每日普法""以案释法"等专栏200多个，大力推进

"互联网+法治宣传"行动；三是发挥智慧智能平台作用，利用网上直播平台、智能 App、普法一体机、社保自助一体机等智能设备，进行全方位、多层次、多声部的法治宣传，推动精准普法、智慧普法、自助普法。[①]

（四）济南：丰富"章丘经验"，深入推进民主法治示范村（社区）创建

20 世纪 90 年代，"依法建制、以制治村、民主管理"的"章丘经验"曾传遍全国。近年来，济南市积极探索依法治村新模式，"章丘经验"的内涵与外延不断丰富。2019 年，济南市委依法治市办在全市范围内创新开展法治乡村"十个一"创建活动，制定了"有一个好支部、有一个好调委会、有一张村级权力清单、有一套民主议事规则、有一本村规民约、有一名村法律顾问、有一处法治文化阵地、有一批法律明白人、有一批崇德守法文明户、有一次主题法治宣传教育活动"等"十个一"创建标准，并与乡村振兴战略、美丽乡村建设等全市重点工作相融合，与"法治进乡村"、"一村一法律顾问"、司法行政工作室建设等司法行政工作相结合，推动民主法治示范村（社区）创建向纵深发展，进一步提升广大基层干部群众法治意识和基层治理法治化水平，涌现出一大批法治创建先进村（社区）。2021 年初，济南市市中区分水岭村、槐荫区匡山村、长清区马套村、章丘区桑园村、济阳区小何村、莱芜区徐家河社区、平阴县小官村、商河县栾家洼村等 8 个村（社区）入选第八批"全国民主法治示范村（社区）"。借此激励，济南市继续把"十个一"创建活动作为当前法治乡村建设的重要抓手，以"章丘经验"推广 30 周年为契机，持续深入推进民主法治示范村（社区）创建活动，继续实施农村"法律明白人"培养工程，培育农村"法治带头人"和"农村学法用法示范户"，推动实施乡村振兴战略，助力全区法治建设示范创建工作。

[①] 参见《威海市大力推进"智慧普法" 打造网上法治宣传教育基地》，载中国法律服务网，http://alk.12348.gov.cn/Detail? dbID=39&dbName=FXFC&sysID=4685，最后访问日期：2022 年 3 月 31 日。

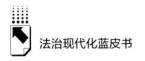
三 深入推进山东省法治宣传教育工作的着力点

"八五"普法规划实施以来，山东省普法工作既严格落实了中央"八五"普法规划的决策部署，又展现了山东的地方特色和工作创新，各单位积极作为，重点突出，普法工作取得新的进展和成效。当然，当前的法治宣传教育工作也存在进一步提升的空间。

首先，应当进一步完善基层普法工作机制，提升基层普法质效。2021年，山东省稳步开展普法工作，成效显著。然而，由于客观经济发展条件和社会整体文化水平等方面因素的限制，基层普法工作仍然任重道远。就乡镇普法机制而言，虽然山东各地积极推动民主法治示范村建设，开展"法治带头人""法律明白人"等培育活动，但仍未实现普法机制全覆盖，个别地区普法责任落实不到位，普法成效不佳。其症结在于：一方面，某些乡镇领导干部对法治宣传教育工作认识不足，导致当地普法工作积极性不高；另一方面，乡村普法工作主要由乡镇综治办和司法所牵头，而司法所人员少、业务繁重导致基层普法力量薄弱，限制了基层普法工作的开展。就普法组织而言，由于农村外出务工人员增多，经营活动分散化，乡村集中普法工作难度加大。就普法方式而言，普法形式、法治文艺创新可以更加丰富多样。

其次，应当进一步创新法治宣传教育方式和载体。"八五"普法规划落实以来，山东各地不断推进普法阵地建设，创新普法方式，形成了浓厚的普法守法氛围。不过，个别地区普法方式仍显陈旧，创新不足，缺乏生动性。法治宣传载体和方式是推进普法工作有效开展的重要媒介和手段，需要守正创新，不断丰富载体形式，繁荣发展法治文艺，应以寓教于乐的方式推动普法工作深得人心、法律知识深入人心。

再次，应当进一步加强法治宣传教育队伍建设。法治宣传教育队伍是推进普法工作的重要基础和保障。近年来，山东各地积极推进法治队伍建设，广泛吸纳公职律师、公司律师、高校法律专业人士加入普法队伍，推动普法工作顺利开展。但不容忽视的是，当前省内个别地区，尤其是基层，普法宣传队伍发展相对滞后，与依法治理工作要求还存在差距，与普法队伍建设标准还存有距离。一是普法力量不足。基层普法宣传队伍主要是由国家公职人员、普法讲师团、普法志愿者等专兼职人员组成，由于各自工作繁忙、时间不匹配，很难经常性地开展普法下基层活动。二是普法经费不足，导致普法资料紧缺，普法宣传队伍有心无力，影响普法工作积极性。三是乡村普法人员创新能力不足。由于乡村青年人才大量外流，留守人才屈指可数，文化程度不够，创新能力不足，普法工作无法深入有效开展。

最后，应当进一步强化法治宣传教育考核评估机制。建立健全法治宣传教育考核评估机制是落实普法责任、评估普法工作实效、推进新一轮普法工作切实有效开展的重要保障。进入"八五"普法阶段以来，山东省各地区积极部署本地"八五"普法规划，将法治宣传教育纳入文明城市、文明村镇、文明单位等创建测评体系，推进健全普法工作评估指标体系和奖惩制度。但是，当前山东法治宣传教育考核评估体系还处于发展阶段，个别地区仍存在考核方式单一、考核标准缺乏量化、考核模式机械、缺乏日常考核等问题，进而导致普法宣传教育考核评估存在以点代面、以偏代全、突击应付等弊端，影响评估的科学性、规范性和公平性，不利于激励和敦促普法工作有效开展。

2021 年是我国开启全面建设社会主义现代化国家新征程、向第二个百年奋斗目标进军的开局之年。为严格落实新阶段普法工作任务，山东省坚持高标准站位，积极谋划顶层设计，结合本省实际，科学部署并开展新一轮普法工作，普法成效显著。为进一步推进普法工作深入开展，山东省要以强化落实普法责任机制和保障机制、推动普法工作方式守正创新、加强普法队伍建设、拓展法治宣传教育的层次和领域、深化基层法治宣传教育工作为着力点。

（一）强化落实普法责任机制和保障机制

为进一步提升普法质效，山东省各级党政主要负责人要加强组织领导，健全普法工作机制，认真履行普法第一责任人职责要求，把普法工作纳入当

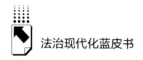
地经济社会发展规划，纳入党委和政府年度目标责任考核内容。全省各地区各部门要压实普法责任，强化落实"谁执法谁普法""谁管理谁普法""谁服务谁普法""谁主管谁负责"的普法责任机制；要建立健全普法工作评估指标体系和考核制度，通过科学规划的硬指标，灵活多变、静态与动态相结合的考核方式保障普法工作优质优量开展。

（二）推动普法工作方式守正创新

以满足人民群众对法治建设获得感为导向，不断创新普法方式，向群众贴近、向生活贴近、向实际贴近，繁荣发展寓教于乐、丰富多彩的法治文化活动，从被动接受法治教育的呆板枯燥模式转变为潜移默化、点滴渗透的教育，孕育法治文化土壤。以满足群众法治需求为切入点，优化法治宣传教育的载体和形式，结合普法目的、普法对象和普法条件制定科学的普法规划，选择恰当适宜的普法方式，按需施教，增强法治宣传教育的吸引力。以提升民众法治道德素养为目标，融合地方文化和道德文化，加强法治文化建设，营造良好的法治文化氛围，引导人民群众学法和守法。

（三）加强普法队伍建设

在普法队伍建设过程中，山东省已经培育出一大批由公职人员、专业律师、高校法律人士等组成的专业型普法队伍。为深入推进普法工作，提升普法效果，山东省内各地区要进一步优化普法队伍结构，鼓励企事业单位、社会组织、基层群众自治组织和社会公众成立公益性普法组织，要健全媒体公益普法制度，深入挖掘新技术新媒体的普法潜力，推动普法志愿服务常态化、规范化、制度化，打造社会普法新格局。

（四）拓展法治宣传教育的层次和领域

2021年，山东省法治宣传教育工作针对"关键少数"和"重点群体"，围绕"习近平法治思想""宪法""民法典""党内法规"以及与社会治理现代化密切相关的法律法规开展了专项法治宣传教育活动，营造了良好的法治环境。在接下来的法治宣传教育工作中，全省要继续围绕上述普法重点内容和重点对象深入开展普法工作，同时进一步拓展法治宣传教育的层次和领域，把普法工作融入立法、执法、司法和法律服务的全过程、各环节，推动普法活动进机关、进校园、进社区、进企业、进军营、进网络、下基层，实现法治宣传教育全覆盖。

（五）深化基层法治宣传教育工作

基层法治宣传教育是普法工作的最后一公里，也是全面提升公民法治素养、实现普法全覆盖的重点和难点。山东省各地区要建立健全基层普法责任机制和激励机制，提高基层普法责任人的普法责任意识和积极性，加强对基层普法工作的资金、人才和物资保障。各地区要结合本地实际，抓好基层法治宣传阵地建设，深入挖掘本地善良风俗、家规家训中的优秀法治内容，以实用、有效的普法载体和普法方式开展有针对性、有侧重点的普法活动，利用新技术新媒体等触角长、覆盖广的特点，填补普法死角，切实提升基层普法的效果。

B.3
公共法律服务报告[*]

孟星宇[**]

摘　要： 2021 年，山东省积极推进公共法律服务体系建设，并在多个方面取得了突出进展。公共服务法律体系建设在党的引领下，规范化建设快速升级，平台建设加速推进，公共法律服务供给机制不断优化，保障激励机制不断完善。与此同时，山东省公共法律服务在平台建设、服务供给有效性、队伍建设、公民法治意识与法治素养等方面仍存在不足。需要进一步健全公共法律服务制度体系，推动公共法律服务资源平衡，加强公共法律服务宣传，加强公共法律服务队伍建设，全面推进公共法律服务体系化建设。

关键词： 山东　公共法律服务　法律服务平台　法律服务体系建设

公共法律服务是政府公共职能的重要组成部分，是保障和改善民生的重要举措，是全面依法治国的基础性、服务性和保障性工作。党的十八大以来，党中央始终高度重视公共法律服务建设。自 2019 年中共中央出台《关于加快推进公共法律服务体系建设的意见》后，国家公共法律服务体系建设得到快速推进。2021 年 12 月司法部出台的《全国公共法律服务体系建设规划（2021—2025 年）》进一步明确了公共法律服务行动路线与战略意义。加快公共法律服务建设，对于提高国家治理体系和治

---

* 除专门引注外，本报告涉及的所有事例、数据均为课题组于 2022 年 2~4 月调研所得。
** 孟星宇，法学博士，中国法治现代化研究院研究员，南京师范大学法学院讲师。

理能力现代化水平，更好满足广大人民群众日益增长的美好生活需要具有重要意义。

近年来，山东省坚决贯彻党中央关于公共法律服务推进建设的重要部署，以习近平法治思想为指导，积极推进各地区各部门公共法律服务工作。经过长期的实践探索与强力推进，山东省公共法律服务水平快速提升，已经形成较为完善的公共法律服务体系。2021年《山东省公共法律服务条例》的生效，标志着山东省公共法律服务建设全面纳入法治轨道之中。

一 公共法律服务体系建设成效显著

加强公共法律服务体系建设是习近平法治思想的重要组成部分，是践行以人民为中心发展思想的重要体现。2021年山东省继续以问题为导向，持续深化推进公共法律服务建设，公共法律服务规范化、科学化水平快速提升，平台建设不断深化，队伍建设不断加强，服务能力不断提升，在整体发展中已处于全国领先地位，并取得显著成绩。

（一）坚持和加强党对公共法律服务工作的全面领导

公共法律服务体系建设是我国法治建设的基础性工程，本质上是统筹配置资源的一项公共性服务。要组织力量统筹立法、司法、执法、法律宣传等部门领域协调统一发展，必须由作为执政党的中国共产党来领导，必须将党的领导贯彻到公共法律服务体系建设的全过程和各方面。党建引领公共法律服务的基本要求在山东省得到了坚决的贯彻。2021年山东省司法行政机关和各级法律服务机构不断提升党建工作水平，聚焦"政治机关、法治部门、纪律部队"定位要求，将党的领导贯穿于法律服务工作的制度和工作机制中，省委、省政府把公共法律服务体系建设作为推进现代化强省建设的重要举措，纳入全省基本公共服务发展总体规划、法治政府建设规划。在全省基层的公共法律服务行业、人民调解组织开展了政治教育、党史学习等学习活动，在全省开展了"党史学习教育·我为群众办实事"活动，切实提升了行业党建工作水平。同时，山东省大力加强法律服务行业党建工作，结合行业特点与规律、地域特征，不断创新党建引领机制。如山东滕州公共法律服务中心把党建引领法治元素做实，强化党建引领法治元素，制定了《滕州市法律援助中心打造"厚德明法，上善法援"法律服务品牌实施方案》等规范文本，① 将党的领导贯穿法律援助工作各个环节。

（二）公共法律服务规范化水平快速提升

公共法律服务相关制度的建设，可以快速打破部门壁垒，推动公共法律服务水平的迅速提升。山东省贯彻落实中共中央《关于加快推进公共法律服务体系建设的意见》的要求，以问题为导向，从实际出发，制定出台《山东省公共法律服务条例》并于 2021 年正式生效。《山东省公共法律服务条例》（以下简称《条例》）是全国首部有关公共法律服务的省级地方性法规。《条例》围绕公共法律服务设施建设、公共法律服务提供、保障激励、监督管理、法律责任等核心内容形成了统一制度规范。《条例》的实施，不仅巩固了公共法律服务已有成果，满足了人民群众日益增长的法律服务需求，同时也推动了山东省公共法律服务规范化水平快速提升。

1. 制定公共法律服务事项清单

为厘清公共法律服务事项，明晰公共法律服务范围，落实《条例》关于公共法律服务事项清单的要求，山东省加速推进公共法律服务事项清单制定。山东省司法厅 2021 年 8 月公布《山东省公共法律服务事项清单》（以下简称《清单》），《清单》根据《条例》明确的公共法律服务范围，结合实践，围绕法治宣传教育服务、法律咨询服务、法律援助服务、调解服务、村（居）法律顾问服务、法治带头人和法律明白人服务等形成 6 大类 17 项公共法律服务事项，并对具体公共法律服务事项涉及的服务对象、服务内

---

① 参见《山东滕州公共法律服务中心打造党建领航体系　做优做实公共法律服务》，载法治网，http://www.legaldaily.com.cn/index/content/2021-06/04/content_8523333.htm，最后访问日期：2022 年 3 月 29 日。

容、服务提供与获取方式以及服务提供主体进行了细化规定，[①] 从而根本性厘清公共法律服务模糊区域，在为群众获取公共法律服务提供有效指引的同时，充分调动了公共法律服务供给主体的积极性和市场活力，为公共法律服务有序发展提供了制度保障。

2. 深化公共法律服务标准化建设

公共法律服务标准化建设是公共法律服务质效提升的关键。2021 年山东省各地市根据《条例》关于推进公共法律服务标准制定的要求，开展积极探索。山东省市场监督管理局 9 月批准的《公共法律服务平台工作规范》（以下简称《规范》）是全国第一部公共法律服务平台工作的省级地方标准。《规范》围绕公共法律服务平台建设、管理形式与运行机制进行规范，着力以标准化促进规范化，对进一步提升公共法律服务实体、热线、网络"三大平台"建设水平和管理起到指导和规范作用。山东省司法厅 11 月召开全省法律援助标准化便民服务工作会议，强调以贯彻《法律援助法》为抓手，以《法律援助法》为依托，完善法律援助各项工作标准，启动对《法律援助服务标准》的全面修订工作，全面夯实标准化便民服务工作的制度基础，[②] 为法律援助公共服务领域开展实质性推进奠定基础。

3. 探索建立公共法律服务评价指标体系

"问诊开方，以评促改。"公共法律服务评价指标体系的建立，能够有效督促引导公共法律服务规范提供，提升法律评估效能。2021 年山东省积极探索公共法律服务评价指标体系建设。泰安市司法局创新建立法律服务队伍等级评价制度并启动试点工作，探索"法律服务队伍等级评价制度"建设，建立由法律服务机构组织自评、法律服务行业协会审查与补充评价、市司法局全程监督的评价机制，并通过设计"法律服务队伍等级评价标准"

[①] 参见《山东发布公共法律服务事项清单》，载山东省司法厅官网，http：//sft. shandong. gov. cn/articles/ch04361/202109/de952afb－eb37－4a5b－a6d5－96e97b2712c6. shtml，最后访问日期：2022 年 3 月 29 日。

[②] 参见《全省法律援助标准化便民服务工作视频会议召开》，载山东省司法厅官网，http：//sft. shandong. gov. cn/articles/ch04361/202111/f4aba32c－8f6a－4747－9fb8－8e33aa3d293e. shtml，最后访问日期：2022 年 3 月 30 日。

量化评级，建立评分机制，[1] 探索打造助力高素质法律服务队伍形成的评价机制。胶州市启动法治指数评估试点工作，明确"以评促建，评建结合"原则，将试点工作与提升包括公共法律服务在内的法治建设总体水平紧密结合，创新建立"1235"工作机制，制定了涉及公共法律服务内容的多项基础指标与多项特色指标。[2] 法治指数试点工作的推动，有效提升了公共法律服务水平。

（三）加速公共法律服务平台建设

公共法律服务平台是集成各类法律服务的主要载体，是推进公共法律服务体系建设的一项基础性工作。2021 年山东省深入落实《条例》法律服务平台建设的要求，加速推进公共法律服务平台建设。

1. 推动公共法律服务平台体系化建设

山东省积极探索平台建设，围绕公共法律服务实体、热线、网络探索"三大平台"模式开展创新。建成"一站式"省级公共法律服务中心，建成市、县、乡、村四级公共法律服务实体平台 6 万个，实现了五级实体平台全覆盖；升级"12348"热线平台，月均咨询量超过 5 万人次；整合全系统各类网站资源，建成"山东公共法律服务网"，将线下法律服务择优架构到线上平台，咨询服务总量、上线率、参与解答率始终位居全国前列，各地开通公共法律服务公众号、App 等应用系统 358 个。各市区也积极结合当地实践，探索建立公共法律服务平台。枣庄市建设市、县、乡、村四级公共法律服务实体平台，打造集法律援助、法治宣传、人民调解等法律服务职能于一体的"窗口化"服务平台；全面升级"12348"公共法律服务热线平台，建立一体化的公共法律服务热线平台；加强公共法律服务网络平台建设，开发

---

[1] 参见《泰安：创新建立法律服务队伍等级评价制度》，载山东省司法厅官网，http://sft. shandong. gov. cn/articles/ch04171/202110/42e42d51-e565-448d-9bd3-e75103eba628. shtml，最后访问日期：2022 年 3 月 30 日。

[2] 参见《胶州借力法治指数评估擦亮"金招牌"》，载山东省司法厅官网，http://sft. shandong. gov. cn/articles/ch04171/202111/45935115-ab19-4e8e-895c-c71f2de0b465. shtml，最后访问日期：2022 年 3 月 30 日。

研制功能一体化"两网两端两中心"的法治枣庄智慧平台，整合律师、公证、基层法律服务、法律援助、司法鉴定、人民调解等法律服务力量，为群众提供"一站式"综合性法律服务。[①] 青岛市积极拓宽公共法律服务中心覆盖面，在全市 10 个区（市）开展公共法律服务分中心试点工作，制定《青岛市公共法律服务分中心建设标准（试行）》，围绕基础设施、功能设置、队伍建设、制度建设、业务开展等对分中心的建设作出规划。同时打造网上服务平台，实现区域性公共法律服务模式从封闭、被动、分散向主动、开放、共享转变。创新推行窗口化服务，满足群众法律服务需求。分中心施行"4+X"服务窗口设置模式，[②] 提升公共法律服务质效。

2. 提升公共法律服务平台智能化水平

推动公共法律服务与科技创新手段深度融合，着力打造"智慧法律服务"是公共法律服务建设的整体要求。2021 年山东省积极开展公共法律服务平台信息化、智慧化建设，建设"智慧司法"、村（居）法律顾问、智慧民调等信息管理系统，升级"法援在线"综合管理平台、统一接入"爱山东 App"，实施"区块链+公证"项目，引入智能机器人，提供"抬头能见、举手能及、扫码能得"的法律服务。山东泗水县探索建立智慧公共法律服务亭，其通过强大的云端数据库支撑、大数据分析、法律人工智能等技术为群众开展全方位的智能法律服务。智慧公共法律服务亭共有法律咨询区、业务办理区、便民查询区和法治宣传区四个功能区，融合本地法律资源，提高智能法律咨询、视频连线咨询等智能公共法律服务的覆盖率。[③]

---

① 参见《枣庄市推进"三平台"融合 让群众随时、随地、随身享受公共法律服务》，载山东省司法厅官网，http：//sft. shandong. gov. cn/articles/ch04171/202108/7da04133 - c988 - 4f77 - b732 - 8e4c8eaf9a6d. shtml，最后访问日期：2022 年 4 月 12 日。

② 参见《青岛市全面试点公共法律服务分中心建设工作》，载山东省司法厅官网，http：//sft. shandong. gov. cn/articles/ch04171/202111/42ae28a7 - e049 - 4058 - b169 - f00031b82851. shtml，最后访问日期：2022 年 4 月 12 日。

③ 参见《山东泗水县智慧公共法律服务亭"亮相"民法典公园》，载法治网，http：//www. legaldaily. com. cn/index/content/2021 - 11/07/content_ 8623201. htm，最后访问日期：2022 年 3 月 25 日。

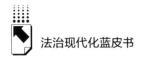

（四）优化公共法律服务供给机制

公共法律服务提供是公共法律服务体系建设的核心。2021年山东省积极落实《条例》关于法律服务提供的要求，围绕法治宣传教育服务、法律咨询服务、法律援助服务、调解服务等，不断提升公共法律服务供给效能。

1. 创新公共法律服务供给机制

山东省始终把人民群众利益放在首位，以人民为中心，不断优化公共法律服务供给机制。2021年，山东省通过开展大走访、大调研，多部门联动、多渠道沟通等方式，主动了解人民需求，优化法律服务供给方式，提高法律服务效能。

一是积极推行"一次办好"和"跨省通办"等便利化法律服务。如烟台市开展引服务入圈"公证+不动产登记"一次办好等模式，设立公证与不动产登记"一窗受理、一次办好"的公证处，推出"公证+认证"一站式服务，极大地提升了公共法律服务效率;① 山东省司法厅为加快"跨省通办"的推进速度，出台《山东省司法厅办公室关于做好纳税状况公证服务"跨省通办"工作的通知》，指出申请人申请办理纳税状况公证不受地域限制，目前在全国率先实现与不动产登记部门数据共享、业务联办，办理"跨省通办"事项9261件，提供上门鉴定2543件，办理便民服务公证事项1.5万件、17万人受益。

二是不断创新公共法律服务供给机制。青岛市结合自身作为全国供应链体系建设的双试点城市的优势，探索建立全国首个"青岛市供应链行业法律公共服务中心"，将为供应链行业的公共服务和法律服务提供优质服务平台，打造前沿法律服务产品。②

① 参见《党史学习教育·我为群众办实事 | 烟台"法律服务圈"再扩容 服务更贴心》，载山东省司法厅官网，http://sft.shandong.gov.cn/articles/ch06895/202109/c0c922c3-2d7b-4c1c-9fc7-4c1a7877b69d.shtml，最后访问日期：2022年3月25日。
② 参见《法治攻坚在行动 | 青岛成立国内首个供应链行业法律公共服务中心》，载山东省司法厅官网，http://sft.shandong.gov.cn/articles/ch04171/202103/b015de66-3ff8-4cef-b2dc-ae1bc29d7483.shtml，最后访问日期：2022年3月25日。

2. 加强重点领域法律服务供给

山东省始终积极回应人民群众法治需求，切实保障人民群众合法权益，针对群众反映突出的问题提升法律服务落实效果。

一方面，加大公共法律援助服务供给力度。法律援助是公共法律服务体系中的重要组成部分。山东省回应人民群众对法律援助服务的需求，开展多角度全方位的公共法律援助服务建设。一是制度优化。山东省根据人民群众对公证法律援助的需求日益增加的客观现实，为满足山东省人民群众对公证法律援助的新需求，重新制定了《山东省公证法律援助实施办法》，将基本民生事项全部纳入公证法律援助范围，结合山东省实际情况进行了扩展，优化公共法律援助程序。[①] 二是开展法律援助培训。通过举办全省公共法律服务暨法律援助工作培训班，不断提升公共法律服务法律援助工作的能力水平。[②] 三是积极开展法律援助活动。如聊城市法律援助中心开展"法律援助进小家+上门服务大家夸"活动，[③] 威海市法律援助中心开展推进"法律援助'不打烊'"活动，[④] 滨州市法律援助中心深入开展"法律援助助残月"活动，[⑤] 菏泽市聚力"四个强化"推动法律援助服务质量和群众满意度"双提升"等活动。[⑥]

---

① 参见《〈山东省公证法律援助实施办法〉政策解读》，载山东省司法厅官网，http：//sft.shandong.gov.cn/articles/ch07575/202203/328f771e－a471－4b1a－b31f－246c38b91984.shtml，最后访问日期：2022年3月15日。

② 参见《全省公共法律服务暨法律援助工作培训班举办》，载山东省司法厅官网，http：//sft.shandong.gov.cn/articles/ch06200/202107/1ac26232－3851－4fd0－8ea3－c9217c25a0a3.shtml，最后访问日期：2022年3月15日。

③ 参见《聊城市法律援助中心——法律援助进小家+上门服务大家夸》，载山东省司法厅官网，http：//sft.shandong.gov.cn/articles/ch04361/202203/a4a6a2a3－e56c－457c－bd46－6306b4b3210f.shtml，最后访问日期：2022年3月15日。

④ 参见《威海市法律援助中心——疫情中的温情 法律援助服务"不打烊"》，载山东省司法厅官网，http：//sft.shandong.gov.cn/articles/ch04361/202203/bbde18c1－edab－49f3－820d－c2383f4c8221.shtml，最后访问日期：2022年3月15日。

⑤ 参见《队伍教育整顿·法治为民办实事｜滨州市法律援助中心开展"法律援助助残月"活动》，载山东省司法厅官网，http：//sft.shandong.gov.cn/articles/ch04171/202106/1830a24d－4657－4af5－8d85－841090a7bcd4.shtml，最后访问日期：2022年3月15日。

⑥ 参见《菏泽市聚力"四个强化" 推动法律援助服务质量和群众满意度"双提升"》，载山东省司法厅官网，http：//sft.shandong.gov.cn/articles/ch04171/202107/d6cfc824－8fd3－4284－b64d－aad807f52a65.shtml，最后访问日期：2022年3月15日。

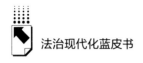

通过加大公共法律援助服务供给力度，2021 年，累计办理法律援助案件 23.27 万件，减免鉴定费 145 万元，为农民工讨薪 4.6 亿元，有效维护了困难群众的合法权益。

另一方面，加大脱贫攻坚和乡村振兴法律服务力度。脱贫攻坚和乡村振兴始终是政府工作的重点。山东省公共法律服务的推进始终注重脱贫攻坚和乡村振兴法律服务供给。2021 年山东省继续围绕脱贫攻坚和乡村振兴提供公共法律服务，实现全省 239.7 万建档立卡贫困人口申请法律援助免予经济困难审查。结合"我为群众办实事"实践活动，开展"五个一专项行动"和"乡村振兴，法治同行"活动，不断提升村（居）法律顾问工作水平，共有 1.35 万名律师、基层法律工作者等法律服务人员担任 6.7 万个村（居）的法律顾问，无偿提供法律意见、法律咨询，开展法治宣传教育、参与人民调解等服务 97.6 万次，有力提升了脱贫攻坚和乡村振兴法律服务水平。

（五）公共法律服务体系保障激励机制不断完善

保障激励制度与机制的优化是公共法律服务持续推进的基础。山东省积极落实《条例》保障激励相关制度要求，在经费保障、队伍建设等方面积极为公共法律服务体系建设提供支持和保障。

1. 强化经费保障

山东省认真贯彻落实《条例》，推动落实县级以上人民政府应当根据公共法律服务的财政事权和支出责任，将公共法律服务经费纳入财政预算，建立与公共法律服务发展需求相适应的财政投入保障机制的制度要求。2021年山东省印发《关于做好法律服务定点采购工作的通知》，优化省直预算单位法律服务定点采购工作机制，进一步明确了将以下方面纳入政府采购中：参与重大决策、重大执法决定合法性审查、参与法规规章、党内法规和规范性文件的起草论证、参与合作项目的洽谈；起草、修改重要的法律文书或者合同；参与处理行政复议、诉讼、仲裁等法律事务；为处置涉法涉诉案件、信访案件和重大突发事件等提供法律服务；参与法治建设相关调研、培训、督察等法律服务行为。① 同时，贯彻落实司法部、财政部《关于完善法律援助补贴标准的指导意见》要求，结合实际情况出台《关于完善全省法律援助补贴标准的实施意见》，明确各级财政应当将法律援助经费纳入同级财政预算，司法行政部门和法律援助机构要探索建立法律援助基金和法律援助彩票公益金，并推动社会各界对法律援助事业的捐赠。各级、各相关部门要切实履行职责，加强监督管理，督促法律援助机构严格按照规定标准，及时、足额支付法律援助补贴，不得截留、挪用，确保专款专用。② 各地市积极贯彻山东省公共法律服务经费保障的相关规定，如济宁市将各县市区经费管理办法修订纳入红黄蓝挂牌督办范围，全市财政部门和司法行政部门加强协作配合，在全省率先完成市、县两级法律援助经费标准的修订工作。③

2. 强化队伍建设

山东省积极开展落实国家关于推进公共法律服务队伍建设的整体要求。大力推进公共法律服务队伍正规化、专业化、职业化建设，优化公共法律服务队伍结构，逐步增加有律师、公证员、司法鉴定人、人民调解员、基层法律服务工作者、仲裁员等专业背景的人员数量，规范发展基层法律服务工作者队伍。以党史学习教育为契机，开展推进法律服务行业党建"红色亮化工程"，在"山东公共法律服务网"为1.28万名党员法律服务工作者亮明身份，组织1166名律所党组织负责人讲党课，在全国率先实现司法鉴定行业党的组织和党的工作全覆盖。同时，要求各市扎实开展基层法律服务年度考核工作，加强"双随机、一公开"监管工作，强化事中事后监管，加强队伍教育培训和监督管理，深入开展律师、公证、司法鉴定行业专项治理，

---

① 参见《山东优化法律服务定点采购机制》，载中国政府采购网，http：//www.ccgp.gov.cn/zcdt/202106/t20210601_16355205.htm，最后访问日期：2022年3月15日。

② 参见《山东省司法厅 山东省财政厅印发〈关于完善全省法律援助补贴标准的实施意见〉的通知》，载威海市文登区人民政府官网，http：//www.wendeng.gov.cn/art/2021/1/7/art_57381_2544199.html，最后访问日期：2022年3月15日。

③ 参见《济宁市在全省率先完成法律援助经费标准修订》，载山东省司法厅官网，http：//sft.shandong.gov.cn/articles/ch04171/202106/32e0d10e-62e8-4d57-a720-b91d5f1a63f2.shtml，最后访问日期：2022年3月15日。

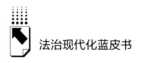

重点开展教育整顿涉及基层法律服务投诉案件督办工作，推动行业规范发展，引导法律服务工作者依法执业、规范履职。目前，全省共有法律服务机构 8.3 万个、法律服务人员 32.4 万人，公共法律服务队伍规范化、专业化水平显著提升。

二 公共法律服务建设工作的提升空间

公共法律服务是保障和改善民生的重要举措，是全面依法治国的基础性、服务性和保障性工作。山东省积极贯彻深入推进公共法律服务建设的要求，积极回应人民群众日益增长的法律服务需求，在各地区各部门的实践探索中，已取得了显著成效与突出进展。当然，公共法律服务体系的完善是一个长期的系统性工程，基层法律服务建设在部分地区仍然存在进一步完善的空间。

（一）持续建设公共法律服务平台

公共法律服务平台起到公共法律服务供给综合枢纽的作用。《全国公共法律服务体系建设规划（2021—2025 年）》强调要建成覆盖全业务全时空的法律服务网络，要求从推进公共法律服务实体平台有效覆盖、推进三大平台融合发展、推进"智慧法律服务"建设以及优化法律服务机构布局四个维度全方位提升公共法律服务平台建设水平。2021 年《条例》的生效，推动了山东省公共法律服务平台建设，但仍有需提升的方面。一是公共法律服务平台建设资源配置平衡性有待提升，以扩大整体覆盖面。相对而言，在经济发展水平较高的地区，公共法律服务平台建设推进更快。在经济发展水平相对落后的地区，公共法律服务平台建设相对落后，法律服务覆盖存在不平衡的情况。二是公共法律服务平台建设智能化水平不高。目前虽然积极推进"智慧法律服务"建设，信息互通互联水平在提高，但智能化发展相对单一，公共法律服务领域科技创新支撑技术发展相对不足，在智慧法律服务重点实验室建设等前沿智能化公共法律服务方面建设不足，区块链技术等关键技术在公共法律服务领域的应用还未全面铺开，公共法律服务的精准性、效率性有待进一步提升。三是公共法律服务平台建设普及有待提高。山东省虽然积极推进公共法律服务平台建设，但是部分区域对于公共法律服务平台宣传不足，有公共法律服务需求的公众无法第一时间获得公共法律服务平台的帮助，公众对公共法律服务的内容和功能缺乏系统的了解，知晓率和认知度较低，从而导致公共法律服务平台的利用率不高，存在公众对基层公共法律服务工作的知晓度不高、使用率偏低等问题。

（二）进一步提高公共法律服务供给有效性

公共法律服务供给是公共法律服务体系化建设的重心。《中共中央办公厅、国务院办公厅印发〈关于加快推进公共法律服务体系建设的意见〉的通知》《全国公共法律服务体系建设规划（2021—2025 年）》确立了公共法律服务供给范围，山东省在《条例》中进一步明确了公共法律服务供给具体范围，强调了法治宣传教育服务、法律咨询服务、法律援助服务、法律调解服务等公共法律服务是目前主要完善领域。山东省公共法律服务供给水平在整体上升的同时，部分领域法律服务供给水平仍有待提高。比如在调解法律服务领域，公共法律服务虽然整体性得到提升，但是规范化水平仍有提升空间，"一站式"矛盾纠纷调解中心建设还存在发展不平衡的情形，调解中心的功能还不够充分，大调解格局尚未形成。此外，在安置帮教等特殊群体领域工作基础相对薄弱，存在衔接安置不规范、部门沟通不顺畅、管理帮扶难度大等问题。

（三）坚持打造公共法律服务队伍

在公共法律服务队伍建设取得显著成效的同时，应注意到目前的队伍建设仍有进一步完善的空间。一是相关制度建设不足。由于公共法律服务队伍建设规范不足，在具体建设过程中仍出现公共法律服务队伍建设管理体制不顺畅的情形，人员配备不足、经费保障不到位等问题在部分地区仍然存在。二是基层法律服务力量有待加强，特别是经济相对落后的地区，人员配备不足，队伍的综合素质有待进一步提升。

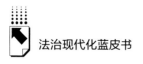

（四）大力提升公民法治意识和法治素养

《全国公共法律服务体系建设规划（2021—2025 年）》明确指出，要全面提升公民法治意识和法治素养。山东省近年来公民法治意识和法治素养在快速提升，对公共法律服务体系建设有着正向效能。但是应注意到，在公共法律服务开展过程中仍存在部分群众的法治意识不强、对于公共法律服务的了解不足的现象。部分公民在权利受到侵害，或是有权利主张要求时，更倾向于选择信访等方式进行解决，选择公共法律服务的相对较少，尤其在矛盾纠纷化解中更为明显。公民对与自身息息相关的法律法规掌握不足，不能够做好权利的事前保护，对法律法规知识的掌握比较被动，一定程度上也反映出公共法律服务体系建设的不足。

三　公共法律服务体系建设的未来走向

《条例》的出台与实施，标志着山东省公共法律服务体系建设进入快速发展阶段。该条例实施一年以来，省内各地区积极落实条例要求，在不断探索推进公共法律服务建设的同时，也逐渐暴露出公共法律服务体系建设的短板与不足。在下一阶段的建设过程中，山东省公共法律服务工作推进要依照条例要求，立足于山东省各地区实践，持续拓展公共法律服务建设优势领域，聚焦现阶段发展不足与短板，健全公共法律服务制度体系，推动公共法律服务资源平衡，加强公共法律服务宣传，加强公共法律服务队伍建设，不断推动山东省公共法律服务体系建设。

（一）健全公共法律服务制度体系

根据《中共中央办公厅、国务院办公厅印发〈关于加快推进公共法律服务体系建设的意见〉的通知》《全国公共法律服务体系建设规划（2021—2025 年）》的要求，建议出台《山东省公共法律服务体系建设规划（2021—2025 年）》进一步落实公共法律服务建设要求，为未来五年公共法律服务体系的建设提供行动路线图。围绕法治宣传教育服务、法律咨询服务、法律援助服务、法律调解服务等重点公共法律服务领域，出台相应的地方性法规或其他规范性文件，为加快发展公共法律服务提供有效的制度保障。此外，加强公共法律服务规范标准的探索，如在法律援助、法律调解、法律公证等领域建立服务标准或制定指导手册，推动法律服务质量的有效提升。

（二）推动公共法律服务资源平衡

山东省公共法律服务体系建设仍存在发展不平衡、不充分的问题，在之后的公共法律服务建设中应注意平衡资源分配。一是推动公共法律服务平台一体化发展。围绕公共法律服务实体平台、热线平台、网络平台等基础设施平衡资源分配，推进一体化建设，注意优化基层法律服务资源配置，加强基层普法阵地、人民调解组织建设。二是优化公共法律服务供给机制。丰富公共法律服务供给，坚持以群众多元法律服务需求为导向，主动征求群众的法律服务需求意见，根据服务需求和经济发展及时优化升级服务项目内容，实现需求和供给的有效衔接。同时注重公共法律服务场景化建设，把基层公共法律服务延伸至群众活动场所，提升法律服务的质效。此外，进一步拓展法律服务领域，在现阶段应尽快提升公共法律服务调解能力，加大专职人民调解员配备力度，强化人民调解员教育培训，指导开展省人民调解员协会换届工作，开展常态化矛盾纠纷排查调处工作，持续推进矛盾纠纷调解中心建设，提升运行和服务质效，推动访调、诉调、警调对接，完善人民调解、行政调解、司法调解衔接联动体系，推动构建大调解格局。三是加强重点领域、重点人群法律服务供给。重点加强经济欠发达地区法律服务建设并给予资源的适当倾斜，加强公共法律服务经费保障。将特殊群体、弱势群体作为重点关注对象，并加大对重点人群开展基本公共法律服务的力度。

（三）加强公共法律服务宣传

公民法治意识和法治素养的提升是《全国公共法律服务体系建设规划

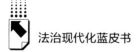
（2021—2025 年）》的重要要求。山东省应根据规划要求进行落实。一是以持续提升公民法治素养为重点，继续深入宣传中国特色社会主义法律体系，围绕宪法、民法典进行集中宣传活动，开展法治主题宣传。深入宣传与推动高质量发展和社会治理现代化密切相关的法律法规。二是以国家工作人员和青少年为重点对象，将法治教育纳入干部教育体系、国民教育体系、社会教育体系，夯实法治建设基础。推动全面落实"谁执法谁普法"普法责任制，在立法、执法、司法过程中开展实时普法，提升公民法治意识。运用新技术新媒体开展精准普法，创新普法形式。三是加强社会主义法治文化建设。在公共法律服务宣传建设中，注重贯彻落实关于加强社会主义法治文化建设的意见，将中华法系优秀法律思想、理念和文化融入其中。进一步开展群众性法治文化活动，把法治文化阵地建设纳入城乡规划，探索创新更多高质量法治文化产品。在具体措施上，可以采取多形式、多手段，针对群众最关心、最实用的法律问题，以实际案例切入，选择寓教于乐的方式进行灵活普法，开展专业规范的普法宣传，引导群众知晓法律服务，依法维护自身合法权益。

（四）加强公共法律服务队伍建设

公共法律服务队伍建设是推动公共法律服务体系建设的重要基础。山东省应当继续推动公共法律服务队伍建设。一是从队伍结构上进行优化，对律师、公证员、基层法律服务工作者、人民调解员等的比例进行调整平衡，并建立合作机制，更好地发挥公共法律服务功能。二是从执业保障上进行优化。应进一步加大业务培训力度，坚持问题导向，着力增强工作的针对性、实效性。建立公共法律服务工作者系统的职前培训机制，改进培训方法，切实保障法律服务工作者权益。三是建立健全公共法律服务队伍综合评价机制，制定量化考核指标及奖惩标准，进一步探索并推广第三方测评机制，以评促改，提升公共法律服务队伍的综合能力。

B.4
矛盾纠纷化解报告[*]

李　旭[**]

摘　要： 山东省各地各部门坚持发展和创新新时代"枫桥经验"，打造了矛盾纠纷化解的山东样板，显著提升了矛盾纠纷化解的质效。在矛盾纠纷化解非诉机制领域，山东进行了有益的探索，矛盾解纷工作保障机制基本完善，一站式多元解纷体系进一步健全，非诉矛盾纠纷化解工作成效显著提高。在矛盾纠纷化解诉讼模式方面，山东诉讼服务体系建设提档升级，智慧法院建设全面深化，民事诉讼程序繁简分流机制改革深入推进，形成了宝贵的山东经验。同时，山东各地积极探索和创新矛盾化解新模式，构建基层社会治理新格局，打造了一批有特色可推广的基层样板。为推进矛盾纠纷化解工作纵深开展，山东将在充分发挥党的政治优势、加强矛盾纠纷的排查预警、深化矛盾纠纷多元化解工作改革创新、完善基层矛盾纠纷化解体系等方面继续发力。

关键词： 矛盾纠纷化解　诉讼　非诉讼

中共中央《法治社会建设实施纲要（2020—2025年）》提出要"充分发挥人民调解的第一道防线作用，完善人民调解、行政调解、司法调解联动

---

* 除专门引注外，本报告涉及的所有事例、数据均为课题组于2022年2~4月调研所得。

** 李旭，法学博士，中国法治现代化研究院研究员，南京师范大学法学院讲师。

工作体系",“要探索在矛盾纠纷多发领域建立'一站式'纠纷解决机制",① 为深入推进矛盾纠纷化解工作指明了方向。加强矛盾纠纷多元化解工作是全力维护社会和谐稳定、促进实现社会治理体系和治理能力现代化的重要保障。近年来，山东省结合本地实际，坚持改革创新、制度创新和实践创新，发展具有山东特色的新时代"枫桥经验"，积极推进一站式多元解纷体系建设，加强多元解纷队伍培养，推动多元解纷合力发展，最大限度地促进矛盾纠纷源头预防化解。

一 矛盾纠纷化解非诉模式的山东探索

2021年，山东省按照中央、省委关于"十四五"规划的部署要求，立足新发展阶段，贯彻新发展理念，服务新发展格局，紧紧锚定"走在前列、全面开创""三个走在前"工作目标，积极谋划和开展矛盾纠纷多元化解工作，坚持和发展新时代"枫桥经验"，以更高的政治站位、更有力的举措推动全省矛盾纠纷化解工作更上新台阶。2021年，山东全省法院共收案193万件，同比下降11.3%，为全国降幅最大省份。山东全省诉前调解成功各类纠纷矛盾44.2万件，同比上升33.7%，调解案件平均办理时长缩减至16天。②

（一）非诉矛盾纠纷化解工作保障机制基本完善

政治站位和制度保障进一步强化。2021年，山东全省法院继续发挥司法在矛盾纠纷多元化解机制中的引领、推动和保障作用，深入推动非诉纠纷多元化解机制建设，坚持把党的领导融入到社会治理的全过程、各环节，充分发挥党委领导、统筹协调各方的政治优势和制度优势；推动建立健全各级党委（党组）理论学习中心组学习习近平法治思想常态化机制，扎实开展

---

① 参见《法治社会建设实施纲要（2020—2025年）》，人民出版社，2020，第16页。
② 参见《构建一站式多元解纷和诉讼服务体系——访山东省高级人民法院院长张甲天代表》，《法治日报》2022年3月6日，第5版。

党史学习教育，组织开展习近平总书记"七一"重要讲话精神、习近平法治思想等专题培训班，培训7.2万人（次）；深入开展队伍教育整顿，抓好党规党纪学习教育，筑牢政治忠诚；聚焦推进建章立制，出台532项制度机制，其中17项被评为全省政法队伍教育整顿优秀制度成果。① 一系列党政教育整顿措施进一步加强了党的政治引领，强化了非诉矛盾纠纷化解工作的政治站位和制度保障。

调解队伍建设进一步加强。近年来，山东省坚决贯彻落实习近平总书记提出的"把非诉讼纠纷解决机制挺在前面"的重要指示，积极整合调解队伍力量，强化调解队伍建设。一是深化人民调解组织网络体系建设，纵向推进市、县、乡镇（街道）三级调解阵地网全覆盖，横向加强行业性、专业性调解组织建设。二是优化人民调解员队伍结构，建立调解专家队伍，遇有重大疑难复杂矛盾纠纷，采取"一案一专班、一案一团队"的形式集体会商，壮大基层专职人民调解员队伍，② 强化人民调解员组织培训，提高人民调解员业务素养。三是完善特邀调解组织和特邀调解员制度。为充分发挥行政主管部门、群团组织和行业协会商会等主管机构的专业优势，山东省出台了进一步规范调解名册管理的17条意见，健全特邀调解名册制度，对调解员名册进行全面梳理，实行动态管理。2021年，山东法院新增特邀调解组织851个、特邀调解员7898名。③ 调解队伍建设的加强，极大地提升了非诉矛盾纠纷化解的成效。

经费保障进一步落实。为扎实推进"一站式"矛盾纠纷调解中心建设，

---

① 参见《山东省高级人民法院工作报告——2022年1月25日在山东省第十三届人民代表大会第七次会议上》，载搜狐网，https：//mbd. baidu. com/ug_ share/mbox/4a81af9963/share？tk = 2438674b958d399db2ec4697a4fd9b30&share_ url = https% 3A% 2F% 2F2ly4hg. smartapps. cn%2Fpages%2Farticle%2Farticle%3F_ swebfr%3D1%26articleId%3D519367941%26authorId% 3D121106991%26spm%3Dsmbd. content. share. 0. 1649064779875US7gL5W%26_ trans_ %3D0 10005_ wxhy_ shw%26_ swebFromHost%3Dbaiduboxapp，最后访问日期：2022年4月6日。

② 根据山东省司法厅《关于推进"一站式"矛盾纠纷调解中心建设的实施意见》，专职调解员市、县级不低于5人，乡镇街道不低于2人。

③ 参见《山东法院推进多元解纷源头减少诉讼增量取得实效》，载山东省高级人民法院官网，http：//www. sdcourt. gov. cn/nwglpt/_ 2343835/_ 2532828/8141579/index. html，最后访问日期：2022年4月6日。

发挥其维护社会稳定的"第一道防线"作用，2020 年山东省司法厅印发了《关于推进"一站式"矛盾纠纷调解中心建设的实施意见》，要求各市司法局加强与财政部门的沟通协调，用好政府购买法律服务相关政策，积极推动将调解中心人员聘用、案件补贴、专家咨询等日常运行经费纳入财政预算，建立动态长效经费保障机制。同时鼓励多渠道筹集经费，广泛引导行业协会、社会团体、专业机构、企事业单位等社会力量参与和支持中心建设，为矛盾纠纷化解提供多元保障。2021 年山东省司法厅印发《关于进一步加强"一站式"矛盾纠纷调解中心建设的通知》，要求进一步强化落实经费保障相关政策。同年，省司法厅印发的《关于做好行业性、专业性人民调解委员会设立和备案工作的指导意见》指出要推动落实并加强行业性、专业性人民调解工作经费保障。

监督考核机制进一步健全。在贯彻落实《山东省多元化解纠纷促进条例》《山东省人民调解员管理办法（试行）》《山东省社会组织人民调解工作办法（试行）》等文件的基础上，2021 年山东省高级人民法院出台《人民法庭加强多元解纷和诉讼服务实施办法》，要求基层法院对法庭的特邀调解工作加强管理，实行绩效考核，根据调解的数量、质量、难易程度等标准落实补贴政策，并实行特邀调解名册动态管理制度。法官指导调解的案件，纳入指导法官、法官助理的绩效考核。

（二）"一站式"多元解纷体系进一步健全

筑牢"一站式"多元解纷前沿阵地。自 2020 年山东省印发《关于推进"一站式"矛盾纠纷调解中心建设的实施意见》以来，各市司法局高度重视，积极推进"一站式"矛盾纠纷调解中心建设，取得了一定的成效，但仍存在少数地区未能落实中心建设，或者中心运行不畅、不规范等问题。2021 年山东司法厅着力升级打造"一站式"矛盾纠纷调解中心，积极推进调解中心在全省范围内落地落实。一是出台建设规范，为各地优化升级中心建设提供工作指引；二是加强督导推进，强化责任落实，适时开展实地调研督导；三是深化工作成效，将升级打造"一站式"调解中心纳入考核，以矛盾纠纷调解率、调解成功率和人民群众的满意率作为工作成效的考核标准，倒逼各县（市、区）进一步加强矛盾纠纷调解中心规范运行，提升调解工作水平。

推进多元解纷协调联动机制建设。在推进多元解纷机制建设方面，山东法院通过完善上下联动、行业联动、部门联动等多方联动机制，形成矛盾纠纷化解的工作合力。全省 638 处法庭、5068 个基层组织接入人民法院调解平台，充分利用多元解纷机制降低当事人诉讼成本。在省级层面，山东法院与 25 个行业部门实现对接，建立协调联动机制，对起诉到法院的纠纷及时分流引导到有关行业调解组织。2021 年，山东法院共通过调解平台向有关行业调解组织分流案件 81.5 万件，诉前调解成功案件 44.2 万件，比上年增加 8 万件。① 针对金融借款合同纠纷近年来高发多发的情况，2021 年山东省高级人民法院、中国人民银行济南分行、山东银保监局、青岛银保监局、山东证监局、青岛证监局六部门联合出台《关于推进金融纠纷多元化解的实施意见（试行）》，就金融纠纷多元化解工作提出 15 条措施，确保各有关部门各司其职、齐心协力共同推动全省金融纠纷多元化解机制建设，提高纠纷解决效率。据统计，2021 年金融借款诉讼案件同比下降 35.8%。②

创新多元调解工作机制。山东各地结合自身实际，积极探索和创新矛盾纠纷多元化解机制，坚持内部挖潜和外部借力相结合，统筹调解资源，不断创新非诉纠纷解决方式，形成多元化解矛盾纠纷的整体合力，把矛盾化解在基层，做到"小事不出村，大事不出乡，矛盾不上交"。如滕州市探索实践"统一战线+人民调解"非诉讼纠纷解决新模式，通过在市司法局设立领导小组，在市信访局设立中心工作室，在统战成员单位设立"同心人民调解工作室"，在道路交通、市场监管、住建等矛盾纠纷高发多发领域设立工

---

① 参见《构建一站式多元解纷和诉讼服务体系——访山东省高级人民法院院长张甲天代表》，《法治日报》2022 年 3 月 6 日，第 5 版。

② 参见《山东法院推进多元解纷源头减少诉讼增量取得实效》，载山东省高级人民法院官网，http://www.sdcourt.gov.cn/nwglpt/_2343835/_2532828/8141579/index.html，最后访问日期：2022 年 4 月 6 日。

作站，构建"一组一室多点"工作格局，形成具有统战特色的人民调解组织架构。① 威海市文登区也积极探索矛盾纠纷化解新模式，在全省率先成立企业信用纠纷人民调解委员会，推行"调解+信用"纠纷解决模式，利用信用惩戒措施敦促当事人履行承诺，提高了企业及个人之间的矛盾纠纷化解成功率。②

（三）非诉矛盾纠纷化解工作成效显著提高

非诉矛盾纠纷化解机制运行效能明显提高。目前，"一站式"矛盾纠纷调解中心已基本实现全省覆盖。中心自建设以来，充分发挥受理接待、协同指挥、分流转办、调处化解、跟踪督办、评估反馈等职能作用，基本实现了矛盾纠纷化解"只进一扇门、最多跑一地"的工作目标，有效降低了群众维权成本，实现了纠纷就地化解、高效化解和依法化解，群众满意度不断提升。此外，中心依托"山东智慧调解"线上平台，实现矛盾申请在线受理、在线排查预警、部门联动联调和大数据智能分析，网上与线下相融合的协同运转模式显著地提高了纠纷处理质效。中心还设立视频调解室，对无法参加线下调解的当事人，可以通过视频在线化解纠纷，打通了调解便民的"最后一公里"。

非诉矛盾纠纷化解服务水平显著提升。2021年以来，山东各地积极推进矛盾纠纷化解服务水平提升工作。一是矛盾纠纷调解场所进一步规范化设置，调解中心一般按照"前台后厂"模式设置功能分区，设有受理窗口和调解区域，各地区也会根据实际情况分设多个功能区，办公场所设立标牌和服务流程标识。二是通过政府购买服务或从相关部门抽调等方式配备专职调解员，保障基层专职调解员规模。三是开展人民调解员培训。2021年，为

---

① 参见《滕州市探索"统一战线+人民调解"非诉讼纠纷解决新模式》，载山东法律服务网，http：//12348. shandong. gov. cn/articles/ch00626/202108/bc389752－9fcd－4cda－b1b0－bfdf4 fbd35bd. shtml，最后访问日期：2022年4月6日。

② 参见《威海文登创新"调解+信用"模式提升社会治理效能》，载法治网，http://www. legaldaily. com. cn/mediation/content/content_ 8636159. htm，最后访问日期：2022年4月6日。

进一步提升全省人民调解员专业素养和调解技巧,山东省司法厅、山东省人民调解员协会采取视频形式举办全省人民调解员骨干培训班,全省人民调解员骨干共 5800 余人参加培训。[①] 此外,省司法厅印发《关于做好行业性、专业性人民调解委员会设立和备案工作的指导意见》,旨在进一步提高人民调解制度化、规范化水平,及时有效预防化解行业、专业领域矛盾纠纷。山东省高级人民法院出台《人民法庭加强多元解纷和诉讼服务实施办法》,围绕基层社会治理、诉前调解等方面提出 12 条措施,推进人民法庭多元解纷和诉讼服务水平提升。

以特色调解品牌提升调解质效。近年来,山东省注重利用品牌影响力提升人民调解在群众中的公信力和认可度,激发各地区发展具有本地文化特色的调解品牌,鼓励优秀人民调解员、新乡贤或退伍军人等创设特色化、品牌化的个人调解工作室,通过品牌效应推动调解质效全面提升。如临沂市深入推进矛盾纠纷"三调联动、多调对接、一站式化解",实施"红色引领"工程,创建了一批沂蒙乡贤品牌调解室,打造了"兰陵首发""非诉在线""幸福临沭"等各具特色的智慧调解品牌,实现调解工作提质增效。[②] 济宁市将儒家文化"和为贵"思想与人民调解相结合,打造"和为贵"社会治理品牌,建立矛盾纠纷"三调对接、多元解纷、诉调对接"的大调解格局,并以"三和、六心、儒学促调五步"调解法打开矛盾纠纷化解的新思路。截至 2021 年,全市建成"和为贵"调解室 4711 个,年均调解案件超过 1.3 万件,调解成功率达 98% 以上。[③] 此外,各地还形成了"无诉超市""枣乡情调解室""老马特邀调解室""同心环""人和"等多种形式的调解品牌,极大地提升了调解质效,促进了社会和谐稳定。

---

① 数据系课题组调研所得。

② 《司法所在基层展现大作为 山东推动法治观念落地生根开花结果》,《法治日报》2022 年 3 月 24 日,第 1 版。

③ 参见《"和为贵"助推济宁法治为民新高度》,载山东省司法厅官网,http://sft.shandong. gov.cn/articles/ch04171/202110/d46121ad-3735-4b87-8911-6daa5128c7e5.shtml,最后访问日期:2022 年 4 月 7 日。

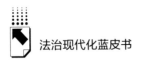

二　矛盾纠纷化解诉讼模式的山东经验

近年来，山东省立足以人民为中心的发展思想，以人民群众多元化司法需求为基础，以为人民群众提供优质高效便捷的司法服务为工作重点，全面推进一站式多元解纷和诉讼服务体系建设，力争让百姓办理诉讼服务"只进一个门、最多跑一次、最好不用跑"，不断提高人民群众司法获得感、满足感。

（一）诉讼服务体系建设提档升级

1. 推进诉讼服务中心建设，提升诉讼服务水平

为满足人民群众多元化司法需求，山东省全面加强诉讼服务标准化、一体化建设。目前，山东全省三级法院都建立了诉讼服务中心，同时积极推进所有诉讼服务中心全部完成"多元解纷、分调裁审、立案服务、审判辅助、涉诉信访、法治宣传"六大功能分区建设，通过对诉讼服务中心的硬件改造实现诉讼服务的提效升级，切实解决老百姓的"问累、跑累、诉累"等问题。此外，全省诉讼服务中心针对老年人、残疾人等特殊群体设置了"肩并肩"现场帮办式服务，全省法院还组建 126 个上门诉服"预备队"，为困难群众提供预约立案、上门立案等服务，切实解决了部分群众不会、不便立案等困难。① 2021 年全省帮办式服务推广以来，共帮助群众完成现场立案、问询查询等事项 29.4 万件，诉讼服务质效评估列全国第一位。②

---

① 参见《构建一站式多元解纷和诉讼服务体系——访山东省高级人民法院院长张甲天代表》，《法治日报》2022 年 3 月 6 日，第 5 版。

② 参见《山东省高级人民法院工作报告——2022 年 1 月 25 日在山东省第十三届人民代表大会第七次会议上》，载搜狐网，https：//mbd. baidu. com/ug＿ share/mbox/4a81af9963/share? tk＝2438674b958d399db2ec4697a4fd9b30&share＿ url＝https％3A％2F％2F2ly4hg. smartapps. cn%2Fpages%2Farticle%2Farticle%3F＿ swebfr%3D1%26articleId%3D519367941%26authorId% 3D121106991%26spm%3Dsmbd. content. share. 0. 1649064779875US7gL5W％26＿ trans＿％3D0 10005＿ wxhy＿ shw%26＿ swebFromHost%3Dbaiduboxapp，最后访问日期：2022 年 4 月 6 日。

2. 加强人民法庭专业化、规范化建设

为充分发挥人民法庭在基层社会治理中的重要作用，强化人民法庭职能，提升人民法庭多元解纷和诉讼服务水平，2021 年山东省高级人民法院出台《关于优化全省人民法庭职能布局的指导意见》和《人民法庭加强多元解纷和诉讼服务实施办法》。在法庭职能布局方面，指导意见要求形成以普通法庭为主、专业化法庭和特色法庭相结合的新时代人民法庭新格局；在专业化建设方面，设立家事、劳动、少年、金融、道交、环资等专业法庭，形成利民化、专业化的审判格局；在运行模式方面，推进一站式集约化和一网通办的诉讼服务体系，以提升人民法庭化解纠纷、服务群众的水平。据统计，全省法院建设道交、家事、金融等专业法庭 105 个。[1] 淄博市法院创新推出的"E+巡回智慧法庭"、山东金乡打造的"大蒜辣椒法庭"、邹平市法院创建的特色法庭都取得良好成效，起到了示范引领作用，推动全省人民法庭工作高质量开展。

3. 加强诉调对接，推进矛盾纠纷源头治理

近年来，山东全省积极推进"一站式"多元解纷和诉讼服务体系建设，实现诉调对接全省覆盖。淄博市淄川区依托诉调对接、繁简分流机制实行"多元调解+速裁"模式，推动建立"立案前多元化，立案后分调裁"的纠纷化解格局，同时制定了《诉调对接工作细则》以确保诉调对接工作顺畅运行。[2] 日照市也专门出台《关于进一步加强"诉调对接"工作的意见》，以规范构建分层递进、衔接配套的纠纷解决体系。济南市市中区则通过打造一个集预警、排查、调处、联动于一体的诉调对接阵地，以及制定《市中区诉调对接工作实施细则》，逐步完善诉调对接工作三项机制。目前，全省有 123 家基层法院与当地矛盾调处中心、社会治理服务中心实现对接，通过派驻法官工作室或在街道办成立诉调对接工作室，预防和化解矛盾纠纷。全

---

[1] 参见《构建一站式多元解纷和诉讼服务体系——访山东省高级人民法院院长张甲天代表》，《法治日报》2022 年 3 月 6 日，第 5 版。

[2] 参见《"调解+速裁"无缝对接实现矛盾纠纷多元化解》，《山东法制报》2021 年 8 月 16 日，第 3 版。

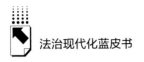

省法院在"寿光蔬菜""金乡大蒜""淘宝村"等特色区域设立法官解纷工作室530个，全省638处法庭、5068个基层组织接入人民法院调解平台，促进矛盾纠纷诉前化解。此外，山东全省163个法院建立起了"万人成诉率"向当地党委政法委的报告制度、对基层乡镇的通报制度，调动基层组织诉外解纷的积极性，2021年全年累计通报333次。①

（二）智慧法院建设全面深化

1. 全流程无纸化网上办案基本全覆盖

近年来，山东大力推进智慧法院建设，推动信息技术与司法改革深度融合，实现从笔墨时代向信息时代的转变，推动审判体系和审判能力现代化。目前，山东全省已实现三级法院同步全流程网上办案新模式。全流程无纸化网上办案覆盖立案、诉调、保全、鉴定、审理、合议、签章、归档、执行等26个节点形成全流程闭环，将法官从排期、签章、送达、归档等事务性工作中解放出来，切实减轻司法人员工作负担，提高审判时效。此外，网上办案系统针对6个阶段、26个节点设置了"节点＋时限"的精细化、可视化管控模式，根据每个节点设置法官法定任务、完成时限以及操作步骤，引导法官规范化办案。系统还设置了审判监管平台，梳理了院长、庭长、院庭长的审判监督权力清单，对案件实施全流程的跟踪监管；系统从审判质效、审判动态、节点监督、时效监督和质效评估等五个方面自动生成审判质效数据，激励法官高效公正办案。② 无纸化网上办案实施以来取得了显著成效，大大提高了办案效率，全省法院上诉案件发改率由2018年的18.9%下降到目前的9.7%，办案周期从2018年的87.7天缩短到当前的59.3天。③

---

① 参见《山东法院推进多元解纷源头减少诉讼增量取得实效》，载山东省高级人民法院官网，http：//www.sdcourt.gov.cn/nwglpt/_2343835/_2532828/8141579/index.html，最后访问日期：2022年4月8日。
② 参见《"便民"与"高效"二者可以兼得 山东法院实现常态化全流程网上办案》，载北青网，https：//t.ynet.cn/baijia/31913936.html，最后访问日期：2022年4月8日。
③ 数据系课题组调研所得。

2. 网上诉讼服务体系逐步完善

近年来，山东大力推进诉讼服务体系改革，充分利用信息化技术和互联网平台构建诉讼服务中心、诉讼服务网、诉讼服务热线"三位一体"的服务体系，将线上服务与线下服务无缝衔接，真正实现指尖诉讼、零距离办案，在提高办案效力的同时，也极大地方便了涉事群众。

山东省三级法院诉讼服务中心均配有自助服务终端设备，当事人可以自助办理网上立案、网上保全、网上鉴定、网上缴费、文书查询打印等多种自助诉讼业务，实现诉讼业务"自助办""一键办"。同时法院诉讼服务中心均配备导诉员或立案服务人员，为不会操作、不便操作的群众提供现场指导，肩并肩协助当事人完成自助办理事项。此外，山东省高级人民法院及部分基层法院建成了"24 小时自助法院"，配备了自助立案一体机、案件查询一体机、文书查阅一体机等各类自助服务终端设备，全天候为当事人提供自助服务。

山东法院系统依托"山东移动微法院"微信小程序、山东法院电子诉讼服务网，让群众足不出户就可以在网上办理立案、缴费、送达、评估鉴定、证据交换、远程庭审等全流程诉讼业务，真正实现一网通办的"24 小时诉讼服务不打烊"。其中，网上立案是诉讼服务体系的核心环节，山东法院以网上立案为突破口，研发诉状自动生成系统，实现网上立案三个"无须"：一是当事人无须雇人写诉状，系统提供民间借贷、劳动合同、离婚纠纷等 25 类常见民事案由智能生成诉状服务；二是无须当事人提供原审文书，提起上诉、申请执行、申请再审均可通过系统自动提取原审信息；三是二审案件一键上诉，执行立案一键触发，无须一审法院向上周转，极大地减轻了当事人诉讼负担。2021 年，山东法院网上立案申请 295.7 万件，平均审核周期为 13.5 小时，远远短于法定的 7 日审核周期，立案更加高效便捷。①

---

① 参见《构建一站式多元解纷和诉讼服务体系——访山东省高级人民法院院长张甲天代表》，《法治日报》2022 年 3 月 6 日，第 5 版。

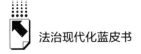
"12368"是人民法院专有的诉讼服务热线，当事人可以通过拨打热线咨询案件、查询案件进展和办理结果、联系法官等诉讼事项。为进一步畅通"12368"诉讼服务热线，实现诉讼服务一号通办，2021年山东省高级人民法院印发了《关于加强12368诉讼服务热线联系法官工作的通知》，从事项甄别、法官会见、监督考核等方面，提出畅通联系法官渠道的12条措施，对当事人联系法官做出明确指引。①

（三）民事诉讼程序繁简分流机制改革深入推进

济南法院作为最高人民法院确定的山东省开展民事诉讼程序繁简分流改革工作的试点地区，在改革试点期内坚持以机制创新为主线，按照"规则引领、诉源治理、简案速裁、优化资源配置、全流程网上办案"五位一体的思路，扎实推进改革试点工作。为进一步规范试点改革工作，济南中院结合全市法院民事审判工作实际，研究制定了《关于民事诉讼程序繁简分流改革试点工作实施方案（试行）》，改革试点工作主要围绕"优化司法确认程序""完善小额诉讼程序""完善简易程序规则""扩大独任制适用范围""健全电子诉讼规则"五大主题展开，以进一步推进案件繁简分流、轻重分离、快慢分道。试点改革工作开展以来，济南法院显著提高了审判质效。2021年，济南法院审结小额诉讼案件25875件，适用率达27.28%，平均审理周期21.33天；适用简易程序（含小额程序）审结案件90382件，适用率达95.28%；适用独任制审结一审民商事案件91608件，适用率达96.57%，平均审理周期37.32天；济南中院适用独任制审结二审案件9233件，适用率达88.23%，平均审理周期31.33天。② 济南法院繁简分流试点改革工作获评山东法院2021年度十大司法改革典型案例，最高人民法院《司法改革动态》推广济南法院做法，《人民法院报》头版两次专题报道。

---

① 马云云：《想找法官不再难 12368 帮你办》，《山东法制报》2021 年 11 月 5 日，第 1 版。
② 参见闫继勇、祁云奎、袁郯《济南：繁简分流改革硕果累累》，载中国法院网，https：//www.chinacourt.org/article/detail/2022/01/id/6498651.shtml，最后访问日期：2022 年 4 月 8 日。

三　山东矛盾纠纷多元化解的基层实践

习近平总书记强调，"要加强和创新基层社会治理，使每个社会细胞都健康活跃，将矛盾纠纷化解在基层，将和谐稳定创建在基层"。① 山东围绕坚持和完善共建共治共享的社会治理制度，积极探索和创新矛盾纠纷化解新模式，构建基层社会治理新格局，打造了一批有特色可推广的基层样板。

（一）威海市文登区：锻造社会治理"同心环"品牌

威海市文登区融合"六治一网"要素，打造了"区+镇+村+N"四级层面纵向贯通上下联动，网格管理和政务热线两大系统交叉循环互联互用，全域资源高度整合、多元力量高效协同的"同心环"社会治理品牌。

贯通"区+镇+村+N"四环。区级层面，文登区打造区级"中心环"，成立了由区委副书记任组长、分管区领导为副组长、39个单位"一把手"为成员的矛盾纠纷化解工作领导组，下设诉调对接中心、人民调解中心和社会矛盾受理调处中心，负责统筹协调调解工作。镇级层面，依托15个镇街设置15个矛盾处置分中心"联动环"，上承区级层面，下联农村（社区），由镇街政法委员任主任，整合辖区内基层司法专业力量，发挥网格员、调解员、基层法律服务工作者等2000余名基层工作者的力量开展镇域矛盾纠纷化解工作。村级层面，在653个村（社区）设立653个矛盾纠纷处置工作组"基础环"，由村（社区）调解主任任组长，协同村（社区）调委会、警务室，合力排查化解基层矛盾纠纷。此外，文登区还打造N个"聚能环"，设置23个行业性专业性人民调解委员会以解决行业领域纠纷。同时以"党建+""信用+"等治理形式，鼓励物业保安、老党员、老教师、退休干部等社会力量发挥治理效能。

增强"六治叠加"效能。一是政智联合驱动，实施"党建引领网格聚

---

① 习近平：《正确认识和把握中长期经济社会发展重大问题》，《求是》2021年第2期。

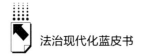

力"工程，构建区、街道、社区、网格四级组织体系，建立各层面联席会议、服务联动、督导落实等制度机制，并依托"1+6+N"综合执法平台、网格化治理信息平台、智慧社区党建服务平台、"党建+信用"智慧平台等智能载体，一体推进网格党建工作。二是打出"信治"与"自治"组合拳，以信用约束督促行为规范。三是推进德法同行，构建"1处实践中心+15处实践所+653处实践站"三级新时代文明实践体系，把小活动室、小村史馆、小矛盾调解室、小爱心超市等小服务点整合成法德文化宣传阵地。

实现"网线"交叉互通，合力增效。文登区打通区网格化治理和政务服务热线两个系统，实现数据互联互用，对网格系统上报的事项，统一由政务服务热线一个渠道交办督办，逐条落实责任单位，限期反馈办理情况，实现两套系统优势整合、高效运转，形成了诉求上报、线上处理、流转、反馈、督办全流程的闭环模式，确保每一个诉求都能得到及时高效处理。[1]

（二）东营市：创出网格化服务管理和纠纷多元化解融合之路

东营市从全市社会治理实际出发，通过设立领导机制、构建治理体系、组建工作队伍、打造信息平台、建立运行机制，全面夯实了社会治理基层基础。

构建市域统筹、上下协调的工作机制。东营市成立了网格化服务管理工作委员会和矛盾纠纷多元化解调处工作委员会，制定了委员会工作规则，构建起"党委领导、政法委牵头、部门参与"的领导机制；县区形成了"市级统一领导、县区统筹推进、镇街具体实施"的工作格局，实现了网格化服务管理和矛盾纠纷多元化解调处工作统筹协调、一体推进。

创建多网合一、一网运行的治理体系。东营市在市县乡组建网格化服务管理中心，加挂综治中心牌子，与矛盾纠纷多元化解调处中心合署办公。在全市371个社区设立矛盾调处中心，并集矛盾纠纷调解、公共法律服务、仲

---

[1] 参见《构筑矛盾纠纷多元化解新高地 威海文登区锻造社会治理"同心环"品牌》，《法治日报》2021年10月20日，第7版。

裁等功能于一身，打造"一站式接待、一揽子调处、全链条服务"的一体平台，并出台多个文件，推动中心规范化运行。网格化服务管理与矛盾纠纷多元化解调处全面融合，形成了"1（市）+7（县区）+40（镇街）+371（社区）+6098（网格）"的基层社会治理体系。

打造智慧管理平台。东营市打造了纵向覆盖市、县、乡、社区四级，横向联通有关职能部门的矛盾纠纷调处信息系统，网格员、调解员全部配备手持智能终端，打通了"线上+线下""现场+远程"社会治理双通道。此外，东营市还建成全市网格化 GIS 地图系统，对所有网格按照省标准进行编码上图，并标注高、中、低频率巡查区域，指导网格员、调解员巡查工作。系统结合《东营市网格化工作事项责任清单》，对所有事项办理时间、紧急程度、回访情况进行编码梳理，创新制定黄灯预警、红灯置顶、限时督办、绩效考核等标准流程，通过智能平台精准提升基层治理水平。平台运行以来，事件上报数量达 300 万余件，办结率在 98.5% 以上。

网格化服务管理和多元解纷相融合。社会治理网格化服务管理中心实行"前端发现报告—网上分级分流—部门限时办理—全程跟踪督办—办结回访问效"的五步闭环运行机制，调解员与网格员协同走访巡查，对事权不在辖区或无法化解的矛盾纠纷，通过"吹哨"机制协调上级相关资源力量及时处理。[①]

（三）临沂市沂水县：践行"枫桥经验"，打造沂蒙样板

沂水县公安局结合本地特点，继承和发扬"枫桥经验"，创新推出了沂蒙乡贤"4+3+1"矛盾纠纷多元化解机制，打造了沂蒙义警共建共治共享社会治理新模式。

警贤联调，建立多元化矛盾化解机制。为充分发挥"沂蒙乡贤"威信高、人熟、事熟、理熟的独特优势，沂水县公安局将乡贤调解机制作为基层

---

① 参见《群众有纠纷"一站就解决" 东营创出网格化服务管理和纠纷多元化解融合之路》，《法治日报》2021 年 6 月 12 日，第 1 版。

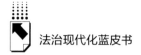
矛盾纠纷化解的前置条件，建立四层级、三条线、一联席的"4+3+1"矛盾纠纷多元化解机制，在镇政府成立乡贤办，在派出所设立"沂蒙乡贤调解中心"，在各村居设立沂蒙乡贤调解室，通过上门"问诊"化解、坐班"接诊"调解、疑难"会诊"联调等方式，形成了常态化、规范化、高效化的矛盾调解机制，切实将矛盾化解在基层。

警民联防，凝聚治理力量。为大力推行基层社会治理全民化，沂水县公安局整合发展马站镇"沂蒙义工""穆陵驿站"等行业协会资源力量，组建成立500余人的"马站义警"队伍，配合公安民警开展治安巡逻防控、矛盾化解、爱心救助、应急救援等活动，形成了马站镇共建共治共享的一张亮丽名片。

警网联动，织密巡逻防控体系网。为全面提升警务网格与乡镇综治网格的联动效能，推进智慧社区警务建设，马站派出所升级改建"综合型"勤务指挥室，研发构建"实战型"指挥调度平台，将巡区网格划分、巡防力量分布、巡逻车辆点位等要素通过派出所勤务指挥室指挥大屏直观展示，实现对巡逻民警、义警、网格员、乡贤等的实时指挥调度，切实全面提升"警网联动"的实效性和精准性。

一警三联，打造基层共治格局。沂水县公安局制定出台涵盖组织机构、人员选用、日常管理、考核奖惩、积分量化等在内的"一警三联"制度规范，以进一步规范管理运行体系，并协调景区、银行等部门提供积分赢门票、低息贷款等奖励措施，通过积分管理奖励制度引导和激励沂蒙乡贤、马站义警、网格员及更多社会力量投入"一警三联"工作，形成共建共治共享的基层治理格局。同时，派出所内设"一警三联"工作室，沂蒙义警、沂蒙乡贤和基层网格员三支队伍均入驻办公，进一步提升了"一警三联"队伍协助派出所开展矛盾纠纷化解、治安巡逻防范、社会救助服务等工作的质效。①

---

① 参见《博兴县乔庄镇迈好"三大步" 实现基层矛盾纠纷排查化解效能新提升》，载大众网，http：//binzhou.dzwww.com/boxingnews/bxxw/202105/t20210520_8512819.htm，最后访问日期：2022 年 4 月 10 日。

（四）滨州市博兴县乔庄镇：迈好矛盾纠纷化解"三大步"

滨州市博兴县乔庄镇网格化服务管理中心积极实践，主动创新，通过引导网格员迈好"三大步"工作，有效提升了矛盾纠纷化解的能力和水平。

迈好"第一步"，强化基层调处能力。一是培训强化网格员队伍。乔庄镇不定期开展矛盾纠纷调解培训会，邀请"金牌调解员"、司法所干警、人民调解员等专业人员向网格员传授民事纠纷调解法律法规知识、调解工作方法技巧，以及调解工作中各类注意事项，提升网格员专业素养。二是畅通矛盾纠纷调处两条绿色通道。一方面通过走访排查，主动防范化解矛盾风险，避免矛盾恶化升级。另一方面通过法治宣传教育活动提高群众法律意识，营造"遇事找法，有矛盾先调解"的法治氛围。

迈好"第二步"，建立健全矛盾纠纷调解机制。一是实行矛盾纠纷分级调解制度。先由网格员排查化解矛盾纠纷，网格员不能自行化解的，要及时上报村"两委"和村人民调解委员会进行调解，调解不成的再上报镇综治中心进行调解。镇综治中心根据纠纷类型与专业性、行业性调解组织对接，引入"专家""坐堂会诊"，力求将矛盾化解在诉前。二是建立健全矛盾纠纷排查多调对接机制。以综治中心建设为抓手，推动服务、管理向基层网格延伸，实行矛盾纠纷联调联动，做到综治、司法、信访、网格、派出所多方调处，构建各负其责、上下对接的工作体系，形成资源整合的工作合力。

迈好"第三步"，健全调处长效机制。一是实行网格"一天一排查"制度，实现矛盾纠纷早发现、早上报、早处理。二是实行"一案一办结"制度，对所排查的矛盾和问题分类登记建档，建立靶向调解、定向报备、后续回访的全链条式闭合制度。三是坚持"一月一考核"制度。将矛盾纠纷排查化解工作与网格员的绩效挂钩，与"双星双优"主题活动相连，通过奖惩分明、创先争优的考核机制提高网格员的责任意识和工作动力。[1]

---

[1] 参见《沂水公安让"枫桥经验"在沂蒙老区发扬光大》，载人民网，http：//sd. people. com. cn/n2/2021/1224/c386785-35065885.html，最后访问日期：2022 年 4 月 10 日。

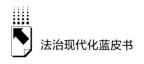

四　山东进一步推进矛盾纠纷化解工作的着力点

当前山东矛盾纠纷化解工作全面推进，"一站式"多元解纷和诉讼服务体系基本成形，并形成了丰富的实践经验和品牌样板，显著提升了矛盾纠纷化解的能力和水平。但矛盾纠纷化解是一项基础性、系统性和长期性的改革工作，需要与时俱进，适应新形势新任务对矛盾纠纷化解工作提出的新要求，在现有工作的基础上，积极探索和创新诉源治理路径和方法，不断完善多元解纷机制，更好地满足人民群众的新期待，营造和谐稳定的社会环境。在接下来的矛盾纠纷化解工作中，山东要着重在以下几个方面发力，推进矛盾纠纷化解工作纵深发展。

第一，要充分发挥党的政治优势。开展矛盾纠纷化解工作要始终坚持把党的领导落实到多元解纷工作全过程、各方面，充分发挥党总揽全局、协调各方的领导核心作用，尤其要注重加强党对城乡社区治理工作的统一领导，涉及基层治理重要事项、重大问题都要由党组织研究讨论后按程序决定，要动员和凝聚社会各方力量广泛参与到基层治理中，形成党委领导、政府主导、多方协同参与、全方位联动的多元解纷大格局。

第二，要加强矛盾纠纷的排查预警。当前我国进入"十四五"时期，随着经济建设的快速发展和城市化进程的推进，社会矛盾纠纷也发生新的变化，呈现出纠纷主体多元化、群体化，矛盾纠纷多样化、复杂化、疑难化等特点。各地各部门要明确矛盾纠纷源头治理的功能定位及重要性，加强对矛盾纠纷的源头预防和排查预警，要充分利用物联网和大数据分析技术建立健全矛盾纠纷预测排查机制，要建立多部门协作、互联互通、预警联动的联调联处机制，要健全和完善预防社会矛盾纠纷的长效机制和督导机制，确保矛盾纠纷提前预判、及早发现、及时预防、尽快化解，最大限度地把矛盾纠纷消除在萌芽状态。

第三，要深化矛盾纠纷多元化解工作改革创新。推动多元解纷工作与全省经济社会高质量发展、营造法治营商环境、扫黑除恶、乡村振兴、司法改革、法治宣传等各项工作相融合，妥善预防和化解各类矛盾纠纷；推动全省各地因地制宜创新发展各具品牌特色的多元解纷格局，完善组织网络、畅通诉求表达渠道、健全矛盾排查机制、丰富纠纷化解路径、优化资源整合、强化衔接联动、提升解纷质效。要完善落实监督考核机制，注重发挥群众监督主体作用，推动监督下沉、责任落地，充分释放监督治理效能。

第四，要完善基层矛盾纠纷化解体系。矛盾纠纷化解工作重点在基层，难点亦在基层。要加强基层矛盾纠纷化解的制度保障，因地制宜出台地方性法规、规章和政策，保障矛盾纠纷多元化解在法治轨道上运行；要完善基层治理组织体系，加强乡镇（街道）、村（社区）党组织对基层治理工作的全面领导，推进法治、德治、自治"三治融合"建设，大力培育和发展社会调解组织，积极引导群众参与到矛盾纠纷化解工作中，形成全民参与、多元共治的大调解环境；要加大对基层的人才倾斜，加强基层调解队伍专业化、职业化建设；要不断完善多元解纷配套机制，加强基层治理的智能化体系建设，依靠互联网大数据的优势，打造基层网格化治理联调联动的综治平台，优化解纷资源配置，提高基层纠纷化解质效；要完善经费保障机制，在"以奖代补、以案定补"基础上，加大政府投入力度，多渠道筹措资金，切实增强工作实效。

B.5
社会基层治理报告[*]

孟星宇[**]

摘　要： 山东省坚决贯彻落实加强基层治理体系和治理能力现代化建设的要求，不断夯实社会基层治理基础，统筹城乡发展，加速社会治理重心下移，社会基层治理取得显著成效。形成了以党建为引领，以自治、法治、德治"三治融合"为基础，以应急治理为补充，以网格化信息化基层管理服务平台为支撑的社会基层治理体系，将政府依法履责、各类组织积极协同、群众广泛参与有机统一在一起，呈现出多元化的基层治理实践样态。

关键词： 社会基层治理　治理能力　山东样态

　　基层治理是国家治理的基石。基层治理是实现国家治理体系和治理能力现代化的基础工程，基层治理的成效直接影响着国家治理体系和治理能力现代化的水平。基层强则国家强，基层安则天下安。党的十八大以来，以习近平同志为核心的党中央高度重视基层治理，始终强调要做好基层治理现代化基础性工作，夯实社会治理基层基础，推动社会治理重心下移，构建党组织领导的共建共治共享的城乡基层治理格局。2021年，中共中央、国务院印发《关于加强基层治理体系和治理能力现代化建设的意见》，指出要"建立起党组织统一领导、政府依法履责、各类组织积极协同、群众广泛参与，自治、法治、德治相结合的基层治理体系，健全常态化管理和应急管理动态衔

---

* 除专门引注外，本报告涉及的所有事例、数据均为课题组于2022年2~4月调研所得。
** 孟星宇，法学博士，中国法治现代化研究院研究员，南京师范大学法学院讲师。

接的基层治理机制，构建网格化管理、精细化服务、信息化支撑、开放共享的基层管理服务平台"，[①] 充分展现中国特色基层治理制度优势。在此背景下，山东省作为礼仪之邦，又是中国的人口大省、农业大省、工业强省，并拥有丰富的矿产资源和海岸线资源，形成了多元化的基层治理模式，基层治理具有示范性与典型性。为此，本报告以山东省基层治理开展情况为视角，系统梳理山东省基层社会治理领域的实践样态，对社会基层治理能力的提升具有重要借鉴价值。

一　政治保障：党建引领基层治理能力全面提升

基层治理本质上是坚持和完善中国特色社会主义制度，是国家自我完善和发展的一个长期系统工程，需要组织力量集中人力物力资源持久有序推进，必须由作为执政党的中国共产党来领导，必须发挥基层党组织的政治保障与引领作用，党建引领构成了我国基层治理体系的基本要义。基层党组织的引领水平一定程度上决定了基层治理的成效。党的十八大以来，党的执政理念从传统社会管理调整为社会治理，强调各方参与和民主协商，这一模式的变化凸显了党的领导的重要性。中共中央、国务院《关于加强基层治理体系和治理能力现代化建设的意见》强调要坚持和加强党的全面领导，坚持以人民为中心，以增进人民福祉为出发点和落脚点，以加强基层党组织建设、增强基层党组织政治功能和组织力为关键，明确提出了坚持党对基层治理的全面领导，把党的领导贯穿基层治理全过程、各方面。[②] 党建引领基层治理能力全面提升的基本要求在山东省得到了充分的贯彻落实。山东省近年来不断加强党的基层组织建设，健全基层治理党的领导体制机制，探索党委领导、党政统筹、简约高效的乡镇（街道）管理体制，不断履行组织、宣

① 《中共中央国务院关于加强基层治理体系和治理能力现代化建设的意见》，人民出版社，2021，第 2 页。

② 参见《中共中央国务院关于加强基层治理体系和治理能力现代化建设的意见》，人民出版社，2021，第 3 页。

传、凝聚、服务群众职责，探索完善党建引领的社会参与制度。为发挥基层党组织的党建引领作用，提高政治保障能力，2020年9月山东省出台《全省城市基层党建全域提升攻坚三年行动计划》（以下简称《三年行动计划》），聚焦"党委统筹力""社区组织力""区域聚合力""治理引领力"，围绕健全市区全域推进机制、推进街道赋权增能减负、健全上下联动机制、优化社区设置和运行机制、强化社会工作者队伍、打造新兴业态聚集区党建综合体、推动城乡接合部党建转型提升、健全党组织领导的社区治理运行机制、推动党建引领网格治理精细化、深化党建引领物业服务管理等11个子领域，把党的领导贯穿于基层治理的全过程、各方面，切实将党的关心服务落实到基层。《三年行动计划》的出台，有效发挥了基层党组织的政治保障与引领作用。各地市认真贯彻落实，并结合自身地方特色探索创新形成了多元化党建引领基层治理的新模式。

（一）济宁市："党建引领基层治理的济宁路径"

山东济宁作为全国城市基层党建工作示范市，始终围绕落实中央关于加强城市基层党建工作的决策部署和省委工作安排，贯彻落实《三年行动计划》党委统筹力、社区组织力、区域聚合力、治理引领力的行动引领，结合当地区域特点逐渐形成了"党建引领基层治理的济宁路径"实践做法。

首先，在党委统筹力方面，健全基层治理领导协调机制，创新"书记领航工程"。市、县、街道三级书记直接推进基层党组织建设，形成市级牵头、县（市、区）党委发挥"一线指挥部"作用、街道统筹协调三位一体的运行机制，主要做法如下。成立以市委书记和市长任组长的"双基"工作领导小组，构建起基层党建"双基、六化、十二行动"2612工作体系。市委书记牵头实施"深化街道管理体制改革，增强街道党工委统筹协调能力"，落实街道赋权增能减负工作，制定相应实施意见和"5项权力"具体落实办法，构建"1+5"制度体系。县（市、区）党委书记负责制定赋予街道"5项权力"的具体实施办法，落实街道对县（市、区）直职能部门的评价考核。街道党委书记负责统筹协调，设置"7办5中心"，根据权责清单加以具体落实。

其次，在社区组织力方面，加强党在城市基层的战斗堡垒功能。第一，建强社区工作者队伍。济宁市加强党组织书记选、用、管、育，实行社区党组织书记岗位专职化管理，建立优秀社区党组织书记工作室，组织开展跨县市区挂职锻炼等方式加强对社区党组织书记的培训。全面建立社区工作者3岗18级薪酬体系。第二，推进建设居民小区党支部，把党支部建在小区，打通联系服务群众"最后一百米"，打造"小区书记"品牌。第三，建设城市基层党建综合体。开展"全域组织覆盖行动"，在商圈市场、商厦楼宇等"两新"组织集聚区域组建综合党委，建立区域性党群服务中心，设立全省首家园区党工委组织部，确保基层党组织的政治保障与引领作用有效发挥。

再次，在区域聚合力方面，济宁市积极开展党建带群建，推动履行组织、宣传、凝聚、服务群众职责。坚持问题导向、需求导向、便民导向，聚焦统筹联动，实现在基层党组织主导下"大家的事大家办"。打造"党员在身边、服务零距离""红色物业"党建品牌，召开全市老旧小区改造现场推进会、红色物业现场推进会，印发党建引领"红色物业"融入基层社会治理的意见文件，打造"红色物业工作队"。据统计，至少448家物业企业已建立党组织推行"红心公益"，依托街道社区党群服务中心，建设社会组织孵化中心，培育扶持社会公益类、生活服务类等社会组织。建设"红帆驿站"，作为居民小区党支部、业委会的办公服务场所、活动场所。开展"红色代办"，社区工作者、网格员、党员志愿者、"双报到"党员等依托"红帆驿站"，开展"党员陪跑、红色代办"活动，基层党建为民服务能力得到明显提升。

最后，在治理引领力方面，济宁市不断增强街道为民服务能力。深化机关党组织、党员到社区"双报到"机制，开展市委部署实施民意"5"来听行动，组织机关党员干部组成"民情书记"服务队，到小区、农村、企业，定期开展全市民意诉求汇总与研判工作，为形成决策提供参考。通过开展"民意'5'来听""有事我来办""让干部真正把板凳坐热""简单问题即

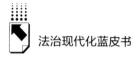

时办理，专业问题分类转办，难点问题重点督办"等活动，推动"有诉必办、接诉即办"向"未诉先办"的机制转换，[1] 切实解决群众"急难愁盼"问题，有效服务群众，居民群众的满意度不断提升。

（二）淄博市："五级阵地"全域党建

淄博市临淄区闻韶街道积极贯彻国家与山东省"以加强基层党组织建设、增强基层党组织政治功能和组织力为关键"的要求，因地制宜探索"五级阵地"全域党建模式，形成"街道引领、片区融合、网格覆盖、党员示范、'红立方'补强"的基层党建创新体系，把基层党建贯穿于社区治理的全过程、全方位。

1. 探索优化街道管理体制机制

为有效破解城市基层党建融合不足、治理服务能力欠缺等问题，淄博市临淄区闻韶街道基层党建以街道为中心，全面提升街道党建工作。创新"党建+"模式，以城市党建融合发展中心为辐射，统筹综合执法、红色物业、便民服务、社会事务等工作，形成"一网统管、一轴通转、一岗多能、一才多用"党建引领基层治理新模式，有效将党的政治优势与组织优势转化为城市基层治理优势。同时，通过建立城市党建综合体，形成集政治引领、教育培训、文化活动、议事协调、便民服务等多功能于一体的综合服务平台，提高基层党建为民服务能力与基层治理协调水平。

2. 加强区域基层党建协同组织能力

淄博市临淄区闻韶街道以提升街道整体组织力为抓手，打造5处"片区党建联盟"，构建"组织共建、资源共享、问题共商、社区共治"的城市基层党建整体联动体系。创新组建兼合式党组织，以片区为中心，组织辖区内65家成员单位成立兼合式党组织，健全完善区域化党建工作机制，形成单位"兼职委员"。推动形成区域联建责任落实机制，推行服务项目双向认

---

① 《夯实城市根基 优化城市治理 激发城市活力——济宁市深化全国城市基层党建工作示范市建设综述》，载中共山东省委组织部官网，https://www.dtdjzx.gov.cn/staticPage/zhuanti/csjcdjjyzf/20210104/2791059.html，最后访问日期：2022年3月18日。

领制度。建立以街道党组织为主导的兼合式党组织协调议事制度，定期开展协商议事，加强街道、社区党组织与驻地单位、双报到单位、各类组织之间的双向互动、同频共振。

3. 提升党建引领基层网格化治理水平

一方面，探索建立网格红色驿站。根据地域特点，闻韶街道建设 50 处网格红色驿站，探索打造"5 分钟网格服务圈"，设立精准服务"连心桥"，打通联系服务群众的"最后一米"，网格员依托网格红色驿站，打造一张纵向到底、横向到边、多元共治的全科网格，实现党建引领全覆盖。另一方面，打造健全网格化组织体系。闻韶街道打破地域壁垒，重新划分基础网格 115 个，组建实体化网格党支部 62 个。同时，丰富完善议事协商形式，探索创设"民生会客厅""圆桌会议""老高工作室"等党群议事载体。

4. 打造基层党建品牌，发挥党员模范正向效能

闻韶街道充分发挥党员先锋模范作用，一是创新"党建+诚信"品牌建设，通过推选培育的方式创新建立党员诚信店、放心店 114 处，开展共产党员经营户挂牌活动，组织党员商户亮身份、亮承诺，让党员在行业中做好示范。二是强化坚守党员示范阵地。街道以问题为导向，围绕当地基层治理难题，通过网格党建资源梳理创设卫生监督、文明养犬等 50 种党员示范岗，组织党员认领志愿公益岗位，通过参与"亮身份、亮职责、亮承诺"行动，发挥党员在社区环境治理、治安巡逻、矛盾调解等基层治理中的积极作用。

5. 拓宽基层党建覆盖面，强化行业政治引领

淄博市临淄区闻韶街道重塑组织架构，打破原有组织设置模式，在行业聚集、人员密集、问题集中党群驿站成立"红立方"兼合式党组织，并以社区党组织为核心，选派适当数量的党员担任党组织指导员，相关职能单位中的党员作为党组织兼职成员，创新建立起"行业监管服务+党建责任"的工作机制，以党建引领志愿服务，创建基层治理志愿服务队伍。[①]

---

① 《淄博市临淄区："五级阵地"全域党建为基层社会治理凝心铸魂》，载人民网，http://sd.people.com.cn/n2/2021/0929/c391482-34937414.html，最后访问日期：2022 年 3 月 15 日。

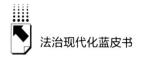
二 "三治融合"：基层治理能力全面升级

《中共中央关于制定国民经济和社会发展第十四个五年规划和二〇三五年远景目标的建议》针对基层治理领域存在的典型问题，就加强和创新社会治理作了全面部署并明确要求"完善社会治理体系，健全党组织领导的自治、法治、德治相结合的城乡基层治理体系"。中共中央、国务院《关于加强基层治理体系和治理能力现代化建设的意见》进一步明确了基层治理中自治、法治、德治融合的必要性。健全基层自治、推进基层法治与基层德治建设是社会基层治理的三大力量源泉。"自治增活力、法治强保障、德治扬正气",① 自治、法治、德治应优势互补、相辅相成，要将自治、法治、德治"三治融合"，充分发挥自治、法治、德治在基层社会治理中的基础作用、保障作用与教化作用。山东省积极贯彻国家基层治理的重要理念与行动任务，结合实际制定《贯彻落实〈中共中央、国务院关于加强基层治理体系和治理能力现代化建设的意见〉的若干措施》，对健全基层群众自治、推进基层法治与基层德治建设提出了具体要求。近年来，山东省在党的引领下，形成了丰富的基层治理实践新模式，不断推进自治、法治、德治融合建设，基层自治水平不断提高、基层法治保障能力持续加强、基层德治建设推陈出新，形成了独具特色的基层社会治理的山东经验。

（一）自治为本：加强基层群众自治组织建设

"建设人人有责、人人尽责、人人享有的社会治理共同体。"② 基层群众自治制度是我国的一项基本政治制度，是人民依法行使民主权利的核心体现，也是依法实现自我管理、自我服务、自我教育、自我监督的重要内核。近年来，山东省围绕基层群众自治组织建设，从优化群众自治组织、推动自

---

① 张文显等：《推进自治法治德治融合建设，创新基层社会治理》，《治理研究》2018 年第 6 期。
② 《习近平法治思想概论》编写组：《习近平法治思想概论》，高等教育出版社，第 186 页。

治组织规范化建设、增强基层组织动员能力角度不断提升基层群众自治能力与水平，各级政府积极落实，并探索自治新模式、新样态，形成了一批具有典型民主自治属性的示范城（镇）。

1. 优化群众自治组织

山东省莱西市近年来积极推进民主法治示范村建设。莱西市院上镇姜家许村在 2021 年被司法部评为"全国民主法治示范村"。该村以"民主法治村"创建为抓手，优化探索群众自治组织的方式极具自治特色。首先，提升思想意识。村"两委"班子充分认识到民主法治建设在三个文明建设中的重要作用，通过多次召开专题会议的方式，统一村民主法治自治理念，确立了"以法治村、发案率少、村秩序好、群众满意"的村自治核心理念，并形成了法治促经济的思想共识。其次，建立健全领导机构和办事机构。村委会成立了"民主法治示范村"创建活动，对人民调解委员会、妇联、村民小组、治安巡逻队等法治队伍活动进行指导。同时围绕安置帮教、社区矫正等治理管理领域建立联络协同组织，确立责任人，协调一村一法律顾问或精锐普法讲师团成员对村内相关人员进行培训、法治宣传。最后，以问题为导向，对社会治安等易引发基层矛盾的重点领域建立村级治安巡逻队，安排 2 名专职调解员、4 名村治安人员开展群众矛盾纠纷排查、调解工作，对出现的各类纠纷进行及时调处，并及时发现、整治各种影响社会稳定的不安全因素，了解治安"热点""难点"问题及时向有关部门汇报，协同有关部门开展整治工作，[①] 做到提前预防、及时处置。

2. 推动自治组织规范化建设

山东省德州市夏津县在民主法治示范村（社区）创建工作中，突出顶层设计，围绕民主公开，注重以法治方式促进基层自治。一是根据村特点，自主出台《关于做好第八批"全国及全省民主法治示范村（社区）"创建暨已命名民主法治示范村（社区）动态管理工作的通知》。

---

① 参见《莱西市推进民主法治示范村建设 深化基层民主法治》，载中国法律服务网，http：//alk.12348.gov.cn/Detail？dbID = 39&dbName = FXFC&sysID = 5614，最后访问日期：2022 年 3 月 15 日。

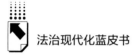

二是注重定期调研走访，定期开展走访调研、实地考察，广泛听取意见建议，以问题为导向，以规范文本的方式确定村目标要求、工作举措和实施步骤。三是充分发挥村规民约功能。夏津县把村规民约作为推进基层社会治理和推进村民自治的重要基础，根据村特征，围绕"邻里和谐""绿色生态""慈善公益"等基层治理重要领域修订完善村规民约，有效引导、规范村民行为，[①] 解决群众关心关注的热点难点问题，有效提高基层自治水平。

3. 增强基层组织动员能力

基层组织动员能力是基层自治的活力来源，积极增强基层组织动员能力是基层自治的重要保障。乳山市白沙滩村在基层自治中特别注重组织动员机制建设。在思想上，该村坚定思想统领，强调人民群众是乡村治理的主体，明确"要把服务群众与依靠群众结合起来，尊重群众主体地位和首创精神"。在行动上，重视公众参与，主要表现为在规划上听取基层群众的建议、在落实上依靠群众的力量、在成效上听取群众的评判。在机制上，健全基层民主协商机制，村发展事项需由村民代表、党员干部听取村民意见后，在村民代表大会和党员会议上讨论决定，并制定相应的发展战略，[②] 实现民事民管的目标，提高群众的参与感、幸福感、获得感。

（二）法德并举：夯实基层社会治理基础

社会基层治理体系需要法治和德治的叠加。"三治融合"的创新实践表明了基层社会治理体系创新需要从单一治理方式走向集成化、成熟化的多元治理。法治与德治共同规范着基层治理的原则与方式，自治功能的良好成效，需要紧密将法治与德治融合在一起。山东省近年来在对社会基层治理体

---

① 参见《山东省夏津县深入推进"民主法治示范村（社区）"创建》，载中国法律服务网，http：//alk. 12348. gov. cn/Detail？dbID = 39&dbName = FXFC&sysID = 4805，最后访问日期：2022 年 3 月 15 日。

② 参见《乳山市白沙滩村加强六治融合 推动民主法治建设》，载中国法律服务网，http：//alk. 12348. gov. cn/Detail？dbID = 39&dbName = FXFC&sysID = 4573，最后访问日期：2022 年 3 月 15 日。

系的推进过程中，着重加强法治与德治融合，各基层通过提升基层党员、干部法治素养，完善基层公共法律服务体系，加强和规范村（社区）法律顾问工作，以及践行社会主义核心价值观，健全村（社区）道德评议机制，开展道德模范评选表彰活动等方式，深入推进法治与德治双重并进的治理实践。

1. 法治建设切实融入基层治理体系

运用法治方式解决社会基层治理面临的问题，有助于公平化解社会矛盾，提升社会基层治理效果。山东省积极开展法治融入社会基层治理活动，形成了丰富且值得推广的经验做法。

加快完善基层公共法律服务体系。基层公共法律服务是社会基层治理法治建设的重要衡量标准之一。山东省各基层不断推进公共法律服务体系建设。临沂市兰山区探索基层公共法律服务新方式，率先启动"三法"共育工程，突出"三个导向"，注重"四化并举"，聚焦"一体服务"，坚持"341"工作举措，截至 2021 年 7 月，临沂市兰山区通过"三法"共育项目，已培养各村（社区）"法律明白人"3800 余人、"法治带头人"344 名、"遵纪守法示范户"1800 余户，提供法律咨询 1.6 万余次，引导群众申请法律援助案件 800 余件，调解矛盾纠纷 6000 余起。[①] 山东省临沂市沂南县人民法院开展基层社会治理服务站、服务乡村振兴工作站，仅 2021 年上半年，沂南法院基层法庭共受理案件 1624 件，审结 1326 件，结案率 81.65%，一审民商事调撤率 51.25%，有效化解矛盾纠纷，强化基层社会综合治理能力，提升基层法治建设和服务水平。[②] 山东省青岛市聚焦基层纠纷化解问题，探索建立"1+1+N"矛盾纠纷排查调处新机制。青岛在新型社区统一建立公共法律服务工作室，设立人民调解工作组、法治宣传辅导站、法律援助联系点、法律服务咨询点等窗口，开展"最后一公里""一次办好"等便

---

① 参见《临沂市兰山区坚持"341"工作举措　全面夯实"三法"共育工程》，载中国法律服务网，http：//alk. 12348. gov. cn/Detail？dbID＝39&dbName＝FXFC&sysID＝5305，最后访问日期：2022 年 3 月 15 日。

② 参见《山东沂南基层法庭实现社会治理服务和服务乡村振兴"双站"全覆盖》，载法治网，http：//www. legaldaily. com. cn/index/content/2021-07/06/content_ 8544676. htm，最后访问日期：2022 年 3 月 15 日。

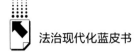

民法律服务。青岛市全面落实"一村（社区）一法律顾问"工作制度，并围绕土地纠纷、邻里纠纷、物业纠纷、治安纠纷等重点基层治理矛盾易发点，设立多个人民调解小组。2021年，新型社区公共法律服务工作室接待群众40余万人次，办理各类法律服务事项3.5万余件，开展法律服务5.3万余件，① 基层法治能力显著提升。

2. 德治建设夯实基层治理根基

国无德不兴，人无德不立。基层治理水平的提高必须深入实施公民道德建设工程，引导广大人民群众自觉践行社会主义核心价值观，树立良好道德风尚。② 山东省在推动社会基层法治建设的同时，不断提升社会基层德治水平。临沂市平邑县在推进"党建统领'三治'结合"的社会基层治理模式过程中，建立了以"孝善文化"为聚焦的德治文化推进路径。在平邑街道的7万多户家庭建立了全覆盖的"孝老家庭""孝老个人"等评选表彰机制，全面弘扬孝善文化。通过颁发"孝老家庭""孝老个人"等称号积极营造"崇德向善、诚信友爱"的社区文明新风尚，③ 为德治的推动和提升提供良好的环境。莱西市探索创新积分制基层社会治理实践，通过设立道德积分，对社会公德、家庭美德、职业道德、个人品德等多方面进行赋分，建立"行为表现—道德评议—采集赋分—排行公示—兑现奖励—行为调整"的良性机制，将道德模范、优秀志愿者的正向行为转化为看得见、摸得着的积分奖励，引导群众自我教育、自我服务，推动新时代文明实践落地落细。④ 山东省聊城市侯营镇积极落实守信联合激励和失信联合惩戒制度的要求，探索"信用+"治理，创新建立"信用+美丽乡村"模式。通过设立信用项目和

---

① 参见《青岛探索建立"1+1+N"矛盾纠纷排查调处新机制》，载新华网，http：//sd. news. cn/sd/qd/2022-03/25/c_ 1128502875. htm，最后访问日期：2022年3月15日。
② 《习近平法治思想概论》编写组：《习近平法治思想概论》，高等教育出版社，第186页。
③ 参见《山东省平邑县：党建统领"三治"结合 构建城乡社区治理新体系》，载中国社区网，http：//zt. cncn. org. cn/2022/imibg/news/2022-02-23/6063. html，最后访问日期：2022年3月15日。
④ 参见《青岛莱西：道德积分促善治》，载鲁网，http：//qingdao. sdnews. com. cn/wh/202204/t20220420_ 4014801. htm，最后访问日期：2022年3月15日。

信用积分标准，对道德与失德行为赋予信用奖惩，① 从而营造褒扬诚信、惩戒失信的良好社会风尚。

三 应急治理：健全应急管理动态衔接的基层治理机制

安全是保障国泰民安的重要基石。近年来党中央高度重视社会安全，党的十九届五中全会以来，基层应急管理能力地位逐渐显著。2021 年中央印发的《关于加强基层治理体系和治理能力现代化建设的意见》明确将"健全常态化管理和应急管理动态衔接的基层治理机制"作为未来 5 年中最重要的基层治理目标之一，反映出党和国家已充分认识到应急管理是基层治理体系和基层治理能力现代化的重要组成部分。山东省各基层积极贯彻国家关于应急管理的治理要求，依法推进应急治理创新，切实提升基层应急治理水平，其中青岛市探索创新的基层应急治理模式，具有明显的示范与推广效果。

1. 细化基层应急预案

山东省基层部门积极贯彻国家与山东省应急管理的要求，细化基层应急管理预案。青岛市崂山区王哥庄街道围绕"组织体系""日常监管""预警""信息报告""应急处置""信息发布与舆情控制""恢复与重建""应急保障""宣传培训和演练""责任追究"等内容，细化落实应急管理机制与流程，制定《社区卫生服务中心突发公共卫生事件应急预案》，② 从而为有效预防、及时控制和消除突发公共卫生事件及其危害，指导和规范各类突发公共卫生事件的应急处理工作，最大限度地减少突发公共卫生事件造成的危害奠定了制度基础。

① 参见《山东聊城探索乡村治理新模式 真正实现"信用+"治理，"乡村+"美丽》，载中国文明网，http://www.wenming.cn/wmcz_ 53697/xf/202202/t20220226_ 6303026. shtml，最后访问日期：2022 年 3 月 15 日。
② 参见《青岛市崂山区应急管理局关于委托街道办事处实施部分安全生产行政处罚权的公告》，载崂山区人民政府官网，http://www.laoshan.gov.cn/n206250/n18207792/n1820820 0/n18208201/n18208203/210902110637475476. html，最后访问日期：2022 年 3 月 15 日。

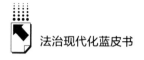
2.健全基层应急管理组织体系

青岛市推进区（市）值班室标准化达标建设，建立"1+4+N"值班值守工作体系。① 青岛市城阳区流亭街道以打通应急救援工作"最后一公里"为发展目标，以"救早、救小、救初"为发展方向建设完成街道级应急救援站。救援站严格按照市级示范站建设标准，形成集安全巡查、宣传教育、应急救援于一体的"三驾马车"工作体系，探索"自治化为前提、网格化为基础、科技化为支撑、联动化为延伸"的小寨子社区应急救援做法。完善应急管理队伍，配备10名专业应急救援人员，配备消防救援车、各类应急救援器材及安全防护装备，结合消防联勤联动机制，满足一般火灾扑救、防汛抗旱、森林防火、水上救援、社会救援等应急救援需要。②

3.下放应急管理权

基层治理是危险防控的第一道防线。应急管理权下放街道，能够极大地提升基层应急治理效果。青岛莱西因基层安全生产防控风险和社会救助服务的需要，委托镇街实施部分安全生产行政处罚权与城乡居民临时救助审批权，有效提升应急治理效果。

四 平台治理：赋能社会基层治理提质增效

构建基层管理服务平台，是党中央对基层社会治理体系和治理能力现代化建设的最新要求，中共中央、国务院《关于加强基层治理体系和治理能力现代化建设的意见》明确强调要构建网格化管理、精细化服务、信息化支撑、开放共享的基层管理服务平台，打造共建、共治、共享的社会治理格局。目前加强基层管理服务平台建设已成为基层治理体系和治理能力现代化

---

① 参见《山东青岛以"五化"为抓手推进应急管理体系和能力现代化》，载国家应急管理部官网，https://www.mem.gov.cn/xw/gdyj/202204/t20220418_411961.shtml，最后访问日期：2022年3月15日。

② 参见《时刻守护在居民家门口 探访山东省青岛市城阳区流亭街道应急救援站》，载青岛成阳区政府官网，http://new.chengyang.gov.cn/zfxxgk/bmfdgknr/ltjdbsc/ywflxxgk/aqscyjgl/2022 03/t20220311_4747404.shtml，最后访问日期：2022年3月15日。

的重大课题。近年来，山东省持续开展"互联网+基层治理"行动计划，加快省市一体化政务服务平台优化升级，探索乡镇（街道）与部门政务信息系统数据资源共享交换机制，加强村（社区）数据资源统筹等智慧治理能力，不断释放平台治理效能。

（一）社会基层治理网格化、智能化水平不断提升

网格化社会基层治理是利用现代信息技术构建管理平台，维护社会和谐稳定的新型社会治理模式。随着网格化社会治理在基层的覆盖率不断提升，网格化基层治理模式已成为基层社会治理的最主要模式。山东省社会基层治理依托网格化管理模式，充分运用互联网技术，不断提升基层治理的便利化、高效化和智能化水平。济南市作为全国首批市域社会治理现代化建设试点城市，持续推进基层治理网格化、智能化。济南市划分网格 18898 个，专兼职网格员 4.3 万名，实现网格全覆盖。通过建立网格管理的事项清单、日常管理清单，开展教育培训、创新考评制度，积极探索建立网格学院，设置六大实景培训模块 42 套标准化流程，强化网格基层治理场景化服务，推动网格队伍职业化、专业化、规范化发展。同时，济南市积极探索智慧赋能。市中区杆石桥街道乐山小区探索了"庭院党建"网格化治理的路径，将社区划分为 6 个基础网格和 2 个专属网格，并充分挖掘年轻楼长、志愿者作为终端网格员发挥桥梁纽带作用，并增加职能辅助设备，设置 212 个云眼监控，将信息统一纳入"市中云眼"视频系统，[①] 从而实现基层网格数据治理。东营市东营区优化网格设置，根据自身地域特征将 85 个油田移交小区以及将 18 个地方社区统一调整为 64 个城市社区，打破条块界限，推动区域网格化工作体系和信息平台向油田延伸，整合 16 类工作网格，统一划分为 946 个综合网格，实现油地治理"一网统管、多网合一"。[②]

---

① 参见赵国陆《济南打造社会治理"一张网"》，《大众日报》2021 年 8 月 19 日，第 9 版。
② 参见《山东省东营市东营区：六维双向融合，油地共建共享，创新打造社区治理共同体》，载中国社区网，http://zt.cncn.org.cn/2022/imibg/news/2022-02-23/6062.html，最后访问日期：2022 年 3 月 15 日。

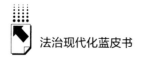

（二）推动基层治理数据资源共享

加强村（社区）数据资源统筹，实行村（社区）数据综合采集，实现一次采集、多方利用是山东省《贯彻落实〈中共中央、国务院关于加强基层治理体系和治理能力现代化建设的意见〉的若干措施》对基层治理数据资源共享的重要要求。数据互通互联共享已成为基层智慧治理能力的重要体现。菏泽市郓城县以党建引领为核心，以"大数据"平台为支撑，探索"智慧党建+社区治理"新模式，针对社区治理中部分数据分散、精准度不高、交互不畅等问题，探索建立六大模块50余项功能的智慧社区管理服务系统。通过构建社区综合信息库，打破基层社区治理的"信息孤岛"，加强数据交叉比对，实现服务精准化。通过实时录入、定期维护、动态管理，实现数据一次收集、多方共享和网格内全成员、全地域、全事务管理，有效将"大数据"智能化优势与基层党组织的政治优势和组织优势结合起来，推动智慧党建和社区治理深入融合，切实推动社区治理精细化、智能化，[1] 为基层智慧治理能力的提升提供了可借鉴的新模式。临沂市兰山区将数据互联互通共享与网格化管理充分结合，开通"平安兰山"App、微信公众号、部门系统账号等多种渠道采集基础信息，收集社情民意，实现网格内人、地、事、物、情、组织等全要素信息化。打破各部门"数据壁垒"和"信息烟囱"，整合各参与部门单位有关信息，集中数据采集，统一对接导入，实现数据动态更新、共用共享，[2] 以数据共享为依托的基层治理效能显著提升。

山东省不断夯实社会基层治理基础，在党建引领基层治理能力全面提升的基础上，形成了以自治、法治、德治"三治融合"为基础，以应急治理

---

[1] 参见《山东郓城："智慧党建+社区治理"推动基层治理精准化（015号）》，载民生网，http：//www.msweekly.com/show.html? id=128250，最后访问日期：2022年3月15日。

[2] 参见《山东省临沂市兰山区：党建引领聚力 网格治理增效 构建"平台指令众人响应"社会治理新机制》，载人民网，http：//unn.people.com.cn/n1/2021/0119/c435200-3200 5145.html，最后访问日期：2022年3月15日。

为补充，以网格化信息化基层管理服务平台为支撑的社会基层治理体系，社会基层治理取得显著成效。但山东省社会基层治理也存在不足，主要问题在于城乡之间、地区之间的基层治理水平存在较大差异。各地区虽然形成了独具特色的社会治理实践经验与做法，但在省级层面未形成统一的社会基层治理的整体性经验做法与指导意见。建议对各地区优秀的基层治理实践做法进行理论提炼，并以地方性立法或行政规范性文件的形式将实践做法予以巩固与保留，从而快速全面提升山东省社会基层治理水平。

研究报告

Research Reports

B.6

以构建"熟人社区"为路径的
基层治理创新研究[*]

庞正 李洋[**]

摘 要： "熟人社区"是由治理主体在小规模空间发起的缔结新型社会关系结构的改革尝试，是指在社区制基础上，以共建共治共享为指导思想，在法治框架下基于认同、互信、互利而形成的社区成员紧密联结、良好互动的高水平社区自治共同体。"熟人社区"治理模式对于坚持和完善共建共治共享的社会治理制度具有明显的优势，有利于治理信息的传递和治理资源的有效利用，有助于实现以人民为中心、以服务为导向的治理理念，能够为基层社会治

---

* 本研究报告系中国法治现代化研究院"以构建'熟人社区'为路径的基层治理创新研究"项目的最终成果。除主要执笔人外，课题组成员中国法治现代化研究院龚廷泰教授、杨建副教授、李飞博士也参与了课题调研和报告初稿写作的工作。除专门引注外，本报告涉及的所有事例、数据均为课题组在江苏省江阴市澄江街道、申港街道、新桥镇、祝塘镇、华士镇调研所得。江阴市政法委对本次调研给予了大力支持。

** 庞正，中国法治现代化研究院研究员，南京师范大学法学院教授；李洋，中国法治现代化研究院研究员，南京师范大学法学院副教授。

理提供具有持久力的常态化运行空间。近年来，江阴市以基层党建为动力机制，以满足群众需求为目标，以多元化纠纷化解机制为基础，以群众参与为重要力量，以睦邻文化建设为抓手，大力推进城乡社区治理工作，取得了一系列宝贵的实践经验，为推进"熟人社区"治理模式创新发展打下了很好的基础。打造"熟人社区"，需要在观念上不断强化，也需要在机制上不断创新，形成新的组织形式、新的载体平台、新的公共活动举措。

关键词： 熟人社区　市域社会治理　共建共治共享　江阴

引　言

党的十九届四中全会通过的《中共中央关于坚持和完善中国特色社会主义制度　推进国家治理体系和治理能力现代化若干重大问题的决定》（以下简称《决定》）指出，社会治理是国家治理的重要方面，要"加快推进市域社会治理现代化。推动社会治理和服务重心向基层下移，把更多资源下沉到基层，更好提供精准化、精细化服务"。① 这为构建基层社会治理新格局指明了实践方向。近年来，江苏省江阴市委、市政府高度重视社会治理创新工作，正确认识到社会治理的工作重心在基层、基层社会治理的主要实践场域在社区，不断尝试推进社区治理工作新举措，契合了党的十九届四中全会关于推进市域社会治理现代化的新要求。江阴市政法委提出了"通过打造'熟人社区'构建新型基层社会治理模式"的构想，并委托南京师范大学中国法治现代化研究院予以调研论证。中国法治现代化研究院接受委托后，成立"以构建'熟人社区'为路径的基层治理创新研究"课题组，制

---

① 《中共中央关于坚持和完善中国特色社会主义制度　推进国家治理体系和治理能力现代化若干重大问题的决定》，人民出版社，2019，第30页。

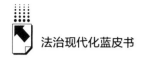
定项目实施方案，展开专项研究。

课题组在研究院既有研究成果的基础上，广泛搜集近年来有关法治社会建设、社会治理创新、基层社区治理等方面的文献资料，为课题研究提供理论资源，同时认真研读和充分把握党的十八大以来国家关于推进国家治理体系和治理能力现代化的一系列指导性文件，特别是深入领会《决定》的精神，以其作为指导思想，努力融汇到课题研究的论证之中。课题组以实证调查为基本研究方法，选择具有代表性的社区，向社区干部了解当前社区治理的基本举措、工作亮点、主要难点和存在的问题；召集与基层社会治理相关的职能部门举行座谈会，搜集工作台账资料和统计数据；深入社区内部，运用访谈法向社区成员获取有关人群结构、交往形式、交往介质、利益诉求、治理满意度等方面的信息。在这个过程中，参加座谈会的人员包括来自江阴市委组织部、市委宣传部（文明办）、市委政法委、公安局、民政局、卫计委、农业农村局、司法局、城管局、信访局、法院、总工会、共青团市委和市妇联的同志；接受课题组访谈的对象包括江阴市澄江街道、申港街道、新桥镇、祝塘镇的负责人，澄江街道城中社区、澄江街道立新社区、南闸街道紫金社区、徐霞客镇璜塘村、璜土镇璜土村的负责人，以及基层司法所工作人员、社区民警、社区志愿者代表和社区群众。课题组还前往江阴市澄江街道天鹤社区、城中社区、君山社区、塔南社区、新桥镇绿园社区、华士镇华西村、周庄镇山泉村进行了实地走访。

以上述理论准备和实证调查为基础，课题组总结了近年来江阴市社区治理的基本成效，梳理了富有特色的社区治理工作经验，阐明并分析了当下社区治理仍然存在的难点和问题，通过论证打造"熟人社区"在新型基层社会治理中的方案优势，尝试提出若干具体实践举措，形成以下研究报告。

一 推进"熟人社区"治理模式创新发展的重要意义

社区是市域社会治理的基本单元，也是市域社会治理的主要工作场域。社区治理工作的力度与质效，直接关系到广大人民群众的切身利益和生活品质，也决定了一个区域能否拥有和谐有序的发展环境。传统中国的基层社会，是依凭"熟人社会"形态的社会结构关系实现组织化、秩序化和公共产品供给的。在现代市域社会治理实践中，面对陌生人社会关系格局带来的治理难题，是否可以在借鉴传统经验智慧的基础上，通过培育"熟人社区"的方式，寻求共建共治共享社会治理制度的实践创新，是值得小心求证、大胆尝试的。

（一）传统熟人社会治理经验的文化传承

熟人社会社群共同体的形成决定于传统社会的自然经济基础。经济上的自给自足、封闭静态的生存空间、落后的生产工具和不可移动的生产资料——土地，使得中国传统文化自然确立起对社会成员和睦相助的强烈信念。在这一观念的支配下，以亲缘关系和地缘关系为必要条件，以人情往来为基本手段，邻里关系在熟人社会的社会关系类型中占据了十分重要的地位。

在熟人社会里，人们往往秉持比邻而居、睦邻友好、和谐共处的生活态度，邻里关系的重要性往往不亚于亲缘关系。"远亲不如近邻"的俗语可以视为对这种社会结构的深刻认识。基于此，在婚丧嫁娶等大事发生时人们往往需通知亲属、邻里，请其参与帮忙；买卖田宅，则必须"先告亲邻"，即亲属与邻居享有绝对意义上的优先购买权；在契约实践中，更是产生了特殊的"中人"角色，人为构建起交易的熟人环境，使契约的运行始终处于熟悉的人际关系之中，从而为交易提供更大的安全保障。所以有学者认为，传统社会的契约是一种关系社会下的契约，是一种以敦睦人际关系为主、追求财产权益为辅的权属移转凭证。①

"中人"在契约活动中的作用机制是，作为契约双方的熟人，能够凭借自身的人缘、人情资源，为契约双方建立起信用保障机制，使缔约双方的缔

---

① 参见陈胜强《中人在清代土地绝卖契约中的功能——以中国传统交易规则的影响为视角》，《北方法学》2012 年第 4 期。

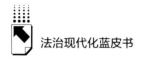

约信心和履约能力得到提升，甚至在双边熟人关系之上促成缔约双方彼此建立起新的熟人关系。此外，"中人"的居间活动也使自己进入契约之中，有可能成为发生纠纷时充当定分止争角色的第三方，也有可能在纠纷对簿公堂时发挥证据作用。由此可见，传统熟人社会中熟人关系、邻里关系的重要功能已经被正式法律制度吸纳，并具有明显的制度实效。这充分体现了传统熟人社会在化解纠纷、实现地方治理中的优势所在。

传统熟人社会基于血缘、地缘关系而产生的伦理共同性，为人们在日常生活中的互助互惠提供了道德基础，同时，家法族规、村规民约和国家"礼"法将这一道德基础外化为制度化的社会规范。于是，由国法、民俗、伦理、宗规等交融型构而成的社会规范体系，植根于中国几千年来的文化传统之中，也深嵌于中国人的价值观念里。即使在今天的广大农村地区，在以邻里关系为典型的熟人社群中，人缘、人情与人伦要素遍布其间，人们在熟人面前自然形成了基于人情或面子的不可违约、积德行善的内心信念和行为习惯。

随着大规模城市化进程的展开，严格意义上的传统熟人社会共同体已经迅速失去了存在的空间，以商品交换为基本特征的生活方式将人们带入了陌生人社会。但是，重人缘、讲人情的文化特质仍牢牢地留存于中国人的整体意识之中，从传统熟人社会内蕴的生活逻辑中汲取合理的经验，将其引入到基层社会治理中来，在小空间范围内加以运用，通过汇聚利益共识营建社区治理共同体，经由社区成员的"自己人"化，打造互助、互惠的"熟人社区"，具有理论上的合理性和必要性。同时，中国社会作为一个延绵至今没有中断也无法切断的文明体，深藏其间的强大文化韧性也为我们尝试社会治理创新提供了实践上的可能性。

当然，"熟人社区"不是传统熟人社会的复制或模仿。在传统熟人社会，人与人之间是基于特殊信任而建立的黏合关系，这种以人身依附为实质的黏合关系缔造的是一种差序格局；而在"熟人社区"，社区成员的团结建立在普遍信任的基础上，独立而平等的社会关系是社区生活共同体的底色；前者的存在更多地依靠"人情""面子"机制，而后者的运行则倚赖利益共识、情感召唤、自治规则和集体文化等要素。

（二）如何理解"熟人社区"治理模式

面对当下社区治理发展中出现的问题，结合新时代基层社会治理的新态势，如何在社区治理中摸索出符合共建共治共享的社会治理制度要求的方案与路径，无疑具有非常重要的意义。课题组通过调研发现，江阴市近年来在社区治理工作中积极尝试改革创新，形成了一套颇具成效的实践模式雏形，可以称之为"熟人社区"模式。打造"熟人社区"是否能够成为一条可复制、可推广的基层社会治理实践路径？我们首先在理论层面从"熟人社区"的特征、含义和实践优势等几个方面予以解答。

"熟人社区"这一概念对应的实践模式是指在基层重铸传统乡土中国的熟人社会，抑或计划经济时代单位制下的熟人社会吗？我们对这一疑惑的回答是否定的。如果说自然经济条件下传统乡土中国的熟人社会是熟人社会的1.0版本，[①] 国家计划经济时代的熟人社会是熟人社会的2.0版本，那么，新时代基层社会治理所欲构造的"熟人社区"便是熟人社会的3.0版本。这个3.0版本的"熟人社区"有着以下基本特征。

其一，与1.0版本的熟人社会相比，"熟人社区"的社会基础不同。"熟人社区"不是简单模仿或照搬传统农耕社会封闭而窄小的生活空间下的人际关系组织模式。1.0版本的熟人社会是自给自足农业经济所决定的自然生发的社会关系模式，维系这种社会关系模式的规范性基础是血缘、亲缘、身份等级制以及宗法族规。3.0版本的"熟人社区"的规范性基础在于社群居民对社区生活共同体的认同，对公共产品和公共服务的一致主张，对社区组织和成员的信任以及对社区公共生活需要的共同期待。

其二，与2.0版本的熟人社会相比，"熟人社区"的联结机制不同。在计划经济时代以单位为枢纽形成的熟人社会，人们熟络关系的形成机制是，提供工作岗位和生活空间的单位同时还承担着管、控、教、监的公共职能，单位所拥有的科层制背后的强制力量，为成员的公共生活营造了类血缘的情

---

① 参见费孝通《乡土中国　生育制度》，北京大学出版社，1998，第69~75页。

谊和氛围。这样的联结机制在市场经济时代被逐步打破和瓦解了。这种公共生活无论从规范性质上还是规范结果上都不再符合现代社会的社会结构、生活方式和价值观念。这也恰恰是 3.0 版本的"熟人社区"出台的背景与动因。"熟人社区"的形成不是通过行政权力的强制,其公共生活也不可能依赖行政权力的支配,而是每个社会个体在自我意志支配下以契约为基本形式的自愿联结。

其三,区别于 1.0 版本和 2.0 版本的熟人社会,"熟人社区"的实践目的不同。农耕文明下 1.0 版本的熟人社会,目的在于维系一个封闭而稳定的礼法秩序,追求和捍卫被赋予了最高正当性的差序格局(等级制);[①] 计划经济时代 2.0 版本的熟人社会,在特定时代背景下对社会主义政治、经济、文化和社会建设的探索中,以非常高的热情极力追求着绝对的无私与公正;社会主义市场经济条件下的 3.0 版本的"熟人社区",一方面客观地承认和尊重现代社会的价值多元及其内嵌的合理分歧,[②] 另一方面以法律以及法律背后的基本原则——法治作为社会信任的奠基石,目的是通过提供高质量的社会公共管理和服务来追求社区成员的美好生活。

如果说 1.0 版本和 2.0 版本的熟人社会是一定社会物质生活条件所必然决定的普遍性的社会关系结构形态,那么"熟人社区"乃是在新时代迈向国家治理体系和治理能力现代化背景下,由社会治理主体在小规模空间主动发起的缔结新型社会关系结构的改革尝试。因此,我们认为,"熟人社区"概念的基本含义,是指在社区基层社会治理体制基础上,以共建共治共享为指导思想,在法治框架下基于认同、互信、互利而形成的社区成员紧密联结、良好互动的高水平社区自治共同体。

(三)"熟人社区"在基层治理创新发展中的优势

首先,"熟人社区"的构建和运行逻辑与共建共治共享的社会治理理念

---

① 参见杨建、庞正《法律文化的观念之维及其中西方差异除魅》,《江海学刊》2013 年第 2 期。

② 参见杨建《法治社会的内在逻辑》,《东南大学学报》(哲学社会科学版)2020 年第 1 期。

密不可分。当下基层社会治理实践中普遍存在的问题是多元化主体的参与不充分，社会治理工作往往由基层政府和社区干部唱独角戏，与十九届四中全会提出的人人有责、人人尽责、人人享有的社会治理共同体的要求还有很大的距离。"熟人社区"治理模式通过建立社区成员的熟络关系、营造社区成员的亲密气氛，十分有利于在社区中形成认同、互信、互利的观念基础，进而吸引群众力量加入到社区治理实践中来，形成小规模的社区治理共同体。在基层，自治、法治、德治"三治结合"中的自治，必须以社会成员的相知相熟为前提条件，而自治程度的提升，也就避免了社区治理之前陷入的行政化或者边缘化的结构性困境。①

其次，"熟人社区"治理模式十分有利于治理信息的传递和治理资源的有效利用。作为一种社区居民高水平自治下开放式的、友好型的治理模式，"熟人社区"不仅意味着社区居民之间的"熟"，也意味着居委会（村委会）、社区工作人员与社区居民之间的"熟"，还意味着社区居民与进入社区的各类社会组织的"熟"。这些密切关系都非常有助于社区居民将自身需求、社区动态、矛盾隐患等信息及时地传递出来，被相关部门及时掌握。同时，党的领导、政府负责的治理要求能够充分、准确、便捷地融入"熟人社区"的治理工作之中，实现政府、社会、居民三者之间有效的良性互动，也有助于地方政府将各类优质资源下沉到基层。

再次，"熟人社区"治理模式有助于实现以人民为中心、以服务为导向的治理理念。打造"熟人社区"，是为了切实回应本社区在公共事务管理上的需求与问题，而不是单纯满足行政运作的逻辑和指令。"熟人社区"模式的运行，需要空间的让渡才能让居民和社会组织进入治理的实践场域。这里的空间不只是场所空间，更是权利空间，所以它特别强调公共产品和公共服务的充分提供，强调对社区居民正当利益诉求的普遍满足。以人民为中心、以服务为导向的社会治理排除单向度、命令式、强制型的治理模式，更加重

---

① 参见郑杭生、黄家亮《当前我国社会管理与社会治理的新趋势》，《甘肃社会科学》2012年第6期。

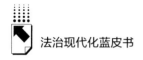

视人民群众的知情权、参与权、表达权、监督权，追求人民群众获得感、幸福感、安全感的满足，而"熟人社区"的治理模式十分有助于"真正让人民群众成为社会治理的最广参与者、最大受益者、最终评判者"①的实现。

最后，"熟人社区"的打造能够为基层社会治理提供具有持久力的常态化运行空间。"熟人社区"治理模式是日常化、常态化的而非命令式、运动式的治理方式。"熟人社区"的"熟"不可能一蹴而就，它需要时间的积累和内涵的沉淀。不过，"熟人社区"的空间条件一旦形成，它便具有了持久的运行活力，使社区治理工作进入良性的常态化运行状态。所以，"熟人社区"治理模式排除了短平快式的运动治理、阶段治理、应付治理之弊病。同时，"熟人社区"治理模式要求以良性的行为交往为实质内容，也就是治理主体应当在优质的服务、密切合作中相互熟悉起来，因此它排除了苛责型的、义务型的治理模式，是一种"有事好商量、众人的事情由众人商量"的制度化实践方式。

综上所述，作为一种基层社会治理实践的创新尝试，"熟人社区"治理模式对于坚持和完善共建共治共享的社会治理制度具有显明的优势。它很好地契合了党在十九届四中全会上对基层社会治理提出的"建设人人有责、人人尽责、人人享有的社会治理共同体"②新命题。

二 当前江阴社区治理工作的经验、难点和问题

江阴市在坚持与完善共建共治共享的社会治理制度过程中，善于开动脑筋，勇于下大力气，取得了一系列宝贵的成果和经验，在社区治理的具体实践中收获了明显的社会成效及显著成绩。同时也不应忽视，江阴城乡社区治理也存在一些难点与弊病。譬如，社区规模的"行政性"扩大却无法提供有效的居民沟通交际渠道，人为地造成了邻里关系的陌生化；以居委会为中

---

① 参见郭声琨《坚持和完善共建共治共享的社会治理制度》，《人民日报》2019年11月28日，第6版。
② 参见《中共中央关于坚持和完善中国特色社会主义制度　推进国家治理体系和治理能力现代化若干重大问题的决定》，人民出版社，2019，第28页。

心形成的现有积极分子人群以退休老人为主体，缺乏吸纳年轻人的有效机制；依托社区广场和其他公用设施构建的以儿童或老人为中心的社会关系网络，只是以街区为单位的浅互惠关系。课题组研究认为，这些难点与其说是江阴地方治理的特殊性问题，毋宁说是当下我国城市化迅猛发展背景下各地广泛存在的共性问题。

（一）社区治理工作的经验基础

为落实党的十九大关于"加强社区治理体系建设，推动社会治理重心向基层下移，发挥社会组织作用，实现政府治理和社会调节、居民自治良性互动"① 的要求，2018 年 10 月 24 日，江阴市委、市政府印发了《关于加强城乡社区治理与服务的实施意见》（澄委发〔2018〕60 号），全力推进江阴社区治理工作，取得了如下一系列宝贵的实践经验，为推进"熟人社区"治理模式创新发展打下了良好的基础。

1. 以基层党建为动力机制的社区治理

狠抓党的建设，切实运用党建在政治领导、民主保障、社会协调、民生服务、文化导向等方面的功能，发挥党建在社区治理创新中的激励、统合和保障作用，破解社区治理面临的各种难题，是江阴近年来在社区治理实践中获得的首要经验。除"1+10+N"党员联户制度、"党员提案制"两大市级党建品牌工程之外，江阴市还以社区党组织为核心，通过党建方式，将多元社会主体纳入管理和服务队伍，形成了一批具有特色的社区党建品牌，让基层党建成为社区治理的重要动力机制，彰显了以党建引领社区治理的地方经验。

2. 以满足群众需求为宗旨的社区治理

近年来，江阴市在社区治理中坚持民生导向、需求导向、问题导向和效果导向，坚持"以人为本、服务为先"，主动回应和满足群众最关心、最直接、最现实的利益诉求，使广大居民的获得感、幸福感、安全感更加充实、

---

① 习近平：《决胜全面建成小康社会 夺取新时代中国特色社会主义伟大胜利——在中国共产党第十九次全国代表大会上的报告》，人民出版社，2017，第 49 页。

更有保障、更可持续。为适应社区内不同群体多样化的服务需求，江阴市许多社区都十分注重加强有针对性、能够解决实际问题的社区服务。例如，长汀镇迳南社区确立了亲情献给老人、倾情关心未成年人、热情帮助困难人、友情沟通邻里人、真情关爱下岗人、盛情对待外来人、温情送给所有人的"七个情"社区服务理念；澄江街道南园社区开展了爱心献给老年人、热心扶持困难人、倾心关爱下岗人、真心对待外来人、齐心共创文明人的"五心"服务活动。

3. 以多元化纠纷化解体制为基础的社区治理

在推进城乡社区治理工作中，江阴高度重视矛盾纠纷化解，维护社区关系和谐，积极构建起多元化的社会矛盾纠纷解决机制和体系，基本形成了司法调解、行政调解、群众自治组织调解、驻社区（村）法律顾问调解和民间调解的多元化调解格局，其中，在一些社区内部设立的个人调解工作室，是社区治理在纠纷化解工作方面的精彩亮点。近年来，江阴还开展了"社区（村）干部进法庭、法官进社区（村）"活动，一方面，社区（村）干部在法官的一对一指导下，掌握了纠纷调解的基本知识，能够更好运用于社区（村）内部纠纷化解工作；另一方面，法官通过深入社区（村）"带案走访"，将矛盾纠纷化解在案件立案之始，一定程度上降低了司法成本。

4. 以群众参与为重要力量的社区治理

近年来，江阴市在城乡社区治理实践中认真贯彻以人民为中心的思想，一方面以满足居民群众的服务需求为工作重心，另一方面注重广大群众在社会治理中的主体作用，让群众参与到社区治理的决策、执行、监督活动中来。这样的事例在江阴有很多，譬如，在棚户区改造中，江阴市创造了以群众为主体的居民自治改造模式，较好地破解了旧城改造难的困局。在改造之初，政府将项目业主的委托权、项目实施的决定权、补偿安置方案的裁量权都交给群众，规定只有当协议100%签订后才能启动改造，改不改由群众说了算。在改造启动后，成立居民自治改造委员会（以下简称"自改委"），代表全体住户议事、进言，全程参与项目摸底调查、民意收集、政策宣传和规划设计等一揽子事宜。"自改委"还担负分户调查、房屋确权等具体事务，并及时将改造方式、补偿方案等情况公之于众，让群众全程参与和监督。

5. 以睦邻文化建设为特色的社区治理

现代社会生活方式下的家庭生活的封闭化使邻里关系难以在社会治理中发挥结构性的联结作用，而团结和睦的邻里关系实为社区秩序和谐安宁的基础。为此，开展社区新型睦邻文化建设，对于社区治理创新具有重要的意义。近年来，江阴多个社区在新型睦邻文化建设方面做出了特色，有力地助推了社区治理工作的有效展开。为此江阴建立了"基层文化指导员制度"，为群众性文化活动的开展提供有效的指导，为社区文化品牌的发掘和培育提供帮助，催生出"冰心文化艺术团""阳光女子乐坊"等多个孕育于社区的优秀文化社团。不仅如此，江阴市还特别鼓励每个社区走出自己个性化、品牌化的社区文化发展之路，打造出由志愿文化、睦邻文化、科普文化、法治文化、学习型文化等多种文化向度构成的江阴社区文化斑斓画卷。

（二）社区治理工作的主要难点

通过调研课题组发现，在江阴市现有社区中，存在城乡社区之间、新老社区之间、安置型社区与商品房社区之间的明显差异，由此导致了社区治理工作各有不同的基础、重心、难点。我们认为只有辨识出不同类型社区的分殊性，以及现有治理举措在不同社区的实际成效差异，才能有的放矢地寻找化解难点与困境的方案。

1. "村改居"社区的治理难点比较突出

"村改居"社区是目前普遍存在于各地的一种特殊社区形态，是城市扩容提质、城市化水平日益提升的产物，是通过变农村户口为城市户口、将村委会改为居委会而形成新型社区。作为一种过渡型社区，"村改居"无疑为城市发展消解了体制障碍，促使城市功能向纵深发展，助益地方社会经济进步。但同时，作为一项涉及基层社区建设、集体资产处理、居民身份转换、公共服务延伸等问题的系统性工程，[①] "村改居"在撤销行政村建制改建社

---

① 参见顾永红、向德平、胡振光《"村改居"社区：治理困境、目标取向与对策》，《社会主义研究》2014年第3期。

区居委会、依法征用集体土地转变为国有、集体资产的清产核资及股份制改革、原集体用房和私房的产权改革以及"农转非"后村民与城市居民同权化①的过程中，不可避免地呈现出诸多始料未及的治理难题。

课题组在调研中发现，"村改居"转型中存在突出的基于经济因素导致的村、社转型不彻底现象，即村民已经融入新的社区生活空间和组织网络之中，而村组织机构却大量地遗留下来，形成"空壳村"现象。在江阴市现有的243个村委会（其中46个村居合一）中，有28个"空壳村"，44个拆迁过半村。譬如，澄江社区所覆盖的9个行政村中便有6个村属此种类型，占比高达67%；新桥镇更是自2002年开展农业向规模经济集中、工业向园区集中、农民住宅向镇区集中"三集中"建设以来，90%以上的村民集中居住于绿园、康定、黄河、新桥四大社区，10个行政村已然没有多少农民居住。"空壳村"意味着村民已经完成市民化身份转换，村仅作为一种行政建制而保留。造成此种现象的主要原因乃是村内原有的土地分红等经济问题难以在短期内得以切实妥善解决，使得这些行政村暂时无法撤销。然而，这一情况对于社区治理来说无疑造成了阻碍，即已经社区化的村民应当归属于原村委会管理，还是应由社区进行管理？在网格化管理与服务已经成为社会治理新形式的当下，"空壳村"所导致的人户分离现象成为社区（村）居民自治、属地管理及网格化治理的羁绊。

"村改居"措施还与老城区改造共同带来了安置房小区的治理问题。在江阴市所辖55个社区居委会中，安置型社区为13个，占比24%。不难看到，相比于旧小区和商品房小区，安置房小区的治理局面要复杂得多。传统村落一般以家族血缘作为社会关系构建的纽带，村民之间及邻近村落之间守望相助，构成一种熟人环境。在这种人际关系下，村委会倚赖熟人关系扮演着团结村民、主持村务、化解纠纷的重要角色，村民对村委会的认同感较高，以习俗、情理为手段的村落自治也普遍为村民接受。"村改居"之后，

---

① 参见李菁怡《论"村改居"中的社区自治与居民参与》，《中共南京市委党校学报》2011年第4期。

新成立的社区一般由多个村落集合而成，在人数规模上较原有村建制有所扩大，社区成员在来源构成、职业类型、生活方式、集体认同、行为习惯、利益诉求等许多方面都是复杂多样的，不可避免地导致了社区治理的种种难题。

比较突出的例子是，物业服务的供给和物业费的收取是"村改居"社区无法回避的现实问题。社区居民缴纳一定的费用换取物业管理服务，是新市民们未曾遇到的生活方式，也是容易引发矛盾的问题。尽管从调研结果来看，作为安置房小区占比较多的典型，新桥镇针对安置房小区物业费用目前实行统一由社区承担的基本举措，但这一举措也带来了隐性问题，即减免物业费政策是否统一适用于安置房小区内部的商品房业主，以及是否适用于未来购房入住的新业主。归根结底，这种临时的举措并不符合新型社区治理的普遍性、规律性要求。

2. 共建共治共享的治理机制尚未完全形成

推进社会治理现代化，体制机制具有全局性、根本性作用，其中包括统揽全局、协调各方的党委领导体制，联动融合、集约高效的政府负责体制，开放多元、互利共赢的社会协同体制，人人有责、人人尽责、人人享有的公众参与体制等。[①] 从目前来看，江阴市在社区治理中坚持了共建共治共享理念，取得了许多工作亮点和经验，但成熟的体制和机制尚未完全形成，主要存在以下三方面的障碍。

（1）社区治理队伍建设亟须完备

根据《决定》的精神，加快推进市域社会治理现代化的要点在于"重心下移""资源下沉"。[②] 近年来，江阴市在指导思想、组织力度、制度建设、财力物力方面向社区治理下移、下沉的力度很大，体现出明显的地方优势。同时，与其他城市一样，江阴参与社区治理的社会工作者明显不足，社

---

① 参见郭声琨《坚持和完善共建共治共享的社会治理制度》，《人民日报》2019年11月28日，第6版。
② 参见《中共中央关于坚持和完善中国特色社会主义制度 推进国家治理体系和治理能力现代化若干重大问题的决定》，人民出版社，2019，第30页。

区治理体系中人才总量缺乏，人力资源"下沉"到基层社区的动力机制与体制不够完善。一方面，部分社区仍然存在街居干部由老、弱、妇组成的状况，不能适应新型社区治理的新要求，迫切需要文化层次高、经过专业培训、懂得现代社区治理的社会工作专业人才充实到社区治理队伍中；另一方面，许多年轻人不愿意加入到社区治理工作中来，现有的部分社区在岗年轻人也缺乏职业热忱，在通过"一居一大"等政策安排到社区工作的大学毕业生中，普遍存在把社区作为自己岗位"跳板"的心理，安心社区工作的不多。

江阴在社区治理工作中虽然已经初步形成了以"'1+10+N'党员联户"为制度模式的治理机制，通过"召""选""引"多项举措确定1596名先锋党员，联系党员17960名，联系群众35057户，初步实现了紧密联系群众、宣传服务群众、团结凝聚群众及引导带领群众的基本预期，更在规范党支部建设、密切党群关系等方面效果明显，但也应注意到，相较于江阴全市165万的常住人口而言，不得不承认这一模式尚处于初始阶段，所影响人群还殊为有限，所覆盖范围还较为局限，距离其产生最佳社会效果的目标还有很大的发展空间。

课题组还注意到，无论是新桥镇着力打造的"睦邻文化节""好阿姨楼道议事会"，还是天鹤社区持之以恒的"相约星期三，好歌大家唱"红歌班、"四点钟爱心课桌"、"吴阿姨调解工作室"、"法律夜门诊"等，在以上种种融洽邻里关系、沟通社群民意的各项服务举措之中，担纲主要角色的除了社区专职工作人员外，更多的是老党员、老干部、退休教师、热心老年群众，而中青年社区居民在其中的角色担当明显不足，这是当前社区工作中面临的紧要问题。在访谈中可以发现，"社区治理是政府、社区工作人员的事情，与自己没有关系"的错误认识依然存在，这种意识与"人人有责、人人尽责、人人享有的社会治理共同体"的理念显然是相悖的。这说明社区治理合力的形成还需要首先从观念层面下大力气去激发社会潜能。

（2）基层社区治理的行政力量分布有所失衡

坚持和完善共建共治共享的社会治理制度，其中的重点任务之一是完善社会治安防控体系，这是提高动态化、信息化条件下驾驭社会治安局势能力的基础工程。[①] 在执行这一重要治理任务的过程中，也应当注意推动工作重心向基层下移，将更多资源、服务、管理下沉至基层社区。在关于社区社会治安防控情况的调研中，我们仅以澄江社区城中派出所的基本现状作为观察视角，可以发现，伴随着近年来以提升社区管理服务水平为目标的社区整合举措，原本维持社区秩序的警力、辅警人员数量及其职责亦发生了变化。以城中派出所所辖社区为例，在社区合并前下辖 3 个社区，3 个社区合而为一后，社区民警的数量在整合过程中大大缩减，由原来的平均每个社区 6~7 人，变为目前仅剩 14 人左右，警力缩减 1/3 左右；与此同时，由于社会治安警务参与度的提高以及"三日一坐班"的制度规定，社区民警在社区治理工作中原本担负的隐患排查、纠纷排解等职能明显受到削弱，社区巡逻等常规工作亦成为难以为继的负累。尽管在实践中社区往往通过返聘一些曾经任职综治工作的人员协同参与社区治理，但不论是从人员配备还是服务效果来看，都恐难达到预期目标。此外，对于相关协同人员、辅警力量的社区治理事务专业培训也没有得到应有的重视，其收入待遇问题亦成为队伍不稳、发展后劲乏力的重要因素。

（3）网格化治理与基层群众自治组织重叠的隐性阻碍

网格化社会治理是近年来全国普遍推行的社会治理创新手段，取得了较好的治理效果。在基本肯定这一治理机制的优势与成效的同时，我们也应当看到，目前的网格化治理机制使社区（村）成为最基层的执行机构，承担着极为繁重的行政指令和行政任务。可以说，网格化治理模式强化了基层治理的科层化倾向，实际已经形成"政府—街道—社区"三级管理结构。它在政府主导下，作为严密、高效的一套管理体系，吸纳并高度依赖社区的居委会或村委会，从区域定格到人员定数再到网格定量以及人员定职都被强势编制，使社区治理工作直接、具体地运行于该机制之中。由此，社区内部居

---

① 参见郭声琨《坚持和完善共建共治共享的社会治理制度》，《人民日报》2019 年 11 月 28 日，第 6 版。

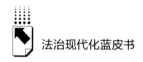
委会或村委会的群众自治组织性质增添了浓重的行政成分，十八大以来党和国家一直持续提倡的"自我管理、自我服务、自我教育、自我监督"的自治理念，在网格化治理的全面推行中被一定程度地冲抵了。

从江阴社区治理的现状来看，网格化治理在运行过程中明显增加了作为治理信息源的社区（村）的负担与责任。一般情况下，网格长由社区（村）主任担任，专职网格管理员也基本由社区专职工作人员担任。可以说，网格化基层社会治理与社区治理在人员上的同构，客观上能够形成快速、高效地发现并处置问题的机制，起到有效解决问题隐患和满足群众诉求的作用，实现基层社会治理一张网式的全面掌控。但与此同时，这种体系架构在实践中也大大增加了社区（村）自治组织的工作强度和工作责任，使社区治理工作的服务、公益、自治内涵受到削弱。

江阴市《关于加快推进城乡社区治理创新的实施意见》（澄委办〔2014〕84号）明确要求，严格对照法律法规，科学界定居（村）委会依法履职事项，规范政府委托居（村）委会协助工作的事项，切实减轻居（村）委会的行政负担。经部门清理、依法审核、居（村）委会讨论和社会公示等程序，江阴全面梳理出《居（村）民委员会依法履行职责事项》和《居（村）民委员会依法协助工作事项》两份"清单"，其中将村委会的职责限定为112项，居委会的职责则为102项，进一步明晰了镇（街道）与居（村）委会的权力边界和职责范围。然而，实践中社区减负的结果并未全部兑现，甚至与之背道而驰。居（村）委会挂牌超200块的现象并非少数，某些职能部门对社区减负增效和城乡社区自治组织的性质理解不到位的情况较为常见，仍然习惯于把城乡社区当作政府的派出机构，导致城乡社区职能仍存在错位，减负增效效果不太明显。

同时，在网格化治理系统中，对于一些网格管理员的身份缺乏规范化的定性，其既非公务员，亦不属事业单位人员，也不是由居民选举产生，而是通过公开招考，并与社区网格化管理分中心签订劳动合同的合同工。身份的尴尬制约了网格管理员相应的角色定位、工资待遇、劳保福利，也影响了其工作热情和社会对他们的身份认同。再加上网格管理员往往缺乏专业化的培训，面对紧急情况时及时、正确应对的预期也较难实现。在实践中，网格管理员职责模糊不清的情况不在少数，他们一方面要对各级网格监管中心负责，另一方面又承担着社区居委会交派的其他工作任务，事务繁杂、疲于应付，导致影响社区治理的绩效。

（三）社区人群陌生化隐含的问题

较大规模的陌生人社区内部人员结构复杂，陌生人的比邻而居，意味着人际交往不再依赖于传统的地方性规则，而更加强调外部性社会规范的作用。据统计，江阴市的社区常住人口普遍都在 1 万人以上，最多的达到 2.2 万人。这显然符合大规模陌生人群体的基本特征，与传统社会中以亲属血缘为纽带所形成的熟人村落有着实质上的区别。社区内部人群基于生活方式、行为习惯、社会角色、个体需求的不同，以及对社区的认同感差异，对社区内部社会关系的依赖、公共产品的供给、生活环境的标准存在不尽相同的诉求。这对社区治理与服务提出了更为复杂的挑战。

1. 出租户和流动人口的特殊性

伴随城镇化进程，在社区规模不断扩大的同时，社区成员之间的熟络关系不复存在。在江阴这样的经济发达城市，人群的普遍流动性无疑也在很大程度上加强了人际关系的陌生化。通常来说，位于城市中心的社区，往往因优越的地理位置、较低的生活成本以及原有居民普遍迁出等因素，成为房屋租赁者较多选择的对象。甚至，在有些社区还较为集中地存在群租房现象。相比较而言，房屋承租居民往往缺乏对所在社区的归属感与认同感，其居住需要仅停留在较为基础的生活标准层面，而社区居民则更为关注综合性的多种公共产品和公共服务供给，不仅仅满足于基础性服务。确切地说，往往是出租户（包括房屋出租方和承租方）拉低了社区整体发展的高标准，这通常体现在设备改造、环境美化、安保提升等方面。故而，一个社区内部两种群体之间的诉求差异，给社区治理带来了新的难题。

在调研中课题组发现，江阴老城区中心社区出租房、群租房情况较为普遍，成为社区治理中不容忽视的重点问题。位于江阴市城区中心西北部的君山社区便是其中的典型。君山社区东靠繁华的虹桥北路，西至中山北路，南到东横河，北至滨江路，是江阴的老城区域，辖区总面积1.2平方公里，共有住户4916户，人口13500多人。在该社区中，仅登记在册的群租房就有1898户，涉及人口3426人。在缺乏相应政策和法规重点调控的情况下，出租房、群租房现象带来的问题使得城市中心社区承担更大的治理压力。

社区出租户存在的治理问题主要包括物业费缴纳、社会治安、环境卫生、违章搭建、私改房屋结构、"水、电、气"使用纠纷、"二房东"转租纠纷、消防隐患、流动人员的社保、医疗和教育权等，涉及政府多个职能部门，需通力协作方能奏效。当前的治理机制缺陷是，自"外来人口办公室"撤销后，江阴市近年来对流动人口和出租房屋管理一直缺乏统一指挥管理的部门，公安机关除了对居住人员开展法治宣传教育，以及对"三合一"场所进行消防监管和处罚外，对其他安全隐患无能为力，多个相关职能部门"不出问题不监管、出了问题才监管"的现状尚未得到彻底改观。同时，由于江阴市属于经济发达地区，外来人口在特定时段（如春运前后）大规模迁入、迁出现象突出，给社区人口管理带来了巨大压力，加之社区在职人员和公安派出所警力紧张，难以进行及时有效的应对。例如，江阴市祝塘辖区甚至出现外来人员多于常住人口的倒挂现象，结果便是信息采集、人员管理等工作压力陡增，特别是户籍信息难以实现有效共享，流动人口难以把控，进而滋生更多的社会治安问题。

2. 社区服务供给的片面性

处理好社区治理的产品供给与社区居民需求的精准对应关系，是提升社会治理质效的重要组成内容，也是融洽社区内部关系的重要保障。调研组发现，江阴市在基层社区党建工作领域根据党员不同专长培育政策宣讲型、矛盾调解型、事务协管型、暖心帮扶型和便民服务型"五型党员"，在一定程度上考虑到以分类服务满足不同群众需求；澄江街道天鹤社区在社区治理供需对接问题上开动脑筋，采取"党员+群众""动态+常态""菜谱+点单"

等多种思路,依托十个党支部,通过促学先锋岗、维安先锋岗、助苗先锋岗、乐居先锋岗、典范先锋岗、博爱先锋岗等建立起六类服务任务清单;组织辖区理发店每月义务为老人上门理发的"小剪大爱"活动,组织退休教师、老干部义务提供辅导的"四点钟爱心课桌"活动等;城中社区和立新社区的居家养老服务站,通过政府购买服务的方式,推出便民午餐服务,为60岁以上的高龄、独居、残疾老人提供低价、便捷的午餐供应。

然而,需要关注的基本现实是,上述典型事例不论是从覆盖的受惠群众人数上,还是就其覆盖的人群类型(主要关注老年人群)来说,还只能称为社区公共产品(服务)供需关系精准对接的雏形,现有公共产品(服务)的供给对象更多的是老弱病残等弱势群体,社区其他群体特别是青壮年人群从社区治理供给中获益的内容和程度都十分有限。同时,社区公共产品和服务固然可以一定程度地倚赖社区内部的资源发掘、通过互益的形式获得实现,但这一供给方式毕竟是有限的,也缺乏专业性和可持续性。来自社区外部的资源供给或许是值得重视的向度,这就需要通过更开阔的思路争取获得政府、市场和公益组织的支援。

在社区治理工作的理念上,仍有一些社区停留在以自上而下的单向管理为基调的层次,社区工作的主要内容和重心依旧局限于防范、应对负面情况,没有树立起以服务带动管理的现代治理理念,社区居委会或村委会将自身摆放在群众自治组织的正确位置上,带动社区成员共建共治共享的意识尚不够充分。这些情况的存在,相当程度地拉大了社区治理的服务功能与社区居民现实生活需求的差距。

3. 社区群众治理参与不足

塑造好的社区不可能离开作为社区主人的居民的自主参与和真诚奉献,因此要着力构建群众参与的平台和载体,拓宽群众参与渠道,完善群众参与机制,最大限度地调动群众参与的积极性、主动性、创造性。然而,从调研的基本情况来看,江阴地方社区治理中尽管涌现出群众参与治理的具体实践及典型个案,但从总体上依然面临居民参与不足的困境,居民的参与意愿没有良好的释放渠道,也转化不成积极参与行动的局面。整体上居民参与以个

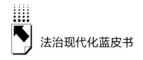

体化的零散参与为主。① 这一现象的存在可能与如下情况有关。

首先，现有城乡社区的人员构成发生了比较大的改变。单位制时代那种高度综合、界限模糊、紧密联结的人际交往的共同体被打破，② 计划经济孕育的 2.0 版本的熟人社会在市场经济浪潮的冲击、城镇化改革的推动、老城区改造的变迁等多种因素共同塑造之下，被重组为人员高度流动，身份、利益、文化观念、生活方式高度多元的陌生人社群。由此，居民对社区这个生活共同体缺乏必要的认同，既没有信任基础也没有互惠关系的一群陌生人自然就欠缺参与社区共治的前提条件。③

其次，社区缺乏提供公共产品和公益服务的社会组织。社会组织的充分参与是基层社会社区治理自治化、专业化的有力保障，但社区现有的组织仍然以垂直型的居委会或村委会为主。垂直型组织有组织权威的优势，但它无法解决社会治理专业化的问题，以及社会协同治理的问题。因此，积极培育公益性、服务性、互助性的平面型社会组织，引导、扶持社会组织深入到基层社会社区治理实践中来，让具有专业能力的社会组织经由"微治理"释放出大能量，是建立共建共治共享社会治理制度的关键一环。

最后，社区居民目前参与社区自治的成本高，收益却不明显，治理成果的分配不够直接、及时。也就是说，"人人享有"的社会治理机制还有待建立和加强。否则，"人人享有"的缺失，会影响"人人尽责"的落实。从现状来看，在基层城乡社区治理的参与主体中，呈现出年轻的职业群体参与度很低、社区自治以老年群体为主力的特征。即使在社区治理方面搞得有声有色的江阴市，参与社区治理的人群结构也呈现出青壮年群体匮乏的现象。由此可见，如何激励、引导更广泛的社会成员积极参与基层社会治理是建立共建共治共享社会治理制度的另一个重要方面。

---

① 参见方亚琴、申会霞《社区社会组织在社区治理中的作用》，《城市问题》2019 年第 3 期。
② 参见郑杭生《破解在陌生人世界中建设和谐社区的难题——从社会学视角看社区建设的一些基本问题》，《学习与实践》2008 年第 7 期。
③ 参见郑杭生、黄家亮《论我国社区治理的双重困境与创新之维——基于北京市社区管理体制改革实践的分析》，《东岳论丛》2012 年第 1 期。

三 构建"熟人社区"的实践路径

在准确把握《决定》精神，汲取基层社会治理实践的既有经验基础上，我们认为可以从以下几个方面入手，培育"熟人社区"，构建基层社会治理新格局，推动共建共治共享社会治理制度的建立。

（一）目标定位：打造共建共治共享的社区治理共同体

1. 建立和完善共建共治共享的社会治理制度

共建共治共享的社会治理制度，是我们党在长期探索中形成的、符合中国国情、符合人民意愿、符合社会治理规律的科学认识及其制度总结，是习近平新时代中国特色社会主义思想的重要内容。[①] 党的十九届四中全会对坚持和完善共建共治共享的社会治理制度提出了明确要求，为新时代社会治理水平的提升指明了方向。党的十九届四中全会在党的十九大提出完善党委领导、政府负责、社会协同、公众参与、法治保障的社会治理体制基础上，又增添了科技支撑的内容，并且提出了"建设人人有责、人人尽责、人人享有的社会治理共同体"的新命题。这是重大的制度创新，是党的十九届四中全会的一个突出亮点。

建立和完善共建共治共享的社会治理制度，是推进社会治理现代化的重要制度保障，对于坚持和完善中国特色社会主义制度，维护国家安全、社会安定、人民安宁具有重要意义。它充分体现了以习近平同志为核心的党中央对保障全体人民参与社会建设、社会治理权利的重视，对全体人民享有社会治理成果权益的维护。其中，"共建"是指党组织、政府、基层群众自治组织、企事业单位、公民个人和各类社会组织共同参与社会建设，建设的重点是制度和体系建设；"共治"是指多元主体共同参与社会治理，它要求树立

---

① 参见郭声琨《坚持和完善共建共治共享的社会治理制度》，《人民日报》2019年11月28日，第6版。

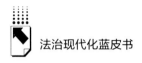

大社会观、大治理观，打造全民参与的开放型的治理体系，这是基层社会治理的关键内容；"共享"是指全体社会成员共同享有社会治理成果，它要求社会治理产出的公共产品和公共服务更公平地惠及全体社会成员，这是基层社会治理的目标。

培育"熟人社区"，是新时代推动基层社会治理发展的创新手段，其目标正是更好地实现共建共治共享。共建共治共享社会治理制度的核心要义在于"共"，在于多元主体力量加入到社会治理中来。"熟人社区"之"熟"，其目的正是为共建共治共享创造社会结构条件，让社区中的社区干部、群众、公益组织相互熟络起来，由"熟"至"共"，以便共同营造社区治理的合作格局，在社会基层真正建立共建共治共享的社会治理制度。

2. 健全自治、法治、德治"三治结合"的社区治理方案

在"熟人社区"治理模式探索实践中，应当努力实现以法治为保障、以德治为引领、以自治为核心的体系化治理格局。缔造安宁有序的社会环境、及时公正地化解社会矛盾纠纷，是社会治理工作的主要组成内容。城乡社区是最基本的社会治理单元，既是产生利益冲突和引发社会矛盾的重要源头，也是协调利益关系和化解社会矛盾的关键环节。健全党组织下的自治、法治、德治相结合的城乡治理体系，是党的十九届四中全会明确提出的要求。

法治是国家治理的基本方略，是自上而下的"硬治理"，基层社会治理作为国家治理的组成部分，必然要符合依法治理的基本原则，以法律作为规范所有主体行为的准绳。德治以伦理道德规范为准则，是社会舆论与自觉修养相结合的"软治理"。伦理道德是营造良好社会风尚和文化氛围不可替代的力量，是基层社会治理的精神要素，也是社区治理的有效抓手。自治是"三治结合"治理体系的核心，是以人民为中心、坚持人民主体地位的要求，也是我国国家制度和国家治理体系"紧紧依靠人民"显著优势的直接体现。打造"熟人社区"的最直接目的，正是提高社区居民的自治能力和自治水平，是十九届四中全会关于"使各方面制度和国家治理更好体现人民意志、保障人民权益、激发人民创造"① 的具体实现手段。

在尝试构建"熟人社区"治理模式过程中，在法治方面，应当持续推进法律服务平台建设，实现镇街公共法律服务站、村社公共法律服务点全覆盖；坚持法律服务团队驻点服务、入户服务、按需服务，通过以案释法，以身边人说身边事、以身边人教育身边人；加强社区法治宣传教育，形成百姓崇法循法的法治意识和行动自觉。在德治方面，坚持社会主义核心价值观的宣导，完善对道德模范、最美人物的事迹宣传、关爱帮扶和奖励机制；开展家庭"德指数"测评活动，发挥家庭内在的生育、婚姻、养老、教化等传统社会功能；褒扬先进、惩戒落后，在社区里讲好道德故事，引导广大居民从身边做起，从小事做起，营造崇德向善的社区风尚。在自治方面，加强社区内部的自治规范建设，依法制定自治章程、村规民约（社区公约），努力实现"软法"的规范功能；发挥社区内党员和先进群众的模范带头作用，鼓励公职人员在社区认领楼道长、小组长等自治岗位，资助社区居民开展丰富多样的群众性文体活动；大力引进公益性社会组织参与到社区治理工作中来，扶持本社区互益型社会组织的建立，围绕公共服务创设项目，加强社区、社会组织、社工人才的充分合作。

3. 形成管理与服务相辅相成的运行机制

基层社会治理的核心工作是向人民群众提供公共事务管理和服务。新型基层社会治理的基本特征之一，就是要把提供公共产品和公共服务作为基层治理的工作重心，以服务促进治理。在过去的社区治理工作中，许多地方偏重于管理而忽视服务，偏离了现代治理理念。"治理"概念及其理论在全球范围的兴起，根本原因在于人们普遍认识到日益复杂、交融、流动的现代社会已经无法由国家（政府）单独承担社会公共事务的管理任务，政府必须对自己的角色、职能和行为方式做出调整；治理理念旨在将政府之外的主体和力量吸纳进来，形成一种新型的公共管理范式，在这一范式中，政府与社会组

---

① 《中共中央关于坚持和完善中国特色社会主义制度 推进国家治理体系和治理能力现代化若干重大问题的决定》，人民出版社，2019，第10页。

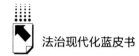

织、民众个体之间存在相互依赖的深度合作关系。① 这也正是十九届四中全会提出"建立人人有责、人人尽责、人人享有的社会治理共同体"的理论依据。

社区治理工作固然有公共管理的成分，但服务必须成为治理工作的重心。服务是管理的内核，也是管理有效运行的前提。然而，与管理的普遍性、常规性特征不同，社区服务往往是分殊性的、个性化的。为满足社区内不同群体多样化的服务需求，江阴市许多社区都十分注重加强有针对性、能够解决实际问题的社区服务。在用心发现居民需求、充分利用社区各种资源满足居民需求方面，澄江街道天鹤社区做出了极好的榜样。② 需求的存在决定了服务的价值，在社区服务工作上，"雪中送炭"远比"锦上添花"具有治理意义。这些服务活动在满足居民需求的同时，也成为社区获取各种管理信息和服务需求的渠道，使社区治理的整个局面获得了正向发展的态势。

（二）"熟人社区"治理模式的培育举措

"熟人社区"的社会治理创新，有助于革除原有沉疴积弊，提升社会治理能力与社会治理水平。其基本思路是在既有的社区、街道网格化管理的基础上，坚持以基层党组织为领导核心，积极发挥党员先锋模范作用，搭建起居委会、物业公司、业主委员会等各方参与、平等协商、集体决策的基层治理社会共同体，整合社区内部人、事、物及医院、商户、学校等多元资源，

---

① 参见庞正《法治社会和社会治理：理论定位与关系厘清》，《江海学刊》2019 年第 5 期。

② 天鹤社区为解决社区内学生放学无人照看的问题，充分发挥居民中退休教师、退休干部多的资源优势，组建了一支志愿为学生辅导作业的队伍，利用社区场地开设了"四点钟爱心课桌"，为学生提供免费的学习辅导；为满足困难家庭、新市民家庭子女补习英语的迫切需要，社区发挥居民曹某具有英语特长的优势，在社区内开设了"少儿英语角"，为学生免费补习英语；为了解决 20 多位生活不能自理的老人的理发问题，社区干部主动与片区内的理发店沟通，组织了 5 家理发店，每月为老人提供免费上门理发的服务；针对老年人、失业人员、外来务工人员等群体易发心理疾病的状况，社区成立了"知心语吧"，聘请有资质的心理咨询师，定期为居民提供心理咨询、心理引导服务；社区开设了"银龄客厅"，每周组织老年人开展制作丝网花、零钱包、小挂件等手工艺品的活动，不定期组织老年人开展包馄饨、做团子等活动，提供了老年生活最需要的社会交往；为丰富小区居民的文化生活，社区组织居民参加"相约星期三、好歌大家唱"活动，每周由音乐行家殷老师义务授课，带领大家熟识乐谱、练习合唱；等等。

通过社区治理主体和生活主体的关系熟络、情感增进、共识达成、行动付出，营造共建共治共享的社会治理格局，提升基层城乡社会治理水平。

关于培育"熟人社区"的实践举措，从江阴相关党政部门的谋篇布局角度来看，首先，要充分利用好现有的网格化治理机制，在网格化治理中吸收居民个体以及社会组织的力量，将网格化治理从单纯的政府行政管理机制改进为政府与社区居民、社会组织共建共享、良性互动的载体与平台，使之成为社会力量发挥治理效能的渠道。

其次，建立完善各级政府购买服务指导目录和承接社区服务的社会组织指导目录，推动政府转移职能与社会组织提供服务的有效对接，逐步将政府承担的技术性、服务性、辅助性行政事项和公共服务事项，委托有专业资质和能力的社会组织完成。

再次，给予平面型社会组织积极参与社区治理的行动空间，重点鼓励、资助和扶持公益慈善类、社区服务类平面型社会组织的发展，改变社会组织动员能力弱、影响力低的局面。

最后，加强社区机构、社会组织、社会工作者的深度合作，实行社区机构发现服务需求、统筹设计服务项目、招募社会组织承接、引进专业社工团队参与的工作机制，推进"三社联动"项目化和社区服务社会化、专业化，同时建立"社会组织+社工+志愿者"组合模式，带动志愿者广泛参与社区服务，有条件的镇街园区应成立社区社会工作服务机构（室、站），吸纳社会工作专业人才。

在培育"熟人社区"的具体举措上，各居（村）委会应当在街道（乡镇）党政部门直接指导下，结合江阴多个社区既有的好做法、好经验，从以下几个方面展开工作。

1. 以党建工作为引领，强化基层党组织的核心领导作用

"党的基层组织是确保党的路线方针政策和决策部署贯彻落实的基础。"①

---

① 习近平：《决胜全面建成小康社会　夺取新时代中国特色社会主义伟大胜利——在中国共产党第十九次全国代表大会上的报告》，人民出版社，2017，第65页。

社区党组织作为党在社会最基层的一级建制，具有组织党员、联系群众、整合社会、支撑政府的重要作用。在基层社会治理中，党的领导主要在两个层面发挥作用。其一，宏观引领。由于社会治理体系是由众多要素构成的复杂系统，需要一个统揽全局、协调各方的指挥中枢，为此就要充分发挥党统筹各方力量的领导作用，推动社会治理体系各要素的有机融合，促使社会治理各项工作密切配合、相互促进。其二，微观运行。广大人民群众是社会治理创新的有生力量，其中每个党员的先锋带头作用是否得到有效发挥，是党的领导在具体治理区域、具体治理任务、具体治理环节的切实体现。因此，要推动基层党建与基层治理深度融合，积极探索基层党组织和基层党员个人政治引领、组织引领、机制引领的方式方法，高度依赖党员人群开展共建共治共享的创新工作，把党的领导在现实治理工作中具象化。江阴的实践表明，社区党组织的作用一旦得到充分发挥，以党建促社建，社区治理的质效就能够得到极大提升。因此，狠抓党的建设，切实运用党建在政治领导、民主保障、社会协调、民生服务、文化导向等方面的功能，发挥党建在社区治理创新中的激励、统合和保障作用，显然有助于破解社区治理面临的各种难题。

在过往的实践中，为了更好地将组织体系向下延伸，消除基层党建的"盲点"，江阴市探索建立了"社区党总支—片区党支部—楼院党小组"和"村党（委、总）支部—党支部—党员中心户—党员—群众"党建新体系，实现社区党建触角直接延伸至家庭和楼院。同时，江阴市以"大党建"理念推进社区党建，不仅形成了市级机关党组织与社区党组织、社区党组织与社区区域内单位党组织结对共建的党建协调体系，还形成了农村党组织与社区党组织、农村党组织与企业党组织联动互助体系，从而能够充分发挥体系化党建的整体合力。这些体系建设都应当在推进"熟人社区"实践中发挥引领作用。

在基层社会治理中，党组织的政治功能和服务功能是内在统一、相互促进的，只有切实发挥共产党员直接联系服务群众、积极参与社会治理的作用，才能把党建工作的价值落实到地、产生能效。调研组考察发现，为解决基层党组织及其班子成员在社区治理中力量有限的问题，江阴市在总结本市华西村"1+10"党员联户制度经验的基础上，探索推行了"1+10+N"的党员联户制度,即:在社区(村)党组织设置先锋驿站,每个先锋驿站由1名先锋党员担任站长,每名先锋党员(站长)联系10名党员骨干,每名党员联系 N 户群众。①"1+10+N"党员联户制度的推行,适应了群众服务需求日益增长的基层党建新形势,拓宽了基层党组织建设和社会治理服务的渠道,打通了服务群众的"最后一公里"。最重要的是,这一制度创新使党建引领下的普通党员先锋模范作用得到切实有效的发挥,使党员与群众之间交流更频繁、互动更紧密,切实增强了社区党组织的凝聚力和向心力。

近年来,江阴市还以社区党组织为核心,通过党建方式,将多元社会主体

---

① 具体而言,江阴主要从以下三个方面推行"1+10+N"党员联户制度。其一,按照标准化、规范化的程序选拔先锋党员,有序推进党员联户制度的落实。社区党组织根据政治素质好、身体状况好、群众基础好、邻里关系好、指导沟通好的"五好标准",采取从退休党员干部中"召"、从退伍军人党员中"选"、从党员骨干能人中"引"等办法,按照选拔流程选拔先锋党员。截至 2019 年底,共选拔了 1596 名先锋党员,联系党员骨干 17960 名,联系群众 35057 户。在这一静态的网状结构中,先锋党员和党员骨干通过开展"月联月访"(即每月至少召开 1 次会议或开展 1 次活动,每月入户走访联系群众 1 次),做到"五掌握、五到位"(掌握党员情况、掌握家庭成员、掌握思想动态、掌握诉求愿望、掌握实际困难,宣传政策到位、收集民意到位、答复咨询到位、回应诉求到位、传递情感到位),从而实现直接联系社区群众、收集整理社情民意、及时反馈合理诉求、协调解决矛盾纠纷。其二,精准管理,实现服务力量最大化。"精准管理"的对象是先锋党员和党员骨干,以培育管理、组织生活管理、服务记实管理为抓手,推进党员联户力量的集聚和效能的发挥。其具体做法包括:(1)积极探索开放式党组织生活的形式,按照"计划、报备、公告、实施、评估"的步骤,由先锋党员召集党员骨干围绕民生实事、素质提升、群众诉求等内容设计开放式组织生活内容;(2)为先锋驿站印制《党员工作手册》,党员在联户走访时做到"《手册》四必记"(群众诉求内容必记、解决思路办法必记、最终解决结果必记、群众满意程度必记),街道(镇)和社区(村)党组织定期查看台账,及时了解掌握各个先锋驿站党员联户的动态数据;(3)制定《党员活动积分管理办法》,设置"红色管家积分账户",对党员参加志愿服务、走访群众、建言献策、矛盾协调等情况进行量化打分,并对积分评定结果予以有效运用。其三,工作流程设计精细,实现服务方式及时、高效、亲民。社区党组织设定五大类别领办事项,按群众诉求情况分普通件、急办件、重要件,根据先锋党员和党员骨干的专业特长予以派件,实现"谁来解决"与"解决什么问题"的精准对接。对于社区公共事务和群众个体诉求,实行先锋驿站集体认领和党员个人认领相结合,认领者签订《领办事项承诺书》,按照"承诺领办、规范运作、限时办结"的要求,对领办措施、完成目标、完成时间等做出相应承诺。在工作过程中,社区干部和党员积极运用现代信息技术,依托智慧党建平台建成集群众诉求收集、下派、跟踪、反馈、评价等功能于一体的党员联户平台,打造党员联户的"网络快车道"。值得一提的是,智慧党建平台还延伸出了点对点的志愿交互系统,群众发布困难诉求,党员以接单的方式接收任务,完成任务后填写情况并上传照片,并接受发布者的网上评价。

纳入管理和服务队伍，形成了"阳光存折"党员积分制、"城中360度"党建引领共治、红色"同心圆"党建联盟、"红豆情·先锋行"党建示范等一批各具特色的社区党建品牌，让基层党建成为社区治理的重要动力机制，彰显了以党建引领社区治理的地方经验，值得在未来的"熟人社区"治理模式中提炼推广。

2. 深化居（村）委会民主协商、民主管理、民主自治工作方式

包括居（村）民委员会、居（村）民议事组织、居（村）务监督委员会等组织形式在内的基层群众自治组织，是社区地域空间内最主要的社会成员组织形式，它既是群众在城乡社区治理中依法自我管理、自我服务、自我教育、自我监督的重要载体，也是辅助基层政府开展各项社会治理工作的重要帮手。为深化基层群众自治组织的基础作用，近年来江阴市通过大力推行居（村）务公开制、居（村）民议事制、民主理财制、民主监督制等四项制度，保障社区居民充分享有知情权、决策权、管理权、监督权等"四大权利"；通过实行居（村）务、财务"一栏公示"和党务、居（村）务、财务"一栏三屏"，对各社区（村）"三务"进行全方位、多途径、全过程公开，发挥社区群众的监督作用；通过切实提高社区（村）民主决策的参与度，促使各社区（村）通过民主推荐选出想代表、能代表、会代表的社区（村）代表组织，实现村民的事由"村民议、村民定、村民办"，将社区（村）级民主自治、民主管理落到了实处。

近年来江阴探索推行的社区党员提案制是一项民主管理、民主自治的重要经验。① 社区党员提案制的推行，一方面使广大党员能够更加充分地了

① 社区党员提案制，借鉴了人大议案和政协提案的成熟经验和做法，引导党员向社区党组织提交提案，对社区党建、社会治安、城市管理、环境卫生、交通秩序、物业管理等提出意见、建议，或转达群众意见，社区党组织受理提案后在规定时间内予以办理，并将结果反馈给提案人。提案可采取书面提案和口头提案两种方式。书面提案需填写《党员提案表》，口头提案可通过电话、谈话等方式提出。党员提案工作程序分为提出提案、立案交办、办理答复三个环节。党员填写提案并经审核后，交提案工作领导小组。提案领导小组每月定期召开会议对提案进行集体审议，确定立案后，移交相应办理人办理。一般提案在10天内办结并答复提案人，特别复杂的提案办结答复时间不得超过20天。提案办结后社区党组织要填写《党员提案办理情况反馈表》，并由提案人在反馈表上对答复情况填写意见，社区党组织视情决定是否重新进入立案程序，并通过社区内部刊物、党务公开宣传栏等公布提案办理结果。社区党组织还要定期召开提案办理评议会，组织党员群众对提案结果进行评价。

解和参与党内事务和社区事务，切实感到自身主体地位得到了尊重、自我价值得到了体现，从而更加积极地深入社区、联系组织、探访居民、倾听民声、了解民意，及时反映人民群众关心的热点难点问题，扩大了社区党组织在党员群众中的影响力和号召力，进而使党群关系、干群关系不断优化。另一方面，社区党员提案制的推行，正是将以人民为中心的指导思想贯彻到社会治理实践中的制度化措施，是一切为了群众、一切依靠群众、一切向人民群众负责的具体表现，也是问需于民、问计于民、问效于民的有效抓手，它客观上也激发了普通群众积极参与社区治理的主动性、自觉性。总之，社区党员提案制既加强了党员对社区治理工作的力量支援，提高了社区治理过程中必要的信息交互效率，推动了社区治理工作做实做细，又扩大了社区治理的群众参与面，促进了共建共治共享治理格局的形成，成为探索"熟人社区"实践模式过程中可复制可推广的先进经验。

另外，社区治理中民主自治的重要手段还包括加强社区治理中的议事协商，构建制度化的社区协商机制，切实保障居民的民主决策、民主管理权利。凡涉及社区公共利益的重大事项、关乎居民切身利益的实际问题，都应当由社区居（村）委会牵头，组织居民广泛协商解决。十九届四中全会提出的"社会治理共同体"是一个以民主协商为基本联结机制的社会合作状态，是一种"有事好商量、众人的事情由众人商量"①的制度化实践方式。社区作为最小单元的社会治理共同体，规模小、利益明确、问题集中，具有社会协商的独特优势，属于《决定》特别列明的"基层协商"。社区居民在行使知情权、参与权、决策权和监督权的过程中，势必建立起相知相熟的关系，进而有益于在日常的社区共建共治中形成团结合作的局面。

3. 以新组织、新活动为抓手，激发社区居民主体作用

《决定》提出，坚持和完善共建共治共享的社会治理制度，应当建立

---

① 《中共中央关于坚持和完善中国特色社会主义制度　推进国家治理体系和治理能力现代化若干重大问题的决定》，人民出版社，2019，第12页。

起"人人有责、人人尽责、人人享有的社会治理共同体"。① 这里的"人人",在抽象意义上,是指广大人民群众;在具体意义上,是指现实社会生活中每一个社会成员。这种通俗直观的表述,将人民群众的主体地位凸显出来,完整地呈现了社会成员在社会治理中的功能意义:"人人有责",意味着社会成员对参与社会治理有义务、有责任;"人人尽责",意味着社会成员应当以实际的行动在社会治理中发挥作用;"人人享有",意味着社会成员有权利分享社会治理的利益成果。同样,在城乡社区治理中,将社区居民纳入到治理主体中来,广泛实行居民自我管理、自我服务、自我教育、自我监督,形成"社区治理共同体",是社会治理共同体抽象概念的现实化。

近年来,江阴市在城乡社区治理实践中认真贯彻以人民为中心的思想,不仅特别注重满足群众的服务需求,不断提高群众的获得感、幸福感和安全感,还探索出了群众主体工作法,让群众成为社区治理的决策主体、执行主体、监督主体,充分发挥了社区居民的主体性、主动性和创造性。这样的事例在江阴有很多。在今后推进"熟人社区"社会治理模式过程中,广大群众能否发挥主体作用,组织化、制度化是关键的起点,一些社区以往的做法已经提供了很好的样本。例如,澄江街道河北街社区建立"居民论坛",形成了监督会、听证会、征询会、议事会、评议会的"五会"制度,为解决社区的热点难点问题提供了很大帮助,成为社区居民实现自我管理和自我服务的"智慧论坛"。又如,申港街道申西村成立了"知心大嫂妇女议事会",推选了一批有热心、有威望的女教师、女医生、女律师、女高管、离退休老干部为议事会成员。她们与居民紧密接触,及时了解社区状况和居民需求,通过集中议事、现场议事、上门议事、接待议事和微信议事等形式参与社区治理工作,使议事会成为社区联系群众的桥梁和纽带。

善于发现"能人"、扶持"能人",并引发"能人"效应,也是让群众参与社区治理的重要办法。吴阿姨是澄江街道天鹤社区的一名老党员,擅长

---

① 参见《中共中央关于坚持和完善中国特色社会主义制度 推进国家治理体系和治理能力现代化若干重大问题的决定》,人民出版社,2019,第28页。

调解矛盾纠纷。为此，社区专门在办公区域内成立了"吴阿姨调解工作室"。在吴阿姨的带领下，一批热心居民加入了社区矛盾纠纷调解志愿服务队伍，为社区居民提供纠纷调解、法律咨询、法治宣传教育等服务，成为化解矛盾、维护稳定的重要力量。柳律师是江阴远闻江阴律师事务所的一名律师。在澄江街道西大街社区的支持下，从 2014 年 4 月起，她主动走进社区开设了"柳律师工作室"，运用专题授课、现场调解、预约咨询等方式，为居民提供免费的法律咨询服务，帮助调处各类矛盾纠纷，为西大街社区的治理工作做出了重要贡献。

4. 挖掘社会公益组织的协同潜力，实现"三社联动"

城乡社区治理创新离不开社会组织的积极参与和良性互动。社会组织的广泛建立和有效运作是社会治理现代化的必经之路。社会组织是否发达，社会组织的活力是否充分发挥，是社会治理水平得以提升的前提条件，也是判断一个社会成熟程度的直观标准。[①] 在借助社会组织力量方面，作为经济发达城市的江阴有着明显的优势，各类公益性、互益性社会组织与居民生活水平的提高相伴而生，使江阴城乡社会获得了潜在的自我组织、自我建设、自我治理能力。

在推进"熟人社区"治理模式过程中，江阴应当充分利用好本地社会组织的资源优势。为此，在基层社区治理工作中，对于社会组织能够承接的事项，政府职能部门要下决心向社会组织"放权"，敢于让社会组织"接力"，把城乡社区公共服务、社会公益和慈善等职能更多地转移给社会组织，从而既降低社会管理的行政成本，又扩大公共产品和公共服务的供给。

在激发社会组织潜力参与社区治理方面，江阴已经有了许多宝贵经验。自 2017 年起，江阴市借力"恩派"公益组织发展中心，通过居民提出需求、孵化中心开发设计、社会组织竞相承接、社工团队执行实施的流程，打造"社区发掘需求、孵化培育项目、政府购买服务、公益实施创投"的良好治理机制；2019 年，江阴市组织开展了社区公益创新项目征集活动，从

---

① 参见庞正《法治社会和社会治理：理论定位与关系厘清》，《江海学刊》2019 年第 5 期。

各镇、街道及社会组织征集了 42 份有关为老服务、社区建设、社工服务、环境保护等领域的公益服务项目，经过第三方公益组织的咨询评估，最终成功签约 33 个项目，其中有社区儿童安全成长守护项目"安安星，安安心"，有为家长分担学生校外监护负担的"繁星课堂"，还有为社区内妇女提供就业培训的"欢乐鼓"，以及提升社区治理水平的"楼道治理 1+X"等。

在社区层面相关的尝试也有很多亮点可供借鉴。如澄江街道城中社区培育了"阳光女子乐坊"文化社团、"点点爱心港"公益社团等组织，为居民开展定期培训讲座、亲子读书、送餐上门、爱心助学、助老帮扶等公益活动，为社区居民的日常生活提供"微"服务。必须指出的是，公益性社会组织不仅仅是给社区带来了客观性"资源"和"福利"，更重要的是介入和重构了原有的社区关系结构，为社区治理提供了更为立体的空间和更为多元的渠道。

近年来，江阴市通过政府购买服务将社区、社会组织、社会工作联系到一起，初步尝试了"三社联动"的机制，让有专业服务能力的社会工作者，通过社会组织承接的项目平台，为社区居民提供高水平的服务，试图将"政社互动"理念落实为"三社联动"实践方案。课题组认为，这一做法也应当在今后的"熟人社区"治理模式中得到体现。

5. 依凭社区自身力量，善用自治方式凝聚邻里关系

在社区自治方面，各村（居）委会应当汲取有些社区已有的工作经验，充分重视并运用老年非职业群体奉献社区公共事务的热情，同时特别注重挖掘社区居民尤其是青壮年职业群体的潜在活力，可以在为青壮年职业群体家庭解决现实需要的基础上激发他们回馈社区的意愿，也可以搭建"熟人社区"的"网络版"，以适应青壮年职业群体善于运用网络媒介社交手段而又时间有限的特点。

在基层，普通社会纠纷发生后社区往往是第一应对组织，社区肩负着纠纷化解、关系维护的当然职责。相应地，社区内纠纷的解决亦有助于社区秩序的稳定和社区善治的达成。在社区治理工作中，邻里关系乃是居于社区和家庭之间重要的结构性层面，当前广泛存在于城乡社区居（村）民自治体系中的"楼院自治"、"楼门自治"、村民小组自治等，都是直接依托邻里关

系开展的基层群众自治的现实实践，值得提炼到"熟人社区"治理模式中。以澄江街道为例，它着力加强小区业委会的运行指导，规范业委会委员的标准，推行街道中层以上干部参选业委会委员，落实小区建设"四讲四带头"承诺制度。① 又如，塔南社区通过社区情况通报会、社区事务听证会、社区民主测评会、党员骨干工作会、辖区单位联席会"五会"自治模式，成立了以社区内党员、楼栋长、居民代表、门店经营户和辖区单位负责人为成员的"自治会"，引导居民有序参与社区自治；社区依托"五会"通报社区工作、商议社区事务、接受居民考评，以此保障群众的知情权、参与权、决策权和监督权，从而实现居民自治。②

为化解社区内部矛盾纠纷、维护社区平安稳定，近年来江阴市积极构建多元化纠纷解决机制，基本形成了法院司法调解、街道（镇）政府调解、社区（村）群众自治组织调解、驻社区（村）法律顾问调解和人民调解员调解的多元化调解格局。主持调解的主体不仅涉及行政机关、人民法院、居（村）民委员会、人民调解委员会，还包括个人开办的品牌调解工作室、律师调解工作室、法律工作者调解工作站、专业调解委员会、行业调解委员会等社会调解组织。其中，由社区支持设立的个人品牌调解工作室最具特色，目前已形成月城"老娘舅"、城东"夕阳红"、申港"季子传人"、新桥"好周道"等颇具影响力、公信力的品牌，主要通过选取已经退休的在当地社区居住的老法官、老公安、老教师、老村长等作为调解员参与调解工作，使得调解在便捷化的同时亦能兼顾专业化。③ 我们认为，虽然群众自治组织

① 所谓"四讲四带头"承诺制度，是指要求小区业委会委员在小区建设中做到"讲正气，带头交好物业费；讲秩序，带头遵守小区公约；讲包容，带头调解小区矛盾纠纷；讲贡献，带头参加社区公益活动"。

② 类似的例子还有，天鹤社区设置了"小巷总理巡防团"，组织60多名平安志愿者在大街小巷之间从事违停劝导、垃圾清理等管理事务，通过居民之间互动拉近彼此距离、凝聚邻里关系，实现居民自治。

③ 澄江街道天鹤社区持之以恒的"吴阿姨调解工作室""法律夜门诊"等，在化解社区、家庭纠纷，融洽邻里关系等方面，收到了很好的社会效果，同时还带动了一批老党员、老干部、退休教师、热心老年群众参与其中成为骨干力量，在化解纠纷的同时带来了形成良好社区氛围的附加值。

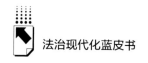

调解在各社区（村）已经得到建制化普及，但在今后打造"熟人社区"治理模式过程中，可以推广上述社区"个人品牌调解工作室"的经验，吸纳社区内部自治资源，在为社区工作人员减负的同时，真正实现居（村）委会作为群众自治性组织的社会自治功能。

6. 整合优化社区内部资源，夯实社区治理基础

社区服务资源供给不足是限制社区治理发展的重要因素，将丰富的社会资源有效整合到社区服务资源供给体系中，可以大大提升社区服务能力。长期以来，江阴市在市委组织部、机关党工委和文明办的牵头组织下，通过驻社区党政机关、企事业单位与所在社区的结对共建，建立了值得借鉴推广的资源共享机制。很多社区主动加强与驻社区单位的联系和沟通，邀请驻社区单位工作人员参与社区活动，增强了驻社区单位对所在社区的认同感和归属感。驻社区单位也积极参与到社区建设中，不仅为社区提供人力、财力、物力的支持，还向社区居民开放设施，实现了资源的高效利用。① 目前，江阴市已有200多个党政机关、企事业单位与所在社区进行了结对共建，使社区治理的资源配置得到进一步优化。

不容回避的是，在驻社区单位参与社区治理或社区共建方面，一是存在各个社区之间发展明显不平衡的问题，二是现有的治理或共建方式缺乏持续性、稳定性和实效性。我们认为，在社区治理资源优化整合过程中，应着眼于满足社区成员的普遍性需求和重点人群的特殊需求，避免追求形式和展示度。从社区内老年人、残疾人、慢性病患者等重点人群的服务需求入手，为其提供个性化、专业化的社区服务，是社区治理的重要内容。例如，为满足独居空巢老人的服务需求，澄江街道澄康路社区"长者友好社区计划"项目以"助人自助、以民益民"为指导思想，按照"社工驱动、专家指导、组织联盟、社区协同、志愿辅助"五

---

① 例如，澄江街道远望社区积极利用驻社区单位的资源优势，将社区内的九五部队发展为青少年爱国主义教育基地；充分利用远望医院拥有较多医学专家的优势，定期组织医学专家为社区居民提供义诊和保健咨询服务；城中社区通过借力社区内两家大型医院，开展医疗健康安全讲座、举行专家义诊及医疗宣传普及工作，取得了很好的社会效果。

位一体的运行方式，推动多元主体共同参与，营建敬老爱老的社区人文环境；夏港街道"残疾人之家"项目通过文化助残、志愿助残、家庭支持三大板块开展各类活动，帮助残疾人减轻自卑感和疏远感，使残疾人的生活品质和心理状态得到极大改善；月城镇月城社区和水韵社区通过对社区内单亲母亲进行摸底调查，根据单亲母亲们的实际需求，创设"情系康乃馨·共筑幸福路"项目，开展个案辅导、兴趣小组活动、智慧母亲沙龙、巾帼志愿行动等主题活动，从经济帮扶、健康关爱、情感疏导、社会融入等方面提供帮扶。这些富有实效性的举措是"熟人社区"治理模式应有的培育抓手。

7. 坚持睦邻文化建设，提升社区人文品质

良好的社区居住环境是社区治理工作内容的重要组成部分，而社区文化建设凸显的是社区治理发展的软实力。除一般物理意义上的社区自然环境和硬件设施建设之外，良好的社区人文环境的营造尤为重要。唯有加强社区文化引领，方可为广大市民营造关系和谐、人文高雅的宜居社区。

为加强社区文化在社区治理中的引领作用，近年来江阴市不断加大对公共文化设施的投入，目前已初步建成了市级综合文化中心、镇（街道）综合文化中心和社区（村）文化活动中心三个层级的文化活动场所，并实现了社区（村）文化活动中心的全覆盖。同时，江阴以"政策引导、政府主导、企业冠名、市场运作"的方式，充分利用文化设施打造"夜晚文化"工程、"文化惠民"工程和"一二三"读书工程三大文化品牌，使居民在社区内就能获得内容丰富、形式多样的文化服务。以上这些举措都为今后推进"熟人社区"治理模式奠定了重要的文化软、硬件基础。

与"熟人社区"治理模式更为相关的是，近年来江阴多个社区以睦邻文化建设为抓手，举行多种多样的活动，积极为居民搭建交流互动平台，培育出氛围和谐、亲密友善的新型邻里关系局面。新型睦邻文化建设的基本进路是，基层政府派出机构和社区组织在广泛了解居民家庭对社区公共生活的基本需求和参与愿望的基础上，推出社区志愿服务活动，以志愿互助为行动

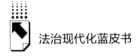

纽带增进居民之间的感情。①

"睦邻文化节"的定期开展，是江阴新桥街道绿园社区在新型睦邻文化建设中打造的品牌项目。迄今为止，为传扬邻里相识、相知、相助的传统美德，实现邻里相亲、守望相助的和谐理念，绿园社区已成功举办了11届"睦邻文化节"。② 如今，"睦邻文化节"在绿园社区已成为家庭展现活力、邻里和谐互动、共同记录幸福瞬间的社交大舞台，基本消除了"楼上楼下不知名，隔邻隔居不知姓"的现象。此外，经过多年的探索与实践，绿园社区还打造了"服务零距离"公益民生工程、"相约欢乐大舞台"睦邻文化工程、"和谐绿园、文化先行"特色教育工程三大睦邻文化品牌，创造了新型邻里关系，营造了和谐、宜居、友善的生活环境，把群众对美好生活的向往逐渐变为现实。这些工作亮点都应当成为未来培育"熟人社区"工作的重要样本。

8. 运用互联网科技手段，建设智慧社区治理平台

新时代"熟人社区"的治理模式应当具有"智治"的鲜明特征，搭建各类智慧社区治理平台，发挥以互联网科技为代表的新科技的支撑作用是必然要求。可以说，科技进步是社会发展的引擎，也是提高社会治理效能的推

① 其中最有声色的是，澄江街道天鹤社区组建了社区"益路同行·志愿者联盟"，引导广大社区居民积极参与社区志愿服务。天鹤社区根据志愿者的个人志趣、专业特长、服务时间，成立了党员志愿者队伍、未成年人志愿者队伍、调解志愿者队伍、治安巡逻志愿者队伍、"侨妈妈"志愿者队伍、阳光艺术团等八个志愿服务组织，按照"社工+义工""动态+常态""菜谱+点单"模式，每年定期开展"民生先锋行"党员志愿服务、"阳光暖桑榆"为老服务、"春雨润春苗"未成年人服务、"维安护绿"民生服务、"博爱暖心"医疗卫生服务、"邻里守望"互助服务、普法宣传服务、文明交通服务、文化传承服务、惠民广场服务等十大志愿服务行动。这一系列志愿服务组织和公益志愿行动极大地调动了社区居民的参与热情，增加了社区邻里的交往机会，密切了社区居民的相互关系。

② 为使"睦邻文化节"真正成为居民自己的节日，绿园社区精心策划了一系列贴近居民服务需求、形式多样的主题活动。在文化节举办期间，有以"寻找舌尖上的美味"好邻里美食分享会、"秀珍便民服务社"公益为民集市、迎"六一"送戏进社区等为内容的惠民活动，有以"妙趣童心、快乐童行"家庭创意PARTY、"玩民俗秀传统、温暖记忆庆端阳"文化集市、"公益芝麻街、快乐成长营"等为内容的家庭互动活动，有以"书香润泽心灵、阅读点亮人生"晨间读报、"党旗飘扬、守望荣光"红歌传颂、"红色记忆"系列故事展播等为内容的文化分享活动，等等。

动力。社会治理的创新实践要善于把大数据、人工智能等现代科技与社会治理深度融合起来,打造数据依凭、人机协同、跨界融合、共创分享的智能化治理新模式,① 通过现代科技实现信息共享、提供公共服务、提高管理效能。

在努力提高"熟人社区"治理的智治化水平方面,江阴做了不少有益的尝试。在 2019 年,江阴便采集完成了人口、房屋、企业、党组织等基础信息 290 万余条,整合全市 2.3 万路监控视频,再辅之以 GIS 地理信息系统,在绝大多数社区实现了可视化监控,已经能够做到"动态管理到人、静态管理到物、跟踪处置到事"。与此同时,江阴还依托集成改革政务服务"一张网",实施"互联网+社区"行动计划,有效整合各职能部门数据信息以及社会、市场等多种信息资源,实现了网格化管理平台与"12345"热线、城市啄木鸟、综治 e 通、综合执法系统等平台的融合互通。

为了进一步探索和提升智慧社区治理平台的服务效能,江阴市还在澄江街道城中、黄山两个社区试点建设了"江阴市智慧社区综合信息管理平台"。这种平台汇聚了网格化治理和其他公共服务、政务、执法等线上系统的功能,使网格化治理不再是冷冰冰的单一管理模式。"江阴市智慧社区综合信息管理平台"有公共政务、便民服务、网格服务、生活学堂、社区动态、公益服务等板块,居民根据个人需要点击进入后,民政、人社、人口计生等方面的相关政策和各类家政服务信息一目了然,从而能够为社区居民精准提供诸如劳动保障、社区养老、医疗服务、生活便利、文化娱乐等社会服务内容,大大提升了社区管理、自治、共治的品质、便捷度与安全度。

9. 强化硬件与卫生建设,创造社区美好环境

更好的教育、更稳定的工作、更满意的收入、更可靠的社会保障、

---

① 参见郭声琨《坚持和完善共建共治共享的社会治理制度》,《人民日报》2019 年 11 月 28 日,第 6 版。

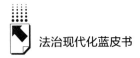

更高水平的医疗卫生服务、更舒适的居住条件、更优美的环境、更丰富的精神文化生活，反映的是人民对美好生活的向往，也是现代化社区的基本标志。在美好社区环境的打造中，往往需要社区居委会启动具体项目。赏心悦目的绿植、墙上彩绘、定期粉刷的楼道，不同主题的公益宣传板、软装贴画和清晰统一的楼层、烟道走向标识等，在美化居住环境、优化生活设施的同时，给人们带来心情的愉悦；凉亭、长廊、活动室等公共场所和设备，是邻里交流情感、倾诉谈心、传递信息的聚集地，也是培育"熟人社区"的必要空间。以增强社区文化底蕴为方向的环境美化工程，能够在道德和法治宣教的同时达到美化环境的目的，可谓一举双效。例如，澄江街道北大街社区成立"红色管家"服务团队，利用政府惠民资金和共建单位资源，将小区公共楼道、闲置空间进行重新规划和布置，打造成孝老爱亲、清正廉洁、邻里和睦的家风主题大院，在完成环境优化工程的同时，一并将原本单调、枯燥、冷漠的楼道、走廊等变成居民学习、认知的园地，书墨飘香的艺术长廊，以及人际交往互助的公共平台。

目前，江阴市在优化现有社区生活空间方面已经打下了很好的基础，普遍建立了社区办公室、青少年活动室、老年活动室、警务室、党建活动室、社会保障服务站、卫生（计生）服务站、社区（帮扶救助）服务站等基础服务设施，为开展社区服务工作提供了硬件保障条件。在社区环境卫生建设方面，各街道（镇）完善了社区环境保障工作体系，建立了多渠道的卫生工作网络，涵盖专业保洁、环境建设监督、环境日巡查、除"四害"等要素；各社区（村）建立了卫生管理责任制度、清扫员考勤制度、清扫保洁制度、楼道居民轮流值日制度、社区卫生环境每日巡查制度、物业联席会议制度，使社区环境卫生管理制度化、规范化。在以上硬件建设和制度建设的基础上，培育"熟人社区"治理模式的关键在于人的因素。进一步说，就是如何让现有环境和制度中的人相知相熟，进而助益于社区环境建设。我们认为，在环境建设这个维度上，可以通过"志愿者监督岗""社区文明监督员"等角色设定，组织居民参与垃圾分类收集、"卫生社区"创建、公益性绿化活动等,形成社区环境保护"人人有责、人人尽责"的良好氛围。

(三)"熟人社区"治理模式的评价标准

打造"熟人社区",是通过社区干部、社区居民等在多样化的社区活动中建立起熟络亲密关系,由"熟"而"合",形成社区治理的普遍合作格局;由"合"而"共",为实践共建共治共享的社会治理制度营造融洽团结的社会结构条件;由"共"而"治",以多元化的社会力量为治理主体,以社区自治为基本治理方式,以全体成员分享治理成果为目标指向,真正实现"人人有责、人人尽责、人人享有"。"熟人社区"是否建成,可以从以下几个指标获得识别。

1. 人头熟

"熟人社区"的"熟",当然首先指的是人员间的相互关系,即社区居民的相互熟悉、社区居(村)委会干部和工作人员与居民的相互熟悉、社区居民与社会工作者以及社会组织成员的相互熟悉。在这方面,江阴市独具特色的"1+10+N"党员联户制度可以提供有效的制度性支撑。依靠社区政治素质好、身体状况好、群众基础好、邻里关系好、指导沟通好的退休党员干部、退伍军人党员及社区党员骨干能人,以"人+制度"的形式人为地构建起沟通网络。

毫无疑问,丰富多样的社区联谊活动是促进社区成员相互熟识的最便捷方式。以澄江街道城中社区为例,它举办的"冬令营""道德讲堂""党群沙龙",居民红歌会、广场舞、茶话会、乒乓球友谊赛、书画艺术展,以及各种类型的主题活动、民俗活动,有效推进了居民之间的沟通交流,使居民在享受社区公共服务的同时联络了感情,形成了密切关系。

2. 环境熟

环境熟,是指社区居(村)委会干部和社区其他工作人员对社区工作环境、制度规范、发展历程、硬件设施、人口构成、民俗民风等做到充分了解和掌握。当前普遍推开的网格化社会管理工作模式,为社区工作人员实现

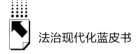

"环境熟"提供了制度条件。① 网格工作人员通过日常巡查走访，迅速实现了对负责区域的环境熟悉。在此过程中，网格员既可以随时掌握社情民意和社区公共服务需求，也可以及时发现问题隐患或矛盾纠纷，并联动职能部门加以处置。同时，在解决实际问题的过程中提高了居民与社区工作人员相互间的熟络程度。

例如，澄江街道城中社区辖区内共设置网格 15 个，均由社区工作者担任网格员。社区工作者实行片区服务制，服务大厅实行交替值班制。平时社区工作人员的工作地点在片区，服务地点也在片区，有助于收集民情、解决民困。社区通过人口数据等基础信息的录入与更新，建立社区事务处理流程的网络信息系统，实现各业务信息数据的交换与共享。通过信息平台，能够根据搜索要求随时查询到社区对每户居民的每一次服务信息，包括计生、就业援助等服务的办理情况，以及社区工作者的入户情况等，通过快速联动处理的方式，有效提高事务办结效率。

3. 需求熟

所谓需求熟，是指社区居（村）委会干部和工作人员对社区公共管理与服务需求、对社区居民个体的正当利益诉求、对社区群众共同关注和吁请的问题隐患、对社区内部潜在或萌发的矛盾纠纷能够提前预判或及时获取。

在用心发现居民需求、充分利用社区各种资源满足居民需求方面，澄江街道天鹤社区做出了极好的榜样。例如，天鹤社区通过调查社区内住户家庭基本情况，统计了生活不能自理的老人的数量，然后征求区域内几家理发店的意见，其中有五家理发店积极响应，每个月为出不了门的老人免费理发。这一常设活动被称作"小剪大爱"，在群众中获得了很好的口

---

① 网格化管理是将一定行政区域的治理空间划分为若干网格单元，利用现代信息技术建立信息和资源共享平台，实现对网格单元内人、物、事、情的实时化、动态化、智能化管理和服务。江阴市依据户籍人口、流动人口和管辖面积，以人均管理 300 户或 1000 人为标准，把全市划分为 17 个一级网格、269 个二级网格、1363 个三级网格，将"人、地、物、事、组织"等要素全部纳入网格中，为每个网格配齐由网格长、网格员、督察员、联络员、巡查员、信息员组成的队伍。

碑，大大提升了社区居民的认同感和向心力。再如，天鹤社区为解决双职工家庭无法及时接孩子放学的难题，首先摸清需要照顾学生的人员和数量，接着分别与愿意由社区组织接学生并安排集体学习的家长签订了授权书，利用社区二楼的部分空间，改造成学生学习与活动的场地，然后联系本社区内的退休教师，由这些专业的老教师为学生们提供作业辅导。这个活动被命名为"四点钟爱心课堂"，极大地增进了这些学生家庭与社区的相互认知、交往与感情。这些服务活动在满足居民需求的同时，也成为社区获取各种管理信息和服务需求的渠道，使社区治理的整个局面获得了健康发展的态势。

4. 资源熟

"资源熟"乃是"熟人社区"治理模式的应有成果形态，是"共建"和"共治"所指向的"共享"目标。"资源熟"涉及的主体，既包括社区治理实践中的工作人员，也包括广大社区居民；"资源熟"指向的对象，既包括基层政府和社区组织提供的公共设施、设备等硬件条件，也包括党政部门搭建的互联网信息平台；"资源熟"所称的资源内容，既包括显性的社会公共产品和服务，也包括隐性的社区内企事业单位和社会组织所能提供的潜在供给。

在探索社区资源的整合机制，特别是发挥党建资源的带动引领作用，以实现社区综合治理的目标方面，江阴市的不少社区进行了非常有益的尝试。例如，高新区蟠龙社区探索出"同心圆"党建联盟品牌以整合党建资源。一开始，蟠龙社区以"同心圆"志愿者联盟为基础，成立了"同心圆"志愿者联盟党支部，使志愿者联盟的活动纳入到社区党总支的引导、扶持之下，也为社区志愿活动注入了党建活力。进而，社区党总支积极整合辖区内党建资源，与社区范围内的机关、企事业单位党组织合作成立了"同心圆"社区党建联盟，邀请机关、企事业单位在职党员进社区参与活动，实现了社区党建资源与辖区内单位党建资源的联建共享。又如，澄江街道远望社区积极利用驻社区单位的资源优势，将社区内的九五部队发展为青少年爱国主义教育基地；充分利用远望医院拥有较多医学专

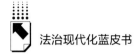

家的优势，定期组织医学专家为社区居民提供义诊和保健咨询服务。再如，申港街道江南社区以"青春党建"为引领，开展了"青春党课""青春沙龙""青春服务""青春志愿"等项目，通过党建带群团模式，有效整合了社区资源，提高了社区居民参加活动的积极性和主动性，带动社区居民从享受服务向参与服务转变。

5. 业务熟

业务熟，是指社区居（村）委会干部和工作人员熟悉社区管理工作的制度、内容、方法和流程，熟练应对和处置各类突发事件，依法、合情处理矛盾纠纷。这是社区治理工作者的基本素质要求。社区工作的事项繁杂，涉及面极其宽泛。这事实上对社区居（村）委会干部和工作人员提出了很高的要求。因此，提升社区治理工作者的业务水平、文化水平和综合能力是打造"熟人社区"治理模式实践中需要重视的工作。对于社区治理工作者而言，在工作技能培训内容上，除公共管理、社会工作等"专业课"以外，法治观念的确立、法治思维的养成和法律知识的储备是不可或缺的组成部分。

需要指出的是，创建人头熟、环境熟、需求熟、资源熟、业务熟的"熟人社区"，需要在观念上不断强化，也需要在机制上不断创新，形成新的组织形式、新的载体平台、新的公共活动抓手。这是因为，"人头熟、环境熟、需求熟、资源熟、业务熟"不仅仅是对社区干部提出的素质要求，也是对社区工作予以整体评价的指征。在这些"熟"之间，存在彼此关联、相互促进的正相关关系。譬如，天鹤社区的"相约星期三、好歌大家唱"活动，在日常运行中同时产生了传递社区公共信息和释放社区治理需求的作用；"四点钟爱心课堂"上的退休教师后来还发起组织了歌唱队、义诊队，学生家长在相互结识中发起设立了志愿法律咨询小组，等等，这些联结活动很好地展现了"熟人社区"共建共治共享的生活样态。也就是说，通过抓准社区居民需求，以新载体、新活动为手段的服务供给不但能够迅速提高社区干部与居民的熟悉程度，而且能够自然衍生出其他的功效，使社区成员的亲密关系获得几何式提升。

　　课题组相信，在由党的有力领导、政府的高效执行、社区的优质服务、社会组织的深度合作和居民的全面参与共同形塑的良性互动结构中，"熟人社区"这一新型基层社会治理模式能够真正落地，在推进市域社会治理现代化事业中发挥实效，实现十九届四中全会提出的建设"人人有责、人人尽责、人人享有的社会治理共同体"要求。

B.7
常熟市基层治理中的综合执法
改革研究报告[*]

孙文恺　鲁文辉[**]

摘　要： 常熟市是江苏省乃至全国率先展开乡镇（街道）综合执法改革的县级市，经过近十年的探索，初步形成了合理下沉行政执法资源、健全完善综合执法运行机制、全面落实基层执法"三项制度"、完善行政争议纠纷化解机制、健全执法监督检查机制等较为成熟的综合执法经验。常熟市在基层治理中通过一系列改革，满足了经济社会发展需要，推进了基层综合执法的规范化，创新了执法司法融合机制，实现了当地的"谁执法谁普法"工作领先全国。为进一步深化改革，常熟市应坚持以习近平法治思想为指引，贯彻落实综合执法最新部署，切实提高重点领域执法水平，协调完善"府院联动"工作机制，大力加强执法人员业务能力，力争总结并形成可复制、可推广的基层治理"常熟市经验"。

关键词： 基层治理　综合执法　府院联动　执法改革

---

* 本报告系中国法治现代化研究院品牌建设培育项目"2035 基本实现省域法治现代化指数"的阶段性成果。除专门引注外，本报告涉及的所有事例、数据均为课题组在江苏省苏州市下辖常熟市调研、统计所得。

** 孙文恺，中国法治现代化研究院研究员，南京师范大学法学院教授；鲁文辉，安徽师范大学法学院讲师。

一　引言

　　行政执法是行政机关履行行政府职能、管理社会经济和文化事务的主要方式，行政执法体制机制是否完善、行政执法质量和效能高低，直接关涉新时代国家治理体系和治理能力现代化的建设进程。早在 2013 年，党的十八届三中全会就已明确提出了"整合执法主体，相对集中执法权，推进综合执法，着力解决权责交叉、多头执法问题，建立权责统一、权威高效的行政执法体制"的要求。① 在此基础上，党的十八届四中全会又进一步明确了综合执法的领域与改革方向："推进综合执法，大幅减少市县两级政府执法队伍种类，……有条件的领域可以推行跨部门综合执法。完善市县两级政府行政执法管理，加强统一领导和协调。理顺行政强制执行体制。理顺城管执法体制，加强城市管理综合执法机构建设，提高执法和服务水平。"② 为进一步规范已经系统开展的乡镇综合执法，2016 年 12 月中共中央办公厅、国务院办公厅印发了《关于深入推进经济发达镇行政管理体制改革的指导意见》，明确经济发达镇统一承担集中审批服务，并实行综合行政执法。2019 年 1 月，中共中央办公厅、国务院办公厅印发《关于推进基层整合审批服务执法力量的实施意见》，进一步指出要"推进行政执法权限和力量向基层延伸和下沉，强化乡镇和街道的统一指挥和统筹协调职责"。③ 作为经济大省，江苏在地方法治建设领域也走在全国前列。近年来，江苏出台的《法治江苏建设规划（2021—2025 年）》以及《江苏省贯彻落实〈法治政府建设实施纲要（2021—2025 年）〉实施方案》对推进基层综合执法改革作出了新的具体部署。

　　江苏省常熟市是经国务院批准较早设立为县级市的地区。截至 2021 年，

---

① 《中共中央关于全面深化改革若干重大问题的决定》，人民出版社，2013，第 32~33 页。
② 《中共中央关于全面推进依法治国若干重大问题的决定》，人民出版社，2014，第 17 页。
③ 《中共中央办公厅　国务院办公厅印发〈关于推进基层整合审批服务执法力量的实施意见〉》，载中国政府网，http://www.gov.cn/gongbao/content/2019/content_ 5366473. htm，最后访问日期：2022 年 3 月 31 日。

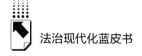
全市共有 8 个建制镇，6 个街道办事处，总人口 167 万人。常熟市的法治建设始终走在全省乃至全国前列，依法行政全面推进，法治政府建设取得显著成效，法治宣传深入人心，全社会法治观念明显增强。综合执法改革工作在全国的率先开展，则为建设法治城市提供了有力支撑。早在 2012 年，常熟市就率先启动了乡镇（街道）综合执法改革的试点工作。2014 年 11 月，常熟市根据江苏省人民政府的批准率先启动以相对集中行政处罚权为主要内容的综合行政执法改革试点，在全市 8 镇 2 街道试行乡镇（街道）综合行政执法。当前，该市乡镇（街道）综合执法改革工作已经在全市行政辖区内全面推开。历经数年的综合执法机制改革探索，常熟市摸索出"一个执法主体、一支执法队伍、一个执法平台、一套执法规范"四位一体运作的乡镇（街道）综合执法常熟市模式，解决了当地多头执法、重复执法、基层执法力量薄弱等问题，提高了基层社会经济管理能力和水平。近来，江苏省全面推进依法行政工作领导小组办公室发出了《关于组织开展部分乡镇（街道）综合执法改革法治评估工作的通知》，要求对已经开展乡镇（街道）综合执法改革的情况进行抽样法治评估，以总结相关经验以便根据新形势新需要制定未来工作方案。为此，中国法治现代化研究院组织课题组团队，对常熟市2014~2021 年乡镇（街道）综合执法改革情况展开专题调查研究，以期探索、总结基层综合治理经验。

课题组根据《法治政府建设实施纲要（2021—2025 年）》、《市县法治政府建设示范指标体系》（2021 年版）等关于深化综合行政执法改革的最新部署，对常熟市乡镇（街道）综合行政执法改革过程中的制度建设、执法权力集中和下放、综合执法协同、综合执法保障和监督等情况进行了全面评估。具体包括：（1）"放管服"改革背景下推进乡镇（街道）综合执法改革的基本情况，主要包括乡镇（街道）综合执法改革分布情况，权力承接、资源下沉、人员培训等情况；（2）赋权乡镇（街道）过程中，法治化原则在基层治理特别是推进综合执法改革过程中的贯彻情况，主要包括赋权前职责准入把关、赋权后制度建设和工作衔接等情况；（3）乡镇（街道）承接综合执法权限后，综合执法标准化建设、"三项制度"落实、行政争议化解等情况；（4）基层司法所在服务保障综合执法方面的职责履行情况，主要包括综合执法决定的法制审核、行政执法的监督和法治宣传教育等情况。

课题组在对常熟市乡镇（街道）综合执法改革进行调研时，始终坚持如下原则。首先，坚持正确的政治方向。坚持以习近平新时代中国特色社会主义思想、习近平法治思想为指导，在评估过程中，突出党对依法治国的全面领导、以人民为中心和走中国特色社会主义法治道路的原则。其次，坚持实事求是的研究作风。力求对常熟市乡镇（街道）综合执法数据资料的收集真实、完整、准确，并以独立、客观、中立的态度分析研究，科学、严谨、具体地形成评估结果。再次，坚持问题中心的工作导向。通过开展常熟市乡镇（街道）综合行政执法改革评估，找准综合行政执法改革过程中存在的问题不足，并有针对性地提出切实可行的对策建议。最后，坚持全面系统的工作方式。围绕四个方面的评估内容，综合考虑各方面要素，全面地对常熟市乡镇（街道）综合行政执法改革的基本情况进行评估。

就研究方法而言，课题组采用了客观和主观评价相结合的方法、定性与定量评价相结合的方法以及田野调查和理论分析相结合的方法。在充分比对、分析收集到的常熟市乡镇（街道）相关数据资料，客观评估乡镇（街道）综合行政执法改革各方面情况的基础上，对常熟市乡镇（街道）综合行政执法改革各方面工作情况做出定性评价，同时对能够反映工作实际的量化指标和有关数据进行定量评价，在比较充分掌握公众对乡镇（街道）综合行政执法改革成效的满意度的同时，也分析各镇（街道）综合行政执法改革的经验教训，为常熟市进一步推进各镇（街道）的基层社会治理提供决策参考。

二 常熟市基层治理综合执法改革的主要举措

近年来，常熟市按照先行先试、分步推进的原则，积极稳妥推动乡镇（街道）综合执法改革，行政执法资源合理下沉，综合执法运行机制进一步规范，行政执法"三项制度"全面落实，行政争议纠纷化解机制进一步完善，综合执法监督检查机制日益健全，综合执法改革全面稳步推进，取得明显成效。

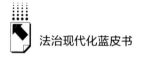

（一）综合执法改革全面稳步推进

常熟市按照先行先试、分步推进的原则，积极稳妥推动乡镇（街道）综合执法改革。改革的实施大致可分为三个阶段。

1. 基层试点先行

2012年10月，省委、省政府批准了常熟市《市政府关于梅李镇综合执法试点工作的实施方案》（常政发〔2012〕63号），在常熟市下辖梅李镇率先开始综合执法改革的试点。梅李镇政府组建综合执法局，依法行使市容市政管理、城乡规划、水利（水务）、安全生产监督、劳动监察、环境保护等方面的行政处罚权，以及与之相关的行政强制措施权和监督检查权。此次综合执法改革共下放行政处罚权127项，其中涉及城管局119项、水利局4项、环保局1项、安监局1项、人社局1项、规划局1项。

2. 市域全面覆盖

常熟市全市域开展综合执法改革分两步走完成。第一阶段开始于2014年11月，常熟市经省政府、苏州市政府批准，在全省率先启动以相对集中行政处罚权为主要内容的乡镇（街道）综合执法试点工作，并于2015年5月1日开始至2016年11月，以7镇2街道（东南街道、碧溪新区街道）为试点改革对象，分两批下放综合执法集中行使行政处罚权。在此次综合执法改革试点中，常熟市相对集中行政处罚权下放至常熟市各镇域，各镇设立综合执法局，负责综合行政执法，下设综合科（法制科）和若干执法队。在行政权力范围上，各镇集中行使安全生产、环境保护、劳动保障、镇容镇貌、卫生计生、城镇建设和规划管理等方面法律、法规、规章规定的行政处罚权。至此，加上2012年开始改革试点的梅李镇，除市直辖的虞山镇之外的8镇2街道基本完成了综合执法改革。其中2015年开始的"第一批镇域综合执法集中行使行政处罚权"改革（常政发〔2015〕24号）集中下放328项行政处罚事项到各镇（街道），其中包括规划局2项、人社局90项、城管局127项、环保局39项、住建局16项、安监局31项、卫计委23项；2016年11月启动的"第二批镇域综合执法集中行使行政处罚权"改革（常政发〔2016〕64 号）集中下放 275 项行政处罚事项，其中包括民防局 6 项、安监局 12 项、商务局 1 项、水利局 47 项、国土局 10 项、住建局 71 项、文广新局 125 项、卫计委 3 项。

第二阶段开始于 2018 年 3 月。2017 年底，虞山镇分设为虞山街道、琴川街道、莫城街道、常福街道四个街道；2018 年 3 月常熟市进一步在四街道推开综合执法工作，常熟市政府在四街道第一批下放镇容镇貌、劳动保障、卫生计生等方面法律、法规、规章规定的 249 项行政处罚权，其中包括人社局 89 项、卫计委 24 项、城管局 136 项。2018 年 7 月，常熟市政府第二批下放 11 项行政处罚事项至四街道，其中包括国土局 10 项、安全生产监督管理部门 1 项。自此，常熟市全域各镇（街道）全面推开综合行政执法改革。

经过六年多的不懈努力，常熟市实现了综合执法工作的全覆盖。全市各镇（街道）综合执法局共开展执法检查 155.5 万余次，当场纠违 274.3 万件，责令整改 12.8 万件，办结行政处罚案件 7.3 万件，罚没款金额 1.7 亿元，移送司法机关 66 件，有效提高了基层社会治理能力及水平。

3. 改革持续深化

在实现了综合执法全市覆盖后，常熟市又陆续采取了两项重要的深化改革举措。（1）进一步增加海虞镇相对集中行政处罚权事项。2019 年 5 月，为满足下辖海虞镇社会经济管理需要，省政府批准常熟市政府在原有已下放行政处罚权事项的基础上，增加下放住建、水务、农林、文化、卫生等领域的 819 项行政处罚权至海虞镇人民政府，其中包括住建领域 297 项、水务领域 19 项、农林领域 430 项、卫生领域 13 项、文化领域 60 项。（2）统一调整各镇（街道）相对集中行政处罚权事项。2021 年 9 月，为适应各镇（街道）综合行政执法的现实需求，省政府批准常熟市政府对各镇（街道）相对集中行政处罚权事项进行了统一调整。经此调整，各镇（街道）不再继续行使原常熟市商务局和原常熟市文广新局的商务、新闻出版、版权等方面的行政处罚权；同时，各镇（街道）继续并增加行使在人力资源和社会保障、自然资源和规划、城市管理等方面的行政处罚权。调整后的各镇（街道）相对集中行政处罚权包括人力资源和社会保障 29 项、自然资源和规划

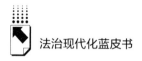

11 项、住房建设 64 项、城市管理 128 项、水务 29 项、卫生健康 32 项、应急管理 29 项，共 322 项。虞山、常福、莫城、琴川四街道相对集中行使行政处罚权包括人力资源和社会保障 29 项、自然资源和规划 11 项、城市管理 98 项、卫生健康 18 项、应急管理 1 项，共 157 项。

（二）行政执法资源合理下沉

为实现综合执法改革目标，常熟市严格依照"权随事转、编随事转、钱随事转"的原则，在集中和下放行政处罚权的同时，进一步落实相关执法人员、执法装备等执法资源合理下沉，做好办公场所、执法装备设备综合执法的配套工作。同时，常熟市政府 2015 年 4 月发布了《关于在全市镇域开展综合执法试点工作的实施意见》，对综合执法进行规范。

1. 合理下派行政执法人员

自改革实施以来，常熟市根据下放行政处罚权与执法力量相匹配的要求，从相关市局合理下派行政执法人员至各镇（街道）综合执法局。常熟市共下派相关市局行政执法人员 269 名，其中涉及市城管局 225 名、市人社局 17 名、市卫健委 14 名，市资规局 13 名。目前，常熟市各镇（街道）有综合执法人员 432 名，执法辅助人员 1636 名。

2. 规范基层执法队伍建设

为充分保障镇（街道）综合执法力量，常熟市不断完善下派行政执法人员的管理制度，明确下派人员性质不变，关系挂靠原单位，下派人员的日常管理、工作考核、工资福利等由各镇负责，真正实现了行政执法人员的有效下沉。各镇（街道）综合执法局全面实行执法人员持证上岗和资格管理制度，综合执法人员统一申领行政执法证件，持证上岗，明确执法种类和执法区域。制定《关于加强镇域（街道）综合行政执法人员及执法辅助人员监督管理的实施意见》，明确执法辅助人员适用岗位、身份性质、职责权限、权利义务、聘用条件和程序。健全相关执法辅助人员薪金增长和培养机制，激发执法辅助人员的工作积极性。各镇（街道）综合执法局不断强化执法业务培训。建立健全综合执法人员系统理论培训、跟班式培训、带班式教学、派驻式指导等学习培训制度，不断提高执法人员执法水平。2018 年至 2021 年，常熟市各镇（街道）综合执法人员与执法辅助人员接受各类培训共计 46 次。

3. 配备完善基层综合执法软件硬件

常熟市各镇（街道）根据执法机构的设置情况，配备了必需的办公场所和办公设备，以及专门存放暂扣物品、证据先行登记保存的场所。目前，常熟市各镇（街道）综合执法局办公和各类场所面积共计 2 万多平方米。各乡镇（街道）根据综合执法工作的实际需要，配备开展综合执法必需的车辆和专业技术设备，同时建立健全执法装备使用和管理制度。目前各镇（街道）共配置执法车辆 130 多辆、执法记录仪 600 多台、移动执法终端2000 多台、防刺服及头盔 600 多套。

（三）综合执法运行机制进一步规范

1. 执法司法"两法衔接"制度化

常熟市严格依照《常熟市行政执法与刑事司法衔接工作实施办法》《关于进一步加强全市行政执法与刑事司法衔接工作的意见》的要求，明确镇（街道）综合执法局在"两法衔接"中的工作职责和工作机制；加大在环保、安监、劳动、卫生计生等重点领域的查处力度，实现"有案必查、涉刑必移"，杜绝"以罚代刑、以罚代管"现象的产生；建立综合执法局与公安、检察机关定期会商机制，沟通解决案件移送过程中的具体问题。

2. 执法部门职责分工规范化

常熟市各镇（街道）综合执法局与相关市局机关严格依照权力清单行使相关职权；市级执法部门在镇域范围内不再行使已下放的行政处罚权和相关行政强制权；市级执法部门继续行使监管权，对各镇（街道）综合行政执法开展指导监督，定期进行执法质量考评和案卷评审工作。常熟市建立完善案件移送工作机制，市级执法部门在监督检查过程中发现已下放权限内的违法行为应及时移交所在镇（街道）立案查处；镇（街道）发现的非下放权限内的违法行为及时移交市级执法部门立案查处。2018 年至 2021 年，市

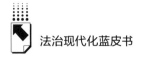

级执法部门移交镇（街道）立案查处案件 1807 件，镇（街道）移交市级执法部门立案查处案件 151 件。

3. 镇（街道）内部分工明确化

常熟市各镇（街道）将安监、环保等下放事项的监管职能统一整合进综合执法局，原承担日常检查、巡查的执法人员及执法辅助人员也整合到综合执法局，进一步加强了综合执法局的执法力量。各镇（街道）编制综合执法局职责清单，厘清综合执法局与镇（街道）各职能机构之间的职责关系，明确各职能部门的履职界限，减少镇（街道）内部职能部门与综合执法局之间的推诿扯皮。建立健全镇（街道）各职能部门间的协调配合约束机制，分清主办、协办关系，明确监管责任，避免监管缺位。

（四）行政执法"三项制度"全面落实

早在 2015 年，常熟市已经开始实施行政执法公示制度、执法全过程记录制度、重大执法决定法制审核制度等行政执法"三项制度"。2017 年国务院确定推行"三项制度"试点后，常熟市各镇（街道）严格依照国务院和省政府要求，制定镇（街道）行政执法"三项制度"实施细则，在综合执法中全面落实行政执法"三项制度"。

1. 全面推行行政执法公示制度

常熟市各镇（街道）严格落实"谁执法、谁公示"的要求，在事前全面公开行政执法主体、权限、依据、程序、救济渠道和随机抽查事项清单等信息。各镇（街道）综合执法人员在执法过程中，严格执行 2 人以上执法规定，严格执行"亮证执法"制度，主动出示执法证件。执法人员着统一执法服装，佩戴统一执法标识。出具执法文书，主动告知当事人执法事由、执法依据、权利义务、救济渠道等。严格依照规定时限公开双随机抽查情况、行政检查情况、行政处罚、行政强制等执法决定。各镇（街道）均已制定公布并严格落实行政处罚流程和行政裁量基准制度。

2. 全面推行行政执法全过程记录制度

常熟市各镇（街道）综合执法局均建立了执法全过程记录资料的管理

制度，严格贯彻行政执法全过程记录制度，通过文字记录和音视频记录的方式，对现场检查、抽样取证、证据保全、听证、行政强制措施等环节通过照相、录音、录像、视频监控等方式进行全过程记录。目前，常熟市各镇（街道）综合执法局除配备 1078 台执法记录仪外，还配备其他各类音像记录设备 54 台，建有音像记录场所 28 间，其中询问室 19 间、听证室 9 间。各镇（街道）均完善了执法台账和案卷的制作、归档、保存和查阅等程序，实现镇域综合执法全过程留痕和可回溯。常熟市在市一级编制了统一的综合行政执法格式文书，执法文书印章统一使用"常熟市××镇人民政府综合执法专用章""常熟市××街道办事处综合执法专用章"。

3. 全面落实重大执法决定法制审核制度

常熟市各镇（街道）综合局均实行重大执法决定法制审核机制，明确了重大执法决定法制审核范围和标准，并实行清单制管理。常熟市在各镇（街道）设立司法所，由司法所承担综合行政执法的法制审核。目前，全市各镇（街道）共有法制审核人员 32 名。2020 年镇（街道）综合执法法制审核案件总数为 6525 件，其中重大执法案件 995 件。2021 年，镇（街道）综合执法法制审核案件总数为 5012 件，其中重大执法案件 992 件。重大执法决定法制审核制度执行率达 100%。

（五）行政争议纠纷化解机制进一步完善

1. 完善行政复议工作机制

常熟市充分发挥行政复议化解争议主渠道作用，高效办理各类行政复议案件，尽可能将执法争议化解在行政复议阶段；常熟市进一步规范行政复议案件办理程序，规范行政复议收案、审查受理、审理、行政复议决定、送达、归档等各个环节；创新行政复议办理方式，积极探索"行政复议+全过程行政调解"工作制度，将调解工作融入行政复议案件办理前、办理中、办理后全过程，从矛盾纠纷根源处化解纠纷；在市公共法律服务中心、政务服务中心（审批局）、市人民来访接待中心以及镇（街道）设立 17 个行政复议受理点，进一步畅通行政复议渠道，方便人民群众通过法律渠道表达利

益诉求。

2018 年，市政府受理综合执法引发的行政复议案件 1 件；2019 年，市政府受理综合执法引发的行政复议案件 9 件；2020 年，市政府受理综合执法引发的行政复议案件 0 件；2021 年，市政府受理综合执法引发的行政复议案件 7 件。其占 2018 年至 2021 年市政府受理行政复议案件总数的比例分别为 1.6%、15.8%、0%、8.4%。从审理结果来看，综合行政执法引发的行政复议案件无一被确定违法或撤销。

2. 健全行政机关应诉工作制度

2016 年，常熟市积极制定出台《常熟市行政机关行政应诉办法》，精准划分行政应诉的责任主体，明确机关负责人出庭应诉职责，严格落实应诉工作责任追究，进一步提高行政负责人出庭应诉质效。常熟市各镇（街道）依法认真做好行政诉讼举证、答辩工作，积极配合人民法院实质性化解矛盾纠纷。2018~2021 年，常熟市各镇（街道）行政负责人出庭应诉率达 100%。

2018 年，常熟市法院共受理各镇（街道）综合执法引发的行政诉讼案件 5 件；2019 年共受理镇（街道）综合执法引发的行政诉讼案件 9 件；2020 年共受理镇（街道）综合执法引发的行政诉讼案件 9 件；2021 年，共受理镇（街道）综合执法引发的行政诉讼案件 28 件。其占 2018 年至 2021 年常熟市行政诉讼案件总数的比例分别为 28%、43%、50%、68%。从审理结果来看，各镇（街道）综合执法引发的行政诉讼败诉案件为零。

（六）综合执法监督检查机制更加健全

1. 强化综合执法组织保障

为推进综合执法改革试点工作，常熟市政府成立了由市长任组长，分管副市长任副组长，市政府法制办、编办、城管局、财政局、人社局等相关部门和各镇人员为成员的市镇域综合执法试点工作领导小组，推进镇（街道）综合行政执法改革工作。常熟市明确了市政府法制办（机构改革后相关职能由市司法局承担）为镇域综合执法试点工作的牵头部门，会同各镇及相关部门，负责做好组织、协调、指导下放行政处罚的承接和运转，会商解决执法问题。2012 年至 2021 年，市镇域综合执法试点工作领导小组召开领导小组会议累计达 14 次，协调事项 80 余件。常熟市在镇（街道）综合行政执法改革过程中层层压实改革任务，明确了各项改革举措的负责部门和时间节点，确保各项改革任务顺利落实。

2. 建设综合执法信息化管理平台

常熟市不断升级现有镇域综合执法一体化平台，建成高水准的智慧司法云管理平台。该平台实现了对全市镇域综合执法案件办理的全程网上留痕，从案件受理、立案审批、调查取证、处罚告知、陈述申辩与听证、处罚决定、结案归档等七大环节进行网上操作及文书生成。截至 2021 年 9 月 30 日，各镇（街道）综合执法局累计在平台办理一般程序及简易程序处罚案件共计 5.8 万件，现场纠违 54.2 万余次。

3. 完善综合执法监督工作机制

常熟市建立了覆盖市、镇（街道）两级的行政执法协调监督工作体系，各镇（街道）严格贯彻落实行政执法责任制，严格依照执法权力清单行使执法职权，明确执法责任；进一步完善综合执法错案责任倒查问责制，明确了综合执法过错纠正和责任追究的具体实施细则；进一步健全镇（街道）综合执法案卷评查考核等日常检查监督机制。2018 年至 2021 年，全市组织人社局、住建局等市级执法部门对各镇（街道）综合执法工作共开展各类案卷评查会议 53 次，评阅案卷 5312 份。自改革以来，因违法执法或综合执法不当造成恶劣社会影响的情形为零。

三 常熟市综合执法改革的特色与亮点

在推进镇（街道）综合行政执法改革过程中，常熟市以习近平新时代中国特色社会主义思想为指导，全面统筹镇（街道）综合行政执法改革，明确司法局（机构改革前为市政府法制办）作为镇（街道）综合执法试点工作的牵头协调部门，全力协调市级执法部门与镇（街道）在权力下放和承接过程中的相关工作，指导和监督镇（街道）综合执法局开展综合执法

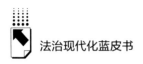

工作，探索形成了"一个执法主体、一支执法队伍、一个执法平台、一套执法规范"的镇（街道）综合执法运行模式，并有如下特色与亮点。

（一）充分下放权力，满足经济社会发展需要

常熟市位于长三角核心区域，经济社会发展水平居全国前列。截至2020年，常熟市地区生产总值跨过2400亿元大关，该市还是全国服装产业链最全的城市、重要的进出口贸易城市、制造业先进城市。较高的经济社会发展水平，使常熟市一些镇（街道）的经济体量比中西部的某些县级市甚至地级市还要大。因此，常熟市的经济社会发展水平对镇（街道）综合执法改革有着内在的经济、社会发展需求。党的十八大以来，常熟市在全省率先开始镇（街道）综合行政执法改革试点也是顺理成章、水到渠成的事情。

从梅李镇的改革试点开始到综合执法全市域铺开的过程中，常熟市根据各镇（街道）经济社会发展需要下放安全监督、环境保护、城市管理等方面的行政处罚权事项几百项（如上文所述），并根据镇（街道）需要予以调整。常熟市综合执法改革不是对既定政策的被动执行，而是依照实事求是的工作方针对该市镇（街道）经济社会发展的客观需求的积极响应；常熟市积极下放相关执法权力至镇（街道），充分满足了当地经济社会发展的需求。

（二）加强制度建设，规范推进综合执法改革

在推进镇（街道）综合执法改革过程中，常熟市各机关和镇（街道）高度重视制度建设，通过建立健全相关领域制度保障各项改革的顺利推进、固化改革成果，例如，2016年制定《常熟市行政机关行政应诉办法》，2017年制定《常熟市行政执法与刑事司法衔接工作实施办法》《关于进一步加强全市行政执法与刑事司法衔接工作的意见》，等等。在普法方面，常熟市从上到下出台了若干制度性规定："七五"普法期间，制定出台《常熟市"七五"普法考核验收办法》《"七五"普法责任制清单》《常熟市进一步加强国家机关"谁执法谁普法"普法责任制的实施意见》《常熟市国家机关"谁执法谁普法"履职评议实施办法》，完善普法责任、普法任务、普法活动"三项清单"，

备案、联动、督查、通报、考核"五项制度",形成全国普法实践领域的先进经验。各镇(街道)综合执法局制定了综合执法过程普法的工作指引,比如支塘镇制定了《常熟市支塘镇综合行政执法局行政执法全过程精准普法的工作指引》,在实施行政执法行为的不同阶段和不同环节,围绕正在办理的案件或事项,帮助行政相对人和利害关系人正确理解法律规定、履行相关执法决定。

(三)落实主体责任,普法工作贯穿综合执法全过程

"普法"成为常熟市的城市名片——常熟市连续六次被评为全国普法宣传先进县(市)。能够取得、保持这样的普法成绩,与常熟市各级党委、政府高度重视并大力投入普法工作密切相关。常熟市在镇(街道)综合执法过程中,打造了"综合执法+普法"模式,贯彻落实"谁执法谁普法"普法责任制,将普法工作贯穿于综合执法案件办理的事前、事中、事后全过程。坚持事前普法,让群众知法;加强事中执法,让群众守法;巩固事后监管,让群众敬法。琴川街道综合执法局建立了省内首个综合执法普法教育基地,实现了综合执法与普法的互动。2019 年至 2021 年,各镇(街道)综合执法局累计发放普法资料 15 万份,举办法治讲座 86 场,开展主题宣传教育 160余次。这些具体、落地的改革举措,使常熟市的法治社会、法治政府一体建设取得较为明显的成效。目前,常熟市"七五"普法已通过国家验收,并于 2019 年获评"七五"普法中期先进县(市、区)。

(四)优化管理模式,创新执法司法融合机制

2020 年 8 月,常熟市司法局作为镇域综合执法改革的牵头部门,在全市范围内大力推行"司法行政+综合行政执法"共建共融工作。近年来,常熟市坚持"优化协同高效"原则,通过打好"加减乘除"组合拳,激发"深度融合"新活力,着力打造工作联通、资源联合、智能联动共建共融共享新模式,为综合行政执法高质量发展提供坚强的制度保障。

常熟市创新"综合执法+司法行政"模式,实现了综合执法与司法行政

的深度融合。在工作机制上，一是工作上深度融合，实现法制审核专业化、审核责任明晰化、案件讨论规范化。二是资源上深度共享。司法所提供法律专业资源，对综合执法人员组织开展法律理论和实践培训。综合执法局及相关职能部门提供普法宣传平台，在综合执法中落实普法责任。三是监督上深度参与。司法所横向监督，常态化参与综合执法工作，及时指出并纠正执法程序、证据收集、执法规范等方面的问题。

四 经验总结与相关建议

常熟市经过几年的探索实践，基本完成了镇（街道）综合行政执法改革的各项任务，实现了镇（街道）综合行政执法改革的基本目标。常熟市通过整合、下放行政执法权力和资源，完善并落实综合行政执法协同、监督和保障机制，真正做到了"放得下、接得住、管得好、有监督"；通过镇（街道）综合行政执法改革，有效解决了多头执法、重复执法、执法扰民等问题，切实提高了行政执法效率，提升了基层社会治理能力和水平。常熟市的改革经验，为建设中国特色社会主义综合性质执法体系、提升国家治理体系和治理能力现代化提供了重要的研究样本，具有高度借鉴价值。

（一）常熟市综合执法改革可资借鉴的经验

1. 顶层设计上积极稳妥、统筹兼顾

在行政执法权力集中与下放方面，在各镇（街道）设立综合执法局作为镇（街道）下设职能机构，代表镇（街道）统一行使行政执法权。常熟市严格依照"能放则放、应放则放""成熟一批、下放一批"的原则，统筹兼顾，积极稳妥，充分考虑各镇（街道）社会经济管理的实际需求和条件，下放了安全生产、环境保护、劳动保障、镇容镇貌、卫生计生、城镇建设和规划管理等方面的行政处罚权，以及与之相应的监督管理权和行政强制权。制定了镇（街道）综合执法权力清单，并实现动态调整。在下沉行政执法权力的同时，也同步下沉了相关执法人员和执法装备设备等执法资源，解决

了以往"管得着的看不见、看得见的管不着""机关臃肿、基层薄弱"等执法过程中的突出问题。

2. 改革过程中重视组织协同和工作衔接

在综合行政执法协同机制方面，常熟市综合执法、联合执法、协作执法的组织指挥和统筹协调机制完备，行政执法的资源得到了有效整合。市司法局作为镇（街道）综合行政执法改革工作的牵头部门，负责做好组织、协调、指导下放行政处罚权的承接和运转，综合行政执法协同会商机制建立健全。镇（街道）与市局相关部门行政执法案件移送及协调协作机制完备。各镇（街道）综合执法局与各镇（街道）相关工作机构的职责分工明确。市一级建立了跨区域联合执法机制，采取"全板块调用，双随机抽选，跨区域检查"的形式，由司法局牵头奔赴各镇（街道）开展执法检查。明确了行政执法与刑事司法衔接的工作机制，不断推动线索发现、证据收集、案件移送等程序运转的标准化和规范化。

3. 以机制创新作为改革的核心动力

在综合行政执法矛盾争议化解方面，常熟市建立健全了行政调解、行政复议、行政裁决、行政诉讼等有机衔接、相互协调的多元化矛盾纠纷解决机制。常熟市不断加强和改进行政复议工作，推进行政复议体制改革，公正权威、统一高效的行政复议工作机制基本建立。行政复议案件审理机制建立健全，行政复议规范化、专业化、信息化建设基本完成，行政机关负责人参加行政复议听证会制度完备。行政复议工作的权威性和公信力得到切实提升。在行政诉讼方面，建立了完善的行政机关行政应诉工作和监督机制，行政机关负责人出庭应诉率达100%，支持人民法院依法受理和审理行政案件，切实履行生效裁判。司法建议和检察建议有落实、有反馈。

4. 以队伍建设作为改革的关键要素

在综合行政执法人员建设方面，常熟市始终坚持"编随事转"的原则，在下放相关行政执法权力的同时，也即时下派相关执法人员到镇（街道）综合执法局。综合执法人员招录机制完备，各镇通过公务员和事业招考的方式，统一招录专业执法人员充实到综合执法局。执法辅助人员管理机制完

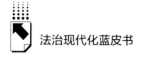
备，建立健全了执法辅助人员薪金增长、成长机制，执法辅助人员工作积极性较高。严格贯彻落实行政执法人员持证上岗和资格管理制度，行政执法人员经过统一执法资格考试并取得行政执法证后，才能进行执法。建立了完善的行政执法人员培训制度，每年开展行政执法人员公共法律知识、专门法律知识、新法律法规等培训不少于40学时。各镇行政执法人员服装式样统一。

5. 以监督机制建设作为改革的有力抓手

在综合行政执法协调监督方面，常熟市已基本建成覆盖市、镇（街道）两级的行政执法协调监督工作体系。行政执法责任制全面建立，市局职能部门和镇（街道）综合执法局严格按照权力事项清单明确执法职权、确定执法责任。行政执法人员责任追究制度完备。大力整治重点领域行政执法不作为乱作为、执法不严格不规范不文明不透明等突出问题。行政执法监督机制完备。建立了以市监委、检察院和市级权力下放部门为成员的专项监督检查小组工作机制。建立了完善的行政执法案卷管理和评查、行政执法投诉举报和处理、行政执法考核评议等综合行政执法协调监督机制。高度重视群众举报投诉，能够做到及时受理、认真核实、依法处理，回应社会关切。镇（街道）综合行政执法的社会满意度较高。

6. 以保障机制建设作为改革的坚强基石

在综合行政执法保障机制方面，常熟市不断加强组织领导，党政主要负责人法治建设第一责任人责任自觉履行，镇域综合执法领导小组依法成立。在工作机制方面，坚持规划、计划、指标引领，工作责任不断压实，年度镇域综合执法改革任务有序推进。在法制机构方面，各镇（街道）普遍内设司法所，办公、办案经费全部纳入财政预算，执法监督、复议应诉队伍专业化能力明显增强，法制工作人员法律素养切实提高。在执法信息化方面，全面建成"智慧司法云管理平台"，推进综合执法的数据化、网络化、智能化。

（二）存在的相关问题和可能的改进方向

常熟市镇（街道）综合行政执法改革工作一直走在全省乃至全国前列，

形成了丰硕成果和有益经验。但站在推进基层治理体系和治理能力现代化的高度，从推动常熟市各镇（街道）经济社会高质量发展的角度而言，常熟市镇（街道）综合行政执法工作依然存在若干需进一步优化改进之处。

1. 存在的问题

（1）综合执法改革的顶层设计不够精细。从镇域经济社会发展的现实需求出发，常熟市在全省率先试点综合执法改革，探索了镇（街道）综合执法的常熟市模式。为进一步提升基层治理体系和治理能力现代化水平，常熟市深化镇（街道）综合执法改革，进一步赋予镇（街道）行政执法权具有充分的必要性。但是在改革的基本方向、制度建设、物质保障等方面，相关顶层制度设计主要偏重宏观层面的指导和支持，对操作层面的细节，更多交由基层自行探索。这固然保证了基层的能动性，为改革带来持续的内生动力，但仍需要重视顶层设计的宏观把握和横向协同，尤其是在政务大数据不断发展的背景下，基于宏观数据的数据共建、共享以及顶层设计指导，必然会对相关工作产生事半功倍的效果。

（2）基层综合执法力量不足。随着综合行政执法在全市各镇（街道）的全面推开，各镇（街道）承接了市级执法部门大量的行政权力，职权范围广泛且复杂，承担的任务多样且繁重。但是受人员编制所限，镇（街道）执法人员力量配备比较薄弱，与当前承担的行政执法、基层治理、法律服务等工作任务不相匹配，"人少事多"的矛盾日益突出，镇（街道）综合行政执法力量亟待加强。另外，由原来的专项执法转向综合执法，对执法人员也提出了从"专科医生"向"全科医生"的转变需求，因此执法人员的专业能力也需要进一步强化。

（3）综合执法体制机制不够规范。综合执法人员的编制和考核制约着综合执法的运行与效果。虽然改革伊始常熟市就已经明确了综合执法人员的日常管理、工作考核、工资福利等由各镇负责的基本原则，但由于综合执法人员的人事关系仍挂靠在相关市级执法部门，市级执法部门尚存在对下派综合执法人员设置考核指标、决定职级晋升的现象和问题，在一定程度上影响了综合执法人员执法能力的充分发挥，制约了镇（街道）综合行政执法的

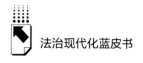

改革成效。此外，综合执法人员的着装等细节问题，也亟须在未来的改革中进一步细化。

2. 进一步改革的工作方向

（1）深入学习贯彻习近平法治思想。坚持以习近平新时代中国特色社会主义思想为指导，认真贯彻落实党的十九大和十九届二中、三中、四中、五中、六中全会精神。深入学习习近平法治思想，坚持中国特色社会主义法治道路，坚持在法治轨道上推进基层治理体系和治理能力现代化。深入贯彻习近平总书记"推进全面依法治国，法治政府建设是重点任务和主体工程，对法治国家、法治社会具有示范带动作用"指示精神，结合本地区实际情况，运用法治思维和法治方式，不断探索符合本地区实际和要求的综合执法机制。

（2）贯彻落实综合执法最新部署。《法治政府建设规划（2021—2025年）》，《市县法治政府建设示范指标体系》（2021年版），中共中央、国务院《关于加强基层治理体系和治理能力现代化建设的意见》，以及即将出台的《江苏省贯彻落实〈法治政府建设实施纲要（2021—2025年）〉实施方案》等国家和省相关文件对推进综合行政执法改革作出了最新部署。建议常熟市相关部门进一步加强学习，加强综合执法、联合执法、协作执法的统筹协调，稳步将基层管理迫切需要且能有效承接的行政执法事项下放给基层，进一步完善业务主管部门与综合行政执法部门、镇（街道）与市级相关部门行政执法协调协同机制。同时，大力推进跨领域跨部门联合执法，实现违法线索互联、执法标准互通、处理结果互认。

（3）切实提高重点领域执法水平。就镇（街道）安全生产、环境保护、人社等民生重点领域，建议进一步完善并公布行政处罚裁量基准，规范行使行政处罚裁量权。进一步完善相关考核监督机制，加强对重点领域综合执法的督察。建议在行政综合执法中进一步强化程序意识，严格履行调查、认定、听取陈述申辩、听证、告知等法定程序。建议进一步发挥法律顾问、公职律师在重大行政执法中的作用。

（4）大力提升执法人员业务能力。综合行政执法对行政执法人员的能力提出了更高的要求。建议进一步落实行政执法人员持证上岗和资格管理制度，不断强化执法业务能力培训。通过集中培训、庭审观摩、业务竞赛等多种形式，提升广大一线执法人员在调查取证、法律适用、化解矛盾等方面的能力水平。建议进一步加大对新《中华人民共和国行政处罚法》的学习和培训力度。建议市级执法机关进一步加强对镇（街道）综合执法局的业务指导，切实满足基层执法需求。

（5）协调完善"府院联动"工作机制。建议进一步加强与常熟市基层人民法院、苏州市中级人民法院的沟通联系，不定期就热点、难点执法问题开展专题研讨，加强信息沟通与共享，共同规范行政执法行为。及时把握司法审判新动向，加强与省高院、市中院等上级法院和市司法局、省司法厅的沟通，主动汇报案件办理中的疑难复杂问题，积极接受建议和指导，进一步提升案件办理水平，合力化解矛盾和纠纷。

在基层治理成效方面，常熟市通过镇（街道）综合行政执法改革切实提升了镇（街道）的基层治理能力的现代化水平。概括起来，改革的成效体现在如下方面。

第一，增强了镇（街道）的行政执行能力，各类违法行为的查处能力和效率都得到了明显提升。相关数据显示，最近6年来，全市各镇（街道）累计执法检查104.9万次，当场纠违209.8万件，责令整改11.4万件，办结行政处罚案件3.5万件，年均办结行政处罚案件0.85万件。

第二，增强了镇（街道）的应急管理能力。抗击与防治新冠肺炎疫情以来，全市各镇（街道）综合执法局累计参与疫情防控执勤4万余人次，发放宣传资料7万余份，切实增强了各镇（街道）的疫情应急防控能力。

第三，增强了镇（街道）的平安建设能力。2015年至2021年，全市各镇（街道）累计开展安监、环保执法检查6.1万次，当场纠违3.1万件，责令整改1.6万件，办结行政处罚案件0.37万件，有效提升了镇（街道）的风险防控能力。综合执法局积极参与基层矛盾纠纷化解，最近6年来，各镇（街道）综合执法局共化解矛盾纠纷2.4万件，镇（街道）信访案件数

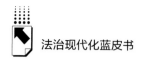

量呈逐年下降趋势，无群体性事件发生。

中国法治现代化的推进有赖于基层的创新与探索。在不断推进综合执法改革的进程中，常熟市也在不断发现新情况和新问题，持续提升治理能力和治理水平。我们认为，应当及时总结基层治理的"常熟市经验"，进一步梳理常熟市乡镇（街道）综合行政执法改革的创新举措，提炼常熟市在乡镇（街道）综合行政执法改革过程中执法权力下放、执法人员管理、综合执法协同、综合执法监督和保障等方面的成熟经验，从而真正发挥常熟市作为乡镇（街道）综合行政执法改革试点地方的示范意义，争取形成能够在全省乃至全国可复制、可推广的综合执法改革"常熟市模式"。

调 研 报 告
Survey Reports

B.8

城市郊区基层治理实践探微[*]

—— 以湖州市杨家埠街道为对象的田野调查

邵之恒[**]

摘　要： 湖州市杨家埠街道属于城市郊区，该街道的基层治理实践是分析长三角地区基层治理样态的典型样本之一，梳理该街道基层治理的举措和状况有利于丰富对我国较发达地区城市郊区基层社会建设的理解。杨家埠街道从政治、经济、社会这三个维度进行了具有特色的基层治理实践，坚持党建引领是街道开展基层治理的关键举措，重视经济发展是街道进行基层治理的根本保障，坚持自治、法治、德治"三治融合"的基层治理举措是街道进行基层社会治理的有益经验和发展方向。在实践过程中，杨家埠街道形成了完善的治理组织结构和鲜明的内生型治理秩序，但在社会情

---

* 除专门引注外，本报告涉及的所有事例、数据、图表均为中国法治现代化研究院"城乡基层社会治理实证研究"课题组 2021 年 7~9 月在浙江省湖州市杨家埠街道调研所得。

** 邵之恒，法学硕士，南京师范大学政府治理与行政法理研究中心研究人员。

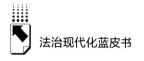
势日趋复杂的背景下，杨家埠街道也面临专业法律人才缺少和网格员队伍建设不足的发展障碍。

关键词： 基层治理　三治融合　村民自治

一　引言

浙江省湖州市南太湖新区杨家埠街道成立于 2013 年 1 月，地处湖州市区西侧，属于湖州城市郊区，与长兴县李家巷镇、吕山乡、和平镇，吴兴区妙西镇接壤，交通便利，距离湖州高铁站仅一公里，宣杭铁路、西苕溪和长湖申航线纵横交错、村村相通，在建创业大道西延、弁南大道和新 104 国道也将贯穿而过。杨家埠街道辖区面积 38.8 平方公里，下辖 11 个行政村，户籍人口约为 2 万人，外来人口约为 1000 人。总体而言，杨家埠街道具有以下特征。

第一，杨家埠街道的城乡一体化程度较高，城市公共服务能延伸到杨家埠街道所在的城郊区域，但公共服务的供应水平与城市中心区域仍有一定差距。在交通方面，城市中心到城郊区域的公共交通方式主要是直达公交车，但班次较少；在教育方面，杨家埠街道有幼儿园、小学、中学、成人教育学校各一所，基础义务教育水平能基本满足街道需要；在医疗保障方面，杨家埠镇社区卫生服务中心能为全体村民提供基本医疗保障；在住房方面，近年来，杨家埠街道正在进行整村拆迁工作，街道为村民提供了房票或者住房两种安置措施，住房保障情况总体较好。

第二，杨家埠街道村民的家庭收入主要来源于务工收入和务农收入。以务农为生的大多是中老年人，青年人主要以进城务工为生。村民主要就业于杨家埠街道北片企业园区，并且新建的新能源汽车产业园和铁公水综合物流园吸引了一定的外来人口，使得租房收入也逐渐成为村民的收入来源之一。

第三，村级组织主要由党支部委员会、村民自治委员会和村务监督委员会组成，乡贤议事会、党员政策宣讲团等群众自治组织的作用十分显著。随着杨家埠街道村民自治工作的不断推进，村民自治形式日益多样化，自治程序不断规范化，取得较突出的村民自治成效。

第四，杨家埠街道的纠纷类型以邻里纠纷、婚姻家庭纠纷、损害赔偿纠纷、房屋宅基地纠纷等民事纠纷为主，同时，随着杨家埠街道征地拆迁工作的不断推进，征地拆迁纠纷成为街道高发的纠纷类型。杨家埠街道十分重视调解工作，街道内的大多数纠纷由调解手段解决，只有少数纠纷诉诸诉讼手段。

第五，杨家埠街道部分村落的大部分居民是同一姓氏，形成了联系紧密的村落氛围。杨家埠街道部分村落以姓氏命名，这些村落内部基本上均由一个姓氏的村民构成，邻里间彼此熟悉、联系紧密，具有某些"熟人社会"的特征。

二 杨家埠街道治理实践的三个基本维度

近年来，杨家埠街道进行了行政村规模优化调整，对人口在千人以下的6个村进行了撤并重组，由15个行政村撤并重组为11个行政村，因此，如何尽快融合、统一治理成为杨家埠街道亟须面对的问题。在中共中央提倡构建基层社会治理新格局的背景下，杨家埠街道从政治、经济、社会这三个维度进行了具有特色的基层治理实践，不断推进街道的统一治理进程。

（一）政治维度：党建引领

村党组织是美丽红色村庄建设的领导组织，要充分发挥村党组织在红色美丽村庄建设中的领导作用，必须建强红色村党组织。杨家埠街道各村党支部委员会和村民自治委员会全体成员人数是63人，其中党员人数是57人，占全体成员的90%以上。杨家埠街道实行"一肩挑"制度，各村党支部书记一般同时担任村委会主任。杨家埠街道各村"两委"成员文化程度较高，大多数成员的文化程度是高中及以上学历，高中及以上学历人数约占总人数的70%，其中，40岁以下的成员一般来说文化程度较高，而高中及以下学历者中 40 岁以上的成员占比更高，这反映出村"两委"成员的选任在学历方面呈现出严格化的趋势。2021 年，杨家埠街道党建办新招录事业编制人员 2 名，聘用人员 3 名，严格按照选任程序提拔中层干部 8 名，不断扩充、完善队伍。同时，杨家埠街道党建办出台《中共湖州市杨家埠街道委员会关于进一步加强青年干部培养工作的实施方案》，全面深化导师帮带机制，并积极组织党员干部参与培训、学习、清廉教育等，提高党员干部素质。

政治建设始终是杨家埠街道进行党的建设的重点举措，杨家埠街道定期开展党史学习教育，学党史、颂党恩、跟党走，以 2021 年 7 月为例，杨家埠街道总共开展了 19 次党史学习教育，激发了组织活力、凝聚了党员力量。自从开展党史学习教育以来，杨家埠街道把开展"我为群众办实事"实践活动作为贯穿全年的重大政治任务，坚持从群众利益出发，以脚步丈量民情，以耐心化解难题，扎实开展"我为群众办实事"活动，推动党员干部密切联系、服务群众，用为人民办实事、解难题检验党史学习教育的成果。2021 年，杨家埠街道各村已经开展十余次"我为群众办实事"活动，活动内容丰富多彩，包括节日走访慰问活动、反诈宣传活动、文体活动以及防疫抢险活动等。以杨家埠街道塘口村为例，2021 年塘口村组织形式多样的党史学习教育共 6 次，受众人数为 150 余人，开展各类"我为群众办实事"实践活动 6 场次，参与党员近 70 人次，帮助群众解决实事 20 余件。

红色资源是党员干部坚定理想信念、加强党性修养的生动教材，也是团结凝聚广大群众感党恩、听党话、跟党走的有效载体。杨家埠街道红色资源丰富，郎部项目是杨家埠街道重点打造的红色品牌，郎部项目主要包括郎部公墓、郎部抗日纪念馆、电影《英雄郎部》等。围绕郎部项目，杨家埠街道各村开展了丰富多样的红色教育活动。郎部公墓坐落于杨家埠街道潘店村南金斗山北麓，郎部是乡民对郎玉麟部队的简称，该部队在抗战时期为国捐躯的十余位烈士的遗骸埋葬于此，该公墓属于湖州市级重点文物保护单位、市级爱国主义教育基地、市级青少年道德教育实践基地。郎部抗日纪念馆主要收录了郎玉麟同志的手书、墨宝、回忆录、遗物等实物以及郎玉麟的照片等资料，展示了郎玉麟部队高举红旗、救亡图存的抗战历程，现已接待参观者超过一万人次，2021 年 6 月，郎部抗日纪念馆被确定为浙江省党员教育培训基地。2021 年 7 月，杨家埠街道与中国移动吴兴分公司联合举办了共建"红色文化教育基地"签约仪式，进一步发挥郎部红色故事的社会教育和革命历史教育作用。2021 年 6 月，以郎玉麟部队抗日历史为原型创作的公益电影《英雄郎部》首映，该电影中多处场景在杨家埠实地采景，真实地还原了郎部游击抗日、保卫家园的感人历史，杨家埠街道各村党组织多次组织党员干部和群众观看电影。

郎部项目也是杨家埠街道发展壮大集体经济的重要资源。自郎部抗日纪念馆开馆以来，已经接待各类游客团队 270 余支，人员超过一万人次。在建党 100 周年之际，杨家埠街道响应中共省委组织部和浙江省财政厅号召，开展红色美丽村庄建设，致力于进一步打造好郎部项目红色品牌，在听取街道乡贤、群众以及市、区人大代表的意见和建议之后，杨家埠街道规划郎玉麟墓搬迁，建设红色影院、党员培训基地，并同步规划周边民宿建设，将丰富的红色资源优势转化为村民致富的产业优势，让现有的山林、果园、溪流、农家乐等发展成为共同致富的农旅资源，发展壮大村级集体经济，实现强村富民。

（二）经济维度：发展强村

杨家埠街道位于湖州市西侧郊区，湖州高铁站距离街道南片最东面仅一公里，宣杭铁路、西苕溪和长湖申航线纵横交错，在建创业大道西延、弁南大道和新 104 国道也将贯穿而过，交通便利，具有明显的区位优势。并且，杨家埠街道在美丽乡村建设的过程中成效显著，曾有七个村获得市级美丽乡村称号，三个村被打造为省级美丽宜居示范村，环境优势显著。此外，杨家埠街道的文化资源也十分丰富，张志和在《渔歌子》中写到的"西塞山前白鹭飞，桃花流水鳜鱼肥"的诗句就是在描绘杨家埠街道洋湖村的美丽景色，文化底蕴深厚。因此，杨家埠街道依托自身的区位优势、环境优势和文化优势，主要发展文化旅游产业、新兴产业以及现代物流业，街道的发展定位为"西塞风光、物流小镇，美丽幸福杨家埠"，发展格局为"一核两园"。

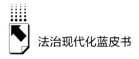

"一核"指的是塘口集镇，该镇依托全省小城镇环境综合整治，以设施完善、环境整洁、宜居宜业为建设目标。"两园"指的是以新兴产业、现代物流为引擎的新能源汽车产业园和铁公水综合物流园以及以乡村旅游为抓手的环西塞山休闲旅游园。杨家埠街道的经济建设成果较为显著，2021年上半年，街道工业产值同比增加70.84%，服务业销售额同比增长114.5%。

在杨家埠街道规划、发展"一核两园"的过程中，街道联合多方主体不断推进建设进程。街道牵头进行总体规划，南太湖新区管委会旅发局、市自然资源和规划局南太湖新区分局做配合，全域谋划，打造拥有核心资源、具有街道特色的旅游平台。同时，杨家埠街道在北片园区成立功能性党支部，凝聚党员力量为北片园区企业未来发展贡献力量，以党建促发展。功能性党支部是由街道派出所牵头，联合交警、执法、市监、综治、劳动监察、安全生产等多个部门以及唯品会、爱康实业等多个知名企业成立的，该党支部的目标是通过优化整合多方资源凝聚党员力量、助推企业发展。该功能性党支部组织片区内唯品会、爱康等企业30余名党员组成巡逻队伍，负责开展园区内治安巡逻；成立党员调解队，支部委员会由各企业核心骨干成员组成，积极参与企业内部矛盾纠纷调解工作，充分发挥企业内部影响力；成立党员宣传队，联合派出所在各企业内开展安全防范宣传。

（三）社会维度：三治融合

健全党组织领导的自治、法治、德治相结合的城乡基层治理体系是中共中央坚持和完善共建共治共享的社会治理制度的重要举措之一。[1] 杨家埠街道坚持法治、德治、自治"三治融合"的基层治理举措正响应了中共中央进行治理实践的基本思路。

1. 依法治村

不断推进村级治理的秩序化进程是杨家埠街道在基层治理过程中坚持依

---

[1] 参见《中共中央关于坚持和完善中国特色社会主义制度　推进国家治理体系和治理能力现代化若干重大问题的决定》，人民出版社，2019，第29~30页。

法治村的举措之一。杨家埠街道的各村都实行村级重大事项"五议两公开"决策法，凡是涉及各村全体成员利益的事项，都要通过"五议两公开"这一流程做出决策，以保证决策的公正性、公开性。涉及各村全体成员利益的事项由街道做出明确的规定，主要包括村民自治章程和村规民约的修订、有关集体经济组织的财务问题、宅基地分配等事项。"五议两公开"决策法具体包括村党组织提议、村"两委"联席会议商议、乡镇（街道）审核把关、党员大会审议、村民代表会议或村民会议决议这五个决议流程，以及村民代表会议或村民会议决议结果公开、组织实施结果公开这两个公开流程，决议由村监委会全程监督，整个决策流程规范化、秩序化（见图1）。

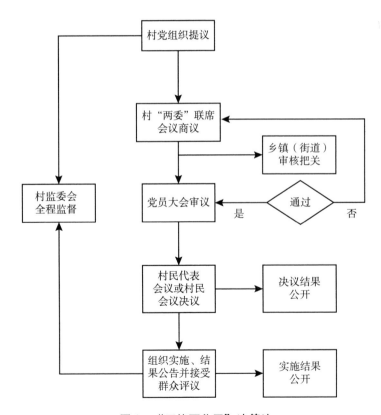

图1 "五议两公开"决策法

资料来源：图中信息来自本课题组调研、统计，笔者根据调研资料整理作图。

　　杨家埠街道地处城市郊区，虽然近年来城镇化水平不断提升，但是仍然具有农村社区的显著特征，村民群体主要以家庭为单位，职业结构主要由农业、工业和服务业构成，外来人口数量不多，社区结构系统开放化程度不高。与此相对应，杨家埠街道的纠纷类型以邻里纠纷、征地拆迁纠纷、损害赔偿纠纷、婚姻家庭纠纷、房屋宅基地纠纷等民事纠纷为主，其中，邻里纠纷是本街道发生数量最多的纠纷类型，征地拆迁纠纷、损害赔偿纠纷和婚姻家庭纠纷次之，房屋宅基地纠纷发生数量较少，山林土地纠纷、劳动争议纠纷、道路交通事故纠纷、合同纠纷、物业纠纷发生数量均不足10件，生产经营纠纷、医疗纠纷、消费纠纷、旅游纠纷、知识产权纠纷、互联网纠纷均未发生（见图2）。发生数量较多的纠纷类型往往关系到街道村民的切身利益，大多数属于本社区内村民与村民之间的纠纷，基于纠纷类型的生活化特征以及村民对于诉讼手段的保守观念，这些纠纷往往通过调解的手段解决而不会诉诸诉讼手段，调解手段在解决该类型纠纷中的效果突出。

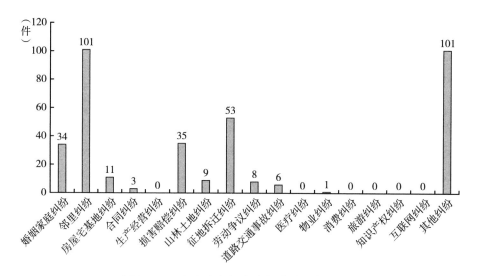

图2　2021年上半年杨家埠街道纠纷类型情况

资料来源：图中数据来自本课题组调研、统计，笔者根据公开新闻报道和调研资料整理作图。

与此同时，随着杨家埠街道征地拆迁工作的不断推进，征地拆迁纠纷也成为街道高发的纠纷类型之一，虽然该类型的纠纷案情较为复杂，涉及金额也较大，部分案件最终需要通过诉讼方式解决，但是在解决该类型纠纷的过程中，杨家埠街道社会矛盾纠纷调处化解中心作为中立的纠纷调解机构发挥着重要的矛盾缓冲作用。比如，在杨家埠街道曾发生的一个征地拆迁案件中，当事人双方难以达成一致，又暂时不想通过诉讼手段解决问题，求助于街道，于是街道社会矛盾纠纷调处化解中心先向周围友邻询问、了解该案件当事人双方的家庭背景、纠纷情况，随后请来本街道的顾问律师，为当事人双方提供专业的法律意见，同时，街道社会矛盾纠纷调处化解中心与房产公司积极协商，暂停分配，为当事人双方暂时保存了房屋产权，争取了充分的协商时间。由此可见，杨家埠街道在矛盾纠纷调处化解工作上的亮点在于强调多元主体参与，发挥各方优势。

坚持和发展新时代"枫桥经验"，加强矛盾排查和风险研判，完善社会矛盾纠纷多元预防调处化解综合机制是杨家埠街道排除本街道内纠纷、维护街道社会秩序稳定的重要举措。① 杨家埠街道"熟人社会"的社会秩序特征与生活化的纠纷类型特征决定了调解工作在本街道发挥着关键性的作用，而街道社会矛盾纠纷调处化解中心建立的社会矛盾纠纷多元预防调处化解综合机制也使得调解工作在预防、化解矛盾纠纷方面的成效日益显著。第一，杨家埠街道建立健全了联动纠纷调解模式。矛盾调解有章法，秘诀在于"整合"。杨家埠街道在街道矛盾调解中心建立了"最多跑一次"的联合服务中心，将街道原先分散在多地和缺失的相关部门全部整合到了社会矛盾纠纷调处化解中心，涉及多部门或跨领域、跨单位的矛盾纠纷，由社会矛盾纠纷调处化解中心组织相关部门和单位进行联合调处，让群众矛盾调解"最多跑一地"。同时，街道党委副书记担任中心主任，专门牵线各部门、村委和企业，邀请乡贤能人共同参与调解工作，使得联动调解模式真正发挥出应有的作用。第二，杨家埠街道利用网格完善了纠纷信息排查和运转机制。街道规

---

① 参见《法治社会建设实施纲要（2020—2025年）》，人民出版社，2020，第16页。

定了完善的网格化治理流程，并成立了综合信息指挥室，由专职网格员每天上报隐患排查情况，由指挥室下派给部门，15天内处理到位，将事前预防、排查与事后调解、治理结合起来（见图3）。第三，街道建立了较完善的督查考核制度。社会矛盾纠纷调处化解中心对各办公室、村受理交办的各类事项进行动态跟踪、督查考核，每季进行量化积分。积分结果纳入村季度以及机关干部年终综合考核。第四，街道实行首问责任制。首问责任制是指群众来访时，被询问的在岗工作人员即为首问责任人，对于群众提出的首问责任人职责范围内的事项，首问责任人必须在规定时限内予以办结，对于首问责任人职责范围外的事项，首问责任人应根据来访事由负责引导来访群众到达相应窗口。第五，街道建立了法律顾问制度。杨家埠街道社会矛盾纠纷调处

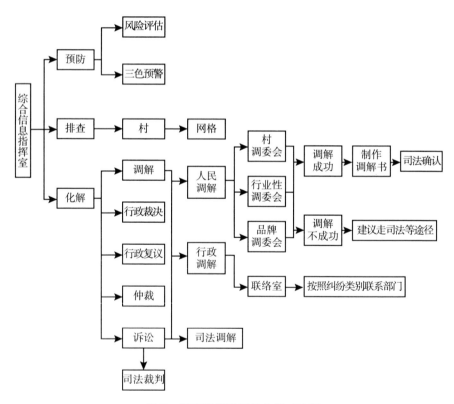

图3　杨家埠街道网格化管理流程

资料来源：图中信息来自本课题组调研、统计，笔者根据调研资料整理作图。

化解中心与湖州市泽大律师事务所合作，在每周三上午由泽大律师事务所派遣律师到矛盾调解中心为村民提供专业的法律服务。综上所述，杨家埠街道优化本街道的社会矛盾纠纷调处化解中心，较好地回应了基层治理过程中资源如何整合、供需如何匹配、缝隙如何弥补、效能如何提升、诉求如何更好满足等方面的问题，在一定程度上破解了基层治理的现实困境。①

2. 道德润村

德治作为一种治理模式，具有低成本、潜显结合运行、持续绵久的社会特征，在基层社会治理的过程中，德治不仅能弥补法治和自治的不足，还可以提升法治和自治的效能，② 杨家埠街道重视发挥道德教化作用，不断强化街道的文化引领能力，提升街道的治理水平。具体而言，街道根据《中共中央国务院关于加强和完善城乡社区治理的意见》，建立健全了本街道的道德评议机制，注重发现和宣传本街道的道德模范、好人好事，引导民众向榜样学习，崇德向善。③ "榜样的力量"宣传教育活动是杨家埠街道推选街道内道德先锋、宣传美德树新风的重要活动之一，2021 年，杨家埠街道一共推举了五位具有优秀道德品质的榜样，包括从业 16 年奋战在执法工作最前沿的执法局队长、党龄 63 年为党和人民奉献了一生的老党员、用心办实事为人民排忧解难的人大代表、始终关心弱势群体的最美妇女主任以及背井离乡仍然不懈坚持的航天工作者，杨家埠街道通过评选本街道的优秀榜样、宣传身边的动人事迹，弘扬了社会主义核心价值观，培育了心口相传的街道精神，营造了整个街道向榜样学习、提高自身道德修养和文化素质的好风尚。

同时，杨家埠街道联合村"两委"持续推进移风易俗的宣传教育工作，重点实施"垃圾不落地、出行讲秩序、办酒不铺张、邻里讲和睦"四项行动，纠正村内旧习俗，培育社会新风尚。例如，杨家埠街道和桥村为倡导喜

① 参见史云桐《"集成治理"的实现形式及其内在逻辑——以社会矛盾纠纷调处化解中心为例》，《南京社会科学》2021 年第 12 期。
② 参见刘东超、闫晓《城乡基层治理体系中的德治》，《行政管理改革》2021 年第 12 期。
③ 参见《中共中央国务院关于加强和完善城乡社区治理的意见》，人民出版社，2017，第 8~9 页。

事新办、厚养薄葬、节俭养德、文明理事的社会新风，遏制红白事大操大办、铺张浪费的陋习，专门召开村民代表和党员大会，提出倡议减少在本村文化礼堂内摆结婚进场酒、49 岁生日酒等酒席，并明确每桌酒席的规格标准，得到村民的一致支持和认可。此外，杨家埠街道积极响应争创全国文明典范城市的号召，在全街道开展打造全国文明典范街道的活动，致力于健全集镇管理体制、提高长效管理水平、提升街道环境质量、维护社会公共秩序，在此过程中，杨家埠街道全体机关干部下沉各村，走在前列、争做表率，并引导街道辖区的人民群众广泛参与，以个人的一点一滴的小文明汇聚整个街道的大文明。

3. 民主自治

民主自治是杨家埠街道进行基层治理的重要环节，完善群众参与基层社会治理的多样化渠道是杨家埠街道构建基层社会治理新格局的关键举措。"一约一会一团"是杨家埠街道根据本街道的总体治理状况，秉持拓宽村民自治渠道、提升村民自治参与度的原则，将"一约"即村规民约、"一会"即乡贤议事会、"一团"即党员政策宣讲团结合起来，进行基层社会治理的优秀模式。

首先，村规民约是杨家埠街道全体村民进行民主自治的重要依据，杨家埠街道的村规民约由村党组织提议，村"两委"联席会议商议，村监委会全程监督，制定流程规范化。并且，村规民约在婚姻家庭、邻里关系、美丽家园、平安建设、民主参与、奖惩措施等多个方面作出了规定，内容较为全面、完善。与此同时，杨家埠街道制定的村规民约与时俱进，会根据社会状况的变化和发展不断修改变更，比如，在近年来国家大力倡导完善社会治安防控体系和健全公共安全体制机制的背景下，街道最新修改的村规民约中增添了禁止涉黑涉恶的村民担任村干部，禁止在疫情防控、防台救灾等重大应急处置工作中存在玩忽职守、拒不配合、干扰破坏等情形的村民担任村级组织成员候选人等规定。此外，村规民约的功能在于反映村民的合理诉求、保障村民的切身利益，因此杨家埠街道各村十分重视村民意见，针对需要解决的问题、村民普遍关心的事项以及与本村发展、建设密切相关的事项，广泛征求意见，比如，和桥村将本村的村民自治章程和村规民约制作成手册，共计260余份，全部分发到每家每户，并根据村民的意见和建议不断修改、完善村规民约。

其次，杨家埠街道不断健全村民自治机制，在基层公共事务和公益事业中广泛实行群众自我管理、自我服务、自我教育、自我监督，拓宽群众反映意见和建议的渠道。① 乡贤议事会是杨家埠街道进行民主自治的重要机制之一，乡贤议事会主要由村里的老党员干部、老教师、老医生、企业家、致富能人等热心服务本村经济发展的乡贤自愿参与，每个村人数五人至九人不定。近年来，杨家埠街道各村处于大变化、大发展阶段，如何民主决策、科学运作是各村都要面对的治理难题，为此，各村乡贤议事会积极参与村级事务决策，在村"两委"商议后、村民代表大会表决前，对重大事项广泛听取意见、充分酝酿讨论、汇聚集体智慧，在科学决策、民主决策方面发挥了重要的影响力。比如，和桥村由党支部牵头，在乡贤议事会的基础上成立了由乡贤、村民代表组成的"新农村建设推进委员会"，深入参与民主决策。总而言之，杨家埠街道各村的乡贤议事会在收集民声、建言献策、慈善公益、矛盾调解等方面都作出了突出的贡献，发挥了乡贤议事会沟通街道、村级组织跟人民群众的桥梁纽带作用。

最后，杨家埠街道还通过党员政策宣讲团将普法教育、党规政策宣传常态化，进一步拓宽基层组织与村民的沟通渠道，提升了村民参与度，增强了村组织动员能力。党员政策宣讲团依托道德大讲堂、普法宣传栏、新时代文明实践基地等阵地，通过党员大会、村民代表大会、入户宣传等形式，让村民懂法、知法、守法，不断加强村民法律素养，也让村民及时了解党的政策法规，在这个过程中，党员政策宣讲团也进一步了解、收集了社情民意。例如，和桥村在扫黑除恶宣传工作中，村党员干部入户分发宣传手册，共计300余份，让村民知晓涉黑涉恶的种类，将政府扫黑除恶的决心深入村民心中，鼓励村民检举揭发线索，共同营造风清气正的农村发展环境。

---

① 参见《中共中央国务院关于加强基层治理体系和治理能力现代化建设的意见》，人民出版社，2021，第8页。

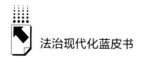

三　杨家埠街道治理实践的优势特征

通过一系列探索、构建基层社会治理新格局的举措，杨家埠街道在治理实践过程中逐渐形成了自身独特的优势特征，这些优势特征具体表现为完善的治理组织结构、鲜明的内生型治理秩序以及突出的村民自治成效。

（一）完善的治理组织结构

杨家埠街道的前身是杨家埠镇，成立于2001年6月，部分乡镇行政区划调整，撤销弁南乡、龙溪乡，合并设立杨家埠镇，辖27个村。2013年1月，撤杨家埠镇建杨家埠、龙溪两街道，杨家埠街道正式成立。杨家埠街道成立至今，治理组织结构已经较为完善，街道有内设机构"七办两中心"，街道工作人员由公务员、事业编制人员、聘用人员等构成，制定有会议制度、财务制度、党员教育管理制度等规章制度。杨家埠街道下辖11个行政村，各村按照自身情况合理划分、组成村民小组，每一个村常备后备人才二人。村级组织主要由党支部委员会、村民自治委员会和村务监督委员会组成，并有乡贤议事会、家园志愿者团队、幸福邻里志愿者团队、党员政策宣讲团等众多社会组织。与此同时，杨家埠街道及各村不断探索、完善自身的治理组织结构，比如街道在北片园区成立功能性党支部，丰富了党支部组织结构；街道联合湖州师范学院组成了"校地合作"的党建联盟，创新了党建发展模式；和桥村成立了由乡贤、村民代表组成的"新农村建设推进委员会"，促进了各村社会组织发展。总体而言，杨家埠街道的治理组织结构较为完善，并且十分注重探索、拓展新的治理组织样态。

（二）鲜明的内生型治理秩序

杨家埠街道部分村落在一定程度上仍然存在"熟人社会"的特征，比如戚家村、施家门村，这两个村落以姓氏命名，村内村民基本上是同一姓氏，各家村民都认识彼此，而其他村落的村民虽然是异姓，但是彼此基本熟悉。基于这样的背景，杨家埠街道重视议事，在各村成立了乡贤议事会等议事决策组织，通过推动村民参与村级事务的决策，让各村自主决定各村的重大事项，自事自办，实现了议事民主，在民主决策方式方面呈现出鲜明的内生型治理特征。此外，各村村民彼此相识的普遍特征导致村民在发生矛盾时往往更愿意求助于调解手段而非诉讼手段，杨家埠街道的社会矛盾纠纷调处化解中心充分认识到了民众的这种需求，并采取了符合该种需求的人民调解方式，即矛盾调解中心在开展调解工作时会将各村的背景特征和当事人的实际情况纳入考虑，针对各村发生的婚姻家庭纠纷、邻里纠纷等，街道矛盾调解中心往往会邀请该村内辈分高、威望高的人或者当事人双方都熟悉的德高望重的人来做调解人，因地制宜、因人制宜，借助村民力量将矛盾纠纷化解在村民内部，具有鲜明的内生型治理秩序特征。

（三）突出的村民自治成效

杨家埠街道村民自治成效的突出之处表现在村民自治形式多样化以及自治程序规范化。首先，街道一直致力于探索并采取多样化的形式实现村民自治，如今已经颇有成效，除了前文已述的"一约一会一团"，还包括问计于民的"三问老书记"制度、民众参与的"六老六大员"制度等推动村民参与治理的制度性举措，以及"家园志愿者"志愿服务、依托第三方的幸福邻里服务活动等由众多村民参与其中的非制度性举措。其次，村民自治程序逐渐规范化也是杨家埠街道推进村民自治工作的成果之一。在实施依据方面，街道制定了较为全面的村规民约规范了村民的民主参与，并且根据社会发展不断完善、改进，为村民自治提供了明确、公开的依据；在实施步骤方面，街道规定了村级重大事项的"五议两公开"决策法，规范了村民的民主决策流程。

四 杨家埠街道治理实践的发展障碍

杨家埠街道在基层社会治理方面取得了一定的成绩，但是也存在一些薄

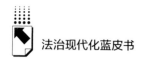

弱环节和后续的改进空间，主要表现在社会情势日趋复杂、街道专业法律人才缺少和网格员队伍建设不足。

（一）社会情势日趋复杂

近年来，随着杨家埠街道建设水平的不断提升，杨家埠街道的社会情势日趋复杂，这些复杂之处具体表现在以下方面。第一，矛盾纠纷不断增加。随着街道北片园区的建设和发展，企业和社会组织不断增加，区域经济水平不断提高，外来人口增多，人口流动更加频繁，在此过程中，矛盾纠纷如劳动争议纠纷、损害赔偿纠纷等也随之增多。第二，疑难复杂案件增多。随着杨家埠街道整村拆迁工作的推进，征地拆迁纠纷逐渐成为街道的高发纠纷类型之一，征地拆迁纠纷往往案情复杂，案件标的额较大、牵涉的利益主体较多、问题解决历时较长，要解决该类纠纷往往需要专业法律人才的参与，也往往需要诉诸诉讼手段。第三，法律服务需求持续增长。随着杨家埠街道经济不断发展，教育资源投入增加，人民群众的受教育水平不断提高，权利意识不断增强，通过诉讼手段维护自身合法权益的意愿也随之增强，于是群众对法律服务的需求持续增加。

（二）街道专业法律人才缺少

在杨家埠街道社会情势越来越复杂的背景下，专业法律人才的缺失成为杨家埠街道在基层社会治理过程中的薄弱点。具体而言，杨家埠街道的调解人员往往是由街道的干部、村干部、党员以及当地德高望重的人担任，在大部分的案件中都有良好的调解效果，但是在部分疑难案件中，人民调解员法律知识的欠缺、"诉调对接"程序的不足都成为解决矛盾纠纷的薄弱点。同时，街道缺少专业法律人才这一现状也使街道在法律法规的宣传上不够及时有效，对群众的法律教育缺乏针对性、权威性。

从杨家埠街道矛盾纠纷增加、疑难复杂案件增多、街道法律服务需求增加而供给不足的情况中可以看出，杨家埠街道在后续的基层社会治理过程中，不但应当注重发挥人民调解的解纷作用，而且应当注重提高人民调解员的法律素养、吸收专业法律人才进基层，并建立健全人民调解和司法诉讼的衔接机制，为人民群众提供人民调解、法律咨询、诉讼服务、法律援助的多样化纠纷解决渠道。目前，杨家埠街道已初步建立了法律顾问制度，街道与湖州市泽大律师事务所合作，由泽大律师事务所派遣专业律师每周到街道社会矛盾纠纷调处化解中心提供半天的法律服务。但是该制度仍有较大的进步空间，杨家埠街道应当进一步加深与律师事务所的合作，为村民提供更充足、更便利的法律服务，比如鼓励各村"两委"在街道主持下与律师事务所签约，为村民寻求法律服务提供便利，也为各村举办各类法律宣传教育活动助力。同时，街道也应当与律师事务所、法律援助中心、法院等多方主体建立更为广泛的合作关系，加强沟通，共同解决基层矛盾纠纷，营造和谐的街道氛围。

（三）网格员队伍建设不足

目前，杨家埠街道共有 11 个村，有 7 名专职网格员，原则上以自然村落为基本单位划分网格，每位网格员负责管理一个或两个村，已经基本实现了街道全部区域的网格化管理，然而，网格员队伍建设的不足阻碍了网格化治理工作效能的提升。总体而言，杨家埠街道网格员队伍的不足之处如下。第一，网格员的整体素质有待提高。网格员的工作内容有时会涉及一些需要专业知识的领域，比如安全生产、消防安全、政策宣传、法律教育等，然而，现阶段对网格员专业培训的缺失导致了网格员的整体素质不高、工作成效不佳。第二，网格员队伍的管理有待改进。一名专职网格员需要管理一个网格区域内的所有事务，包括治安管理、信息采集与隐患排查、矛盾纠纷的调解、政策宣导与法治教育、环境卫生管理以及为网格内村民提供帮助等，工作内容非常繁杂。而杨家埠街道的专职网格员属于编外人员，薪酬发放标准参照街道编外人员待遇，年收入约为 8 万元（含五险一金）。在工作内容繁重而待遇偏低的情况下，网格员队伍的稳定性不佳，这极大地阻碍了网格员工作效能的发挥。第三，监督考核机制有待完善。杨家埠街道的网格化管理工作属于初步建成阶段，虽然工作职责及日常考核办法已经初步制定，但

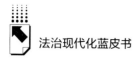
是更为全面、科学、有效的监督考核机制仍未建立。

网格化社会治理是一项系统化的复杂工作，而网格员队伍的建设是其中的关键环节。在后续的网格化治理工作中，杨家埠街道需要重视对网格员的培训工作，提高网格员的专业知识与技能，充分发挥网格员的工作效能。同时，街道应当重视网格员的选任、晋升和激励机制，并建立相应的制度予以规范，提高网格员的工作积极性，保持网格员队伍的稳定性。此外，完善网格员的监督考核机制也是后续网格员队伍建设的重点，必须建立科学合理的监督考核机制，将村民的意见和建议、满意度和获得感作为考核的重要评价指标。

B.9
漳州市西桥服务型社区治理模式探索[*]

王伟彬[**]

摘　要： 个体共同生活形成社区，社区是包含地缘、血缘、精神共同体的综合概念。当前我国"重管理、轻服务"的传统社区治理模式，需要转变为以服务为中心的新模式。福建省漳州市西桥社区积极探索服务型社区治理模式，推出了"一站式"综合服务、"2+N"网格化治理模式、"社工+义工"联动志愿服务、社区公共法律服务等便民利民的服务种类和方式。西桥社区的治理经验对其他社区转变治理模式、提高治理成效的尝试具有一定借鉴作用。

关键词： 社区治理　一站式服务　网格化治理　联动服务　公共法律服务

一　引言

"社区"这一概念来源于德国著名社会学家斐迪南·滕尼斯的理论，他在《社区与社会》一书中重点论述了纯粹社会学的两种基本形式："社区"或"共同体"（Gemeinschaft）和"社会"（Gesellschaft）。[①] 其中"社区"是指由人的自然意志推动，并以统一、团结为特征的社会联系和组织方式，

---

[*] 除专门引注外，本报告涉及的所有事例、数据、图表均为中国法治现代化研究院"城乡基层社会治理实证研究"课题组2021年7～9月在福建省漳州市芗城区西桥街道西桥社区调研所得。

[**] 王伟彬，法学硕士，南京师范大学政府治理与行政法理研究中心研究人员。

[①] 转引自马全中《中国社区治理研究：近期回顾与评析》，《新疆师范大学学报》（哲学社会科学版）2017年第2期。

它一般表现为地缘共同体（村庄）、精神共同体（宗教团体）和血缘共同体（家庭、宗族）或者它们之间的结合形式；而"社会"则是由人的理性意志所主导的，并通过订立契约形成的组织形式，如现代政府、政党、军队和企业等。① 社区不仅是一个空间概念，更是个体共同生活形成的共同体。社区与个体的关系表现在，一方面，社区满足个体单凭自身无法满足的需要，也赋予个体相应的身份、地位；另一方面，个体通过参加社区组织的活动，获得他们对于该社区的认同感、归属感，并满足他们各自的精神需要。② "社区"概念从最初的德语"Gemeinschaft"，再经过英语"Community"，最后变成了中文"社区"一词。在这个过程中，它受到了芝加哥城市社会学派和英国社会人类学派的影响，③ 后来逐渐演化成具体的地域性生活共同体，也就是如今我们熟知的"社区"含义。

根据上述社会学理论，社区本是个体共同生活的一个场域，它存在的最重要的价值在于降低个体生活的成本和风险、为个体提供必要的物质保障、满足个体的精神需求。因此，为居民提供服务，才是社区存在的意义所在。而如果政府将行政权力不断下沉，主动干预社区内事务，试图成为一个全能型的"父亲"角色，④ 反而可能造成治理难题。目前，国内一些城市的街道办事处的行政职能自然地向下延伸到各个社区居委会，这可能造成职能错位、管理成本加大，行政效率却大打折扣。这种治理模式虚化了社区的面目，把辅助政府完成行政工作变成了社区的首要任务。⑤

社区治理如果要从"行政管理型"转变为"社会服务型"，则"服务型"社区的具体治理模式亟须探索。地处福建省漳州市的西桥社区已经在

① 参见肖林《"'社区'研究"与"社区研究"——近年来我国城市社区研究述评》，《社会学研究》2011年第4期。
② 参见雷晓明《市民社会、社区发展与社会发展——兼评中国的社区理论研究》，《社会科学研究》2005年第2期。
③ 参见肖林《"'社区'研究"与"社区研究"——近年来我国城市社区研究述评》，《社会学研究》2011年第4期。
④ 参见陈辉《服务型政府与社区治理创新研究》，《行政论坛》2012年第1期。
⑤ 参见陈辉《城市基层民主发展的困境与路径的选择》，《理论探讨》2010年第1期。

探索城市服务型社区治理模式的道路上走了许多年，工作人员服务居民的经验丰富。在他们摸索的过程中，不仅推出了一系列惠及社区每一个居民、每一类人群的便捷服务，也运用了不少行之有效的治理手段，比如，"一站式"综合服务、"2+N"网格化治理模式、"社工+义工"联动志愿服务、社区公共法律服务等。西桥社区通过改变传统的治理思路，使用更高效、更便捷、更完善的社区治理新方式，降低了治理成本，使居民的生活更加安宁、幸福。笔者试图提炼西桥社区在探索服务型社区治理模式中产生的经验和教训，或许可以为其他地区提供一个转变社区治理方式的新思路。

二　西桥社区基本情况

西桥社区位于漳州的母亲河九龙江北岸，是芗城区西桥街道所辖的社区之一。社区东起香港路历史街区，西至人民市场外围，北起振成巷，南至博爱西道鑫荣花苑。现在的西桥社区居委会，是在原先的西桥居委会和青年居委会的基础上，于2002年重新合并而成的。整个辖区的面积为0.26平方千米，截至2021年，一共有2691户居民长居于此，社区总人口为6669人。当前，西桥社区居委会的在编人员共有7人，其中，党员6人、大专及以上学历3人、中级社会工作师2人、助理社会工作师1人。社区内部设有党总支，下设3个党支部，社区内共有76名党员。这些党员在政治宣传、居民服务、文化建设、志愿帮扶等社区治理工作中，发挥了较强的模范带头作用，同时他们也是推动西桥社区居民自治的一股重要力量。在西桥社区内，一共驻有六家企事业单位，在这些企事业单位成立至今的数年间，它们不仅对本地的经济发展和就业问题的解决起到一定积极作用，更是通过它们的服务，为社区居民的生活提供了很多便利。西桥社区还是一个具有浓厚历史底蕴和地域特色的社区，全国重点文物保护单位漳州石牌坊街区便坐落于此，还有漳州市区极具闽南独特风格的老建筑"骑楼"，也集中于西桥社区所辖的香港路一带。西桥社区与其他社区不同的地方在于它的服务型治理方式。近年来，因为居委会工作人员较为突出的服务成效，还有社区居民的积极参与，西桥社区受到了各级政府的表彰，被评为"国家级充分就业示范社区""福建省文明社区""福建省社区服务老干部工作示范点""福建省五星级信息化社区""漳州市巾帼文明岗""漳州市最美志愿服务社区"等。

三 社区治理新样态

"一站式服务"这一概念其实是"舶来品"。最初，在欧美国家的商业用语中指企业在提供服务的过程中，采取一次性为客户提供完整的"一条龙"服务方式，其本质是服务的集成与整合。后来，这一概念也被引进政府行政改革中，[①] 政府行政服务的效率得到提升，企业和个人也能更加高效、便捷地获取行政服务。而网格化治理，则是我国的一种创新。西桥社区在响应国家号召的同时，结合本地特点，创造了"2+N"模式，为网格化治理方式做出新的尝试。不管是一站式服务方式的引入，还是对网格化治理的本土改造，西桥社区都走在了其他社区之前，勇于尝试、敢于创新，提高了服务质量、效率，获得了社区居民的认可。

（一）一站式社区服务

一站式服务在西桥社区的应用，不仅提高了社区服务效率，还节约了社区办公场所的使用空间。西桥社区的一站式便民服务大厅设置于居委会办公区域的东面，总面积大约有 250 平方米。在一站式便民服务大厅中设有多个居民服务窗口，如"社区网格管理站""社区便民服务站""综治信访维稳站""社区志愿服务站"等。这种一站式的社区服务方式，就像是一站式行政服务的社区版本，它的出现和应用，使得社区居民能在同一时间段之内在不同窗口便捷高效地获得日常生活所需的各式各样的服务。

---

① 参见沈荣华、杨国栋《论"一站式"服务方式与行政体制改革》，《中国行政管理》2006年第 10 期。

其中，"社区网格管理站"的功能是为西桥社区居民提供便捷的网格服务，大到帮助社区居民解决邻里矛盾、排除社区生活的安全隐患，小到为社区里的独居老年人提供免费上门"送温暖"服务，在提供网格化社区服务的同时，提高社区综合管理水平。"社区便民服务站"的设立目的是，为社区居民提供民政与退役军人服务、劳动保障服务、城市低保服务和计划生育服务等必要的社会生活服务，为居民提供再就业、扶贫帮困等各种优质服务。"综治信访维稳站"被社区工作者称为"矛盾化解池"，专门负责社区居民信访接待工作、社区综合治理等保障社区生活稳定、安宁的重要工作。

当社区居民遇到生活上的问题，需要社区工作人员的服务或者帮助时，比如，居民想要申请某种补助，但是不知道应当到哪个窗口办理，或者不了解需要提交哪些证明材料，可以直接向一站式便民服务大厅接待窗口的值班人员咨询，在场的值班人员在了解清楚该居民的需求之后，可以将他引导至具体的服务窗口，并由该窗口的工作人员现场给予答复。如果是能够在社区提出申请的，社区工作人员会直接协助办理，而如果本社区居委会无权受理该居民的这一申请，那么工作人员将会详细告知他应当前往何处申请。西桥社区一站式便民服务大厅的设置，不仅节约了社区居民获取各类服务的时间，更是在便民利民的基础上提高了社区工作人员的工作效率。在设置一站式便民服务大厅之前，各类社区服务窗口分别设置在不同的地方，有些窗口提供的服务明显重叠，或者是工作人员对各自窗口的服务范围不甚了解，导致所谓办事"跑断腿"的现象出现。但是在引入新的社区服务方式之后，则变成了群众办事"零跑腿"，社区服务效率和质量得到明显提高，社区居民对此赞不绝口。

无论是社会整体的运转速度，还是"原子化"个人的生活节奏，相较于先前几年，都更加快速。人们在生活中产生的种种服务需求，也相应地期望得到更迅速的回应。从社区服务的现实效果出发，这种服务模式有利于提高社区服务效率。自从引入一站式服务后，社区居民生活中方方面面的服务需求，基本能在本社区内得到初步满足，如果有进一步需要，可以通过社区

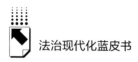

工作人员的答复，了解其他的满足途径。从社区居民的心理感受来看，触手可及的高效便民服务，显著提升了他们接受服务的满意度。居民的基本社区生活需求能够得到快速满足，自然会更加满意社区的服务状况，特别是相较于先前那种略显无序低效的服务方式，当前西桥社区一站式的服务模式在居民心中更加有分量，而社区的治理方式在他们心中也自然受到更多肯定和赞许。

（二）网格化治理

党的十九届四中全会通过的《中共中央关于坚持和完善中国特色社会主义制度　推进国家治理体系和治理能力现代化若干重大问题的决定》在"构建基层社会治理新格局"的重大战略命题中明确提出，"健全社区管理和服务机制，推行网格化管理和服务"。[①] 当前，网格化治理的公共服务功能日益凸显，成为社区服务机制的重大创新实践。多年以来，西桥社区以提供多种形式的居民生活服务作为它最重要的社区治理方式，在党中央提出要推行网格化治理时，便积极响应号召，结合当地社区治理和居民生活特点等现实需要，开始推行西桥社区内的网格化治理模式。

近年来，漳州市全面推行城乡社区网格治理"2+N"模式暨"社区（乡村）110"建设，其中，"2"为网格员与警员，网格员一般由所在社区的"两委"成员，即社区居委会和社区党支部委员会成员担任。警员原则上由管辖该社区的派出所民警、辅警、警务助理担任，"N"是各个社区根据自身辖区的治理特色及相应的居民生活需求，综合吸纳当地的人民调解员、律师、医生、退役军人、物业保安人员等多股社会力量，共同协助社区网格员和警员，有序有效地开展日常的社区治理工作。西桥社区作为漳州市各社区的模范之一，是漳州市最早开始实行"2+N"模式的社区。在西桥社区的具体实践中，除了由本社区"两委"成员担任网格员之外，还积极发

---

① 参见《中共中央关于坚持和完善中国特色社会主义制度　推进国家治理体系和治理能力现代化若干重大问题的决定》，人民出版社，2019，第30页。

挥本社区内配置的民警（或辅警）熟悉居民、熟悉环境等社区治理工作上的优势，专职承担采集居民基础信息、排查社区安全隐患、整治社区乱象、化解居民纠纷、宣传政策法律、搜集居民意见、代办公共服务等职责。此外，西桥社区还将社区的志愿服务队伍、法律服务人员的日常社区服务工作，与本社区的治理相结合，形成一个具有本社区服务特色的网格化治理方式，共同追求"纠纷矛盾速化解、居民平安享生活、社区服务高质量"的目标。

在西桥社区网格化治理的具体人员安排中，能够看出他们采取"2+N"模式的原因及其治理效果。以西桥社区辖区内S小区为例，该小区物业管理公司中的五名物业管理人员在本社区实行网格化治理后，以网格化治理方案中的"N"这一角色，参与到治理工作当中，主要工作是协助网格员和社区民警化解邻里纠纷、反馈社情民意、宣传社区治理动态等。物业管理人员与居民之间每天"抬头不见、低头见"，作为社区服务网络的"神经末梢"，他们不仅与小区居民距离最近，而且掌握着小区居民生活最新、最全面的信息。每当小区内产生一些邻里纠纷时，他们可以在第一时间到达现场，面对面与双方当事人沟通，妥善处理这些生活上的纠纷，把矛盾化解在萌芽阶段，避免后续的纠纷扩大，造成居民乃至社区更大的、不必要的损失。该小区的住户纷纷称赞他们是"小区110"，虽然不是真正的警察，但是住户们遇到什么问题，他们能在最快的时间内赶到，速度比"110"出警更快，而且熟悉小区环境，熟悉小区住户们的邻里关系，所以能够迅速地帮助处理很多生活上的问题。

总之，网格员与辅助网格员工作的人员都是联系居民与社区工作人员、治安民警之间的必要桥梁。西桥社区遵循芗城区采取的"三事分流"社会治理工作路径——"大事"政府快办、"小事"协商共办、"私事"群众自办，也就是说当遇到社会治安问题时，社区网格员可先行介入，若在该层面无法及时化解矛盾，就立即上报，社区网格员、社区民警分别根据实际情况采取有关措施，全力确保矛盾纠纷不升级、不激化。虽然社区网格员参与治理是当前社区治理方式的重要一环，但是，社区网格员、社区民警及其他辅

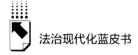

助人员只是基层社会治理环节中新增的一个辅助型角色,由于专业技能有限、社区治理辐射面较广等,他们并不能包揽社区治理、社区生活服务等全方面的工作,而是重在协助社区人员、民警抓好基层社会治理工作。

四 "社工+义工"联动服务模式

我国目前的社会保障制度和社会保障体系还不够健全,志愿者服务可有效弥补市场机制和政府机制中的内在缺陷,[1] 因为他们的行动能够增进公民个体之间,不同社会群体、不同社会阶层之间的交流和了解,缓解不同群体间的矛盾,对补救或预防某些社会问题发挥着积极作用。志愿者不仅直接提供社会服务,也是国家、政府与民众相互沟通的媒介,可以起到"上情下达"与"下情上达"的作用。当本地很多社区还在沿用传统治理思路之时,西桥社区已开始探索新的服务模式,建立起多支志愿服务队,由社区工作人员带头,联合志愿参与社区服务工作的义工们,构筑起社区志愿服务联合队伍,共同打造温馨友爱的社区。

(一)特殊群体帮扶工作

近年来,西桥社区建立全新的"全科社区工作者"及"三社联动"工作模式,用"绣花"精神和"工匠"精神落实城市治理的最小单元,更好地为生活上有困难的居民群众提供精准化、精细化社区服务。他们通过详细的摸底调查,充分收集社情民意,准确把握居民诉求,为各类群体登记造册,以便开展富有针对性的帮扶工作,达到"以人为本、服务群众"的目标。

西侨社区的社工和义工,根据上述不同群体的档案记录,制定不同的服务方案,分别为他们提供相应的社区志愿服务。具体而言,针对本社区

---

① 参见安国启、曹凯《论青年志愿服务对我国社会发展的作用》,《中国青年研究》2002 年第
1 期。

的老年人养老及医疗保障的需求，志愿服务者们积极搭建居家养老服务平台，同时，引进智慧养老系统，为社区老年居民提供线上基础信息服务和线下人工援助服务，将互联网与养老服务相结合，称得上是养老服务领域的"互联网+"。一方面，社区工作者积极为老年人提供更加完善的养老服务设施；另一方面，他们定期走访社区空巢老人，为他们提供免费的家政服务，陪他们聊天解闷，并与西桥街道社区卫生服务中心对接，安排家庭医生，配合他们入户诊疗等。西桥社区对老年人服务提供渠道的拓展，不仅进一步满足了社区老年人的养老需求，为他们提供了更多的养老服务选择，更丰富了社区志愿服务的提供形式，弥补了原先社区志愿服务信息化程度不高的缺陷，让本社区老年人老有所养、老有所学、老有所乐，正是他们努力工作的心愿所在。志愿者们为孤寡老人们能够安度晚年而做出的点滴努力不胜枚举。比如，80 岁独居吴姓老人不幸摔伤住院后，社区为他垫付了手术治疗费，同时安排了社区的多名志愿者轮流到医院照顾他的生活起居，直到他痊愈出院。在他康复后，社工们也时常到他家探望他、陪伴他。此外，还有社区里一位瘫痪的罗奶奶，几名志愿者与她结成固定的帮扶对子，定期到她家里去打扫卫生、送去基本生活用品和慰问金等，直至老人离世。

针对社区内的女性居民，志愿者们主动上门为育龄妇女提供免费的计生服务，定期开展各种技能培训、普及婚姻家庭法律知识、提供心理咨询服务、促进妇女就业等，多方面提高妇女的素质和能力。比如，社区志愿者常年帮扶残疾妇女郑阿姨，除了照顾她的日常生活起居之外，还帮助她顺利申请到廉租房，解决了住房问题。另外，志愿者们还帮助下岗妇女严女士再就业，并解决了她孩子的入学问题，对她积极进行精神疏导，帮助她舒缓生活压力，重拾起生活信心。在温暖的西桥社区大家庭，不仅老人和妇女受到社区志愿者的特别关照，未成年人的健康和学业也是他们所重视的。例如，社区特别开辟了一个未成年人活动中心，为孩子们提供各类图书、绿色网络。针对部分家长工作繁忙，下午难以兼顾接送孩子放学的问题，社区开放了"四点半"学校，在孩子上学期间的下午四点半开门，帮助

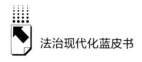

家长们暂时照顾他们，解决了家长们的后顾之忧。同时，社区还长期针对性地帮扶9名困难学生，为他们申请助学金，并联系企业资助后续资金，保障他们完成学业。

针对社区内的下岗失业人员，社区以"社区劳动保障站"为依托，成立了专门的"社区劳动保障服务队"，面向失业居民开展"一转三帮"服务——转变就业观念、帮提高技能、帮解决资金、帮办理再就业手续。志愿者不定期地对本社区的下岗失业人员进行普查登记，实行动态管理，同时通过与辖区内的物业公司、私营企业等单位建立互信联系，为下岗失业人员搭建就业平台，定期组织各类岗位技能培训和创业帮扶，提高下岗人员职业竞争力。截至2021年，社区志愿者在帮助失业居民再就业上做出的努力收获颇丰，他们一共为126名下岗职工办理了再就业优惠，为118名"4050"下岗职工办理了社保补贴，帮助3名创业人员申请到小额贷款30余万元，举办下岗职工再就业培训6期，提供就业岗位183个。

社区成立以来，社区工作者充分发挥"两委一中心"引领志愿服务的作用，秉承"专心为群众、热心办实事、真心换民心"的服务宗旨，从点滴生活服务入手，深入居民家中，认真倾听他们的需求以及各方面意见和建议，切实提升居民的生活品质，解决居民群众的生活困难，营造和和美美的社区氛围。社区工作者在服务居民的同时，拉近了与居民的距离，并朝着创造共居共建、共驻共荣、共管共享、共建文明、共享繁荣、共居平安的新型社区关系这一高远的目标不断努力。

（二）志愿服务团队化

西桥社区志愿者服务站以宣传志愿服务理念、鼓励居民参与公益事业服务、营造温馨的社区氛围为目标，在组织志愿团队活动、服务社区居民的同时，弘扬社会主义核心价值观，发扬了他们乐于奉献、团结友爱的志愿服务精神。在具体工作中，以社区弱势群体为重点，针对扶贫助残、帮困助教、敬老爱幼、科学普及、医疗保健、环境保护等不同的服务载体，根据每个志愿者的专业特长，将他们编入不同类型的队伍。截至 2021 年，西桥社区一共创建了 10 余支不同的志愿服务队伍，包括社区志愿者服务队、社区党员志愿服务队、社区物业志愿服务队、社区学雷锋志愿服务队、社区平安志愿服务队、社区红十字志愿服务队、社区夕阳红志愿服务队、社区文化志愿服务队、社区职工志愿服务队、社区巾帼志愿服务队等。它们发挥各自的优势，为社区居民免费提供送医上门、关爱助学、法律援助、帮扶老人和残疾人等服务。

除了上述由不同年龄段、不同社会身份的居民组成的较为专业的志愿服务队伍之外，还有一支特殊的队伍，那就是"厝边阿姨巡防队"。这支队伍全部由古城里已经退休的居民阿姨组成，"厝边"二字取自闽南方言中的"厝边头尾"，意为左邻右舍、街坊邻里，这个名字生动地展现了社区邻里团结一致、维护共同家园之意。队员都是古城里的老住户，她们熟悉古城里的每个角落，也深深地爱着这片古建筑群。在白天，她们穿着红马甲，每四人一组穿梭于古城的大街小巷，凡是遇到邻里纠纷、路人求助等问题，她们都热情地提供帮助。阿姨们将志愿服务作为退休后的又一份工作，在为古城片区的群众提供服务的同时，也丰富了自己的生活。近年来，西桥社区内成立了一支支以社区居民为主体力量的志愿服务队，解决了社区街道人手不足、治理不够精细的难题，这些志愿服务者的身影也为社区增添了一道道亮丽的风景线。

"厝边阿姨巡防队"只是众多社区居民参与志愿服务活动的一个缩影，截至 2021 年，社区志愿服务站不仅组织建立了 10 余支志愿者服务队，还推动 314 名社区居民注册成为志愿者。多年来，社区积极整合辖区资源，凝聚居委会和居民中的骨干力量，采取区域化统筹、实体化支撑、项目化运作和全民化参与的运作模式，以志愿服务力量打造志愿服务品牌，推出了"居家养老服务""家长学校""四点半学校""少年之家""心理疏导""爱心家园""文体学园""医疗义诊"等特色社区志愿服务项目，使志愿服务融入社区群众的生活中，营造社区"人人为我，我为人人"的志愿服务氛围。

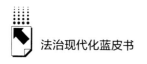

五　社区公共法律服务

中共中央高度重视社会矛盾纠纷的多元化预防、处理，党的十九届四中全会明确提出"完善社会矛盾纠纷多元预防调处化解综合机制，努力将矛盾化解在基层"。① 因此，在社区治理工作中，为居民提供必要的法律服务，乃是将矛盾化解在基层的重要方式之一。社区公共法律服务，顾名思义，就是社区为居民提供的一种较为便利地获取法律服务的途径。社区通过有偿或者无偿方式聘请律师、基层法律服务工作者、派出所民警等具有专业法律素养或具备一定法律知识的人，提供法律咨询、居民纠纷调解等服务,② 从而提高基层矛盾化解的能力和效率。纵观西桥社区的服务型社区治理历程，为社区百姓不间断地提供基础法律服务，也是社区工作者贯彻"为人民服务"的一个有力证明。西桥社区借助法律界专业人士的力量，把邻里矛盾、家庭纠纷最大限度地就地解决，在处理纠纷中普及法律知识，在答疑解惑中宣传法治理念。

（一）社区法律咨询服务

西桥社区为法律咨询服务专门安排了一个办公室，为社区网格民警和法律顾问值班所用，办公室门口挂有网格民警和顾问律师的值班时间表。当社区居民在生活中遇到法律方面的问题，需要专业法律工作者提供帮助时，可以直接联系网格员，并由网格员在第一时间汇报至社区相应的工作人员处，工作人员将会及时与驻点律师取得联系，由律师为居民提供相应的法律咨询服务。从法律服务的活动安排来看，西桥社区常年与西桥司法所、福建佳平律师事务所等单位合作，定期联合在社区内举办普法讲座，对社区居民群众

---

① 参见《中共中央关于坚持和完善中国特色社会主义制度　推进国家治理体系和治理能力现代化若干重大问题的决定》，人民出版社，2019，第 29 页。
② 参见曹吉锋《村（社区）法律顾问制度的实践与问题反思》，《上海政法学院学报》（法治论丛）2017 年第 1 期。

进行法治宣传教育。从社区居民的切身体会来看，社区法律咨询服务确实为居民提供了及时的帮助，居民对民警和律师的评价普遍较高，认为他们是社区不可缺少的法律卫士和安全卫士。

在不同的时间段，西桥社区会针对当时最新的法治动态，从中寻找社会关注度较高的法律问题，开展社区法律宣传活动。比如在 2021 年，社区法律顾问律师围绕居民群众日常遇到的法律问题，选取扫黑除恶、非法高利贷等热门法律问题，以及《民法典》"继承编""婚姻家庭编"和《刑法修正案（十一）》等重要法律的修改要点，结合社区居民生活，对生活中涉及这些法律问题的情形做了深入浅出的讲解。律师通过面对面、点对点地分析典型案例，以案释法，将抽象的法律条文以通俗易懂的方式展现给居民群众，进一步提升了居民群众的法律意识和法律素养，使居民群众能够更好地在生活中依法维护自己的权益，营造"人人学法、家家知法、时时守法"的良好社区氛围。

（二）社区民警调解服务

我国正在开展的社区警务建设，是通过合理划分市局、分局、派出所职权的方式把有限的警力下沉到基层，建立社区警务室。社区民警的主要任务是负责收集掌握社区居民信息，开展社区居住人口管理、治安维护、安全防范，以及其他社区群众服务。

西桥社区在办公区域内设有固定的社区警务室，警务室内常驻有一名西桥派出所民警，每周的周一、周三和周六是固定的值班时间。在值班时间内，社区居民有任何生活上的纠纷，都可以拨打值班室的电话，寻求社区民警的帮助。纠纷当事人也可以直接到值班室，请值班民警帮助调解。即使在值班时间之外，通常只要社区居民有解决纠纷的需要，立即拨打管辖西桥社区治安的西桥派出所电话，派出所民警也会在第一时间赶往现场为社区居民排忧解难。社区民警基本是土生土长的本地人，他们熟练的闽南语和对当地环境和居民生活习性的高度熟悉，是帮助解决纠纷的"秘密武器"。一般情况下，社区民警帮忙解决的大多数属于偶发的、短时间内

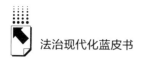
出现的邻里纠纷，少数则是经过多次尝试都无法得到彻底解决的经年老"病"。

快速解决偶发的社区问题自然不难，而面对持续多年的邻居矛盾，如何协调各方关系，如何晓之以理、动之以情，并最终化解积年累月的问题，则更加考验社区民警的工作能力。西桥社区的值班民警谢警官，在西桥派出所工作多年，与社区居民形成了团结友好的警民关系，居民常常亲切地称呼他为"老谢"。2021年4月，当时社区存在一起令当事人苦恼多时的纠纷，接到求助电话的老谢带领辅警及警务助理来到所在幼儿园了解情况。在小区幼儿园楼上有一住户老周自制的闽南风味腊肠很是畅销，每日销售数十斤，但晾晒的过程却给楼下的幼儿园师生活动造成极大安全隐患。腊肠在晾晒、风干的过程中不断地滴落油水，正好落在楼下幼儿园平地上，而这处平地正是小朋友们每日进行户外活动的场地，由于楼上晾晒腊肠不停滴落油水形成的油渍，常有小朋友在此滑倒。园长多次上门与老周理论，结果都不理想，这才寻求老谢帮助。老谢入园了解情况后，立即走访居住在九楼的老周，发现他家的室内、阳台都挂有香肠，不停有油水滴落。老谢看到其环境，苦口婆心地劝导老周。老谢从做生意的长久之道，到油污累计的安全隐患，从与社区居民和睦相处的好处，到同样为人父母必然不会伤及其他无辜的孩子等方面入手，几次三番对老周好言相劝，始终未见成效。但是老谢并没有放弃，结合多年的社区居民纠纷调解工作经验，他心知口头上劝说的效果对解决这个问题非常有限，否则也不会拖到现在才寻求解决。而后，老谢上门带领老周及幼儿园园长一同到达争议现场，让老周亲眼看滴落的油渍和周围小朋友们活动的范围。经过老谢的劝说和现场问题的直观呈现，老周终于认识到自己的错误，并同意老谢提出的整改方案。经过社区民警的及时介入，幼儿园与居民老周多年来的纠纷终于得到妥善解决，幼儿园内的安全隐患也得以消除。

我国正在将社区警务工作重心转移到以安全预警、危险防范和居民服务为核心，并依靠群众力量抑制犯罪，逐步实现社会治安的良性循环，形成警务活动社会化、警务对策前置化、警民关系亲密化的新型社区警务服务模式。① 西桥社区在社区警务工作中的实践，不仅为社区居民提供了便利的求助渠道、为社区治安环境提供了强有力的保障，更维护了社区居民之间的关系，在民警解决邻里纠纷、化解家庭矛盾、帮助社区群众的同时，无形中也拉近了他们自己与社区居民之间的关系。

六　不足与展望

截至 2021 年，西桥社区勇于尝试探索，并较为成功地实践了新兴的"服务型"社区治理模式。近年来，在社区工作人员的努力下，一站式社区综合服务、网格化社区治理、"社工＋义工"联动志愿服务、社区公共法律服务等不同类型的社区服务，在极大地满足社区居民日常生活需求的同时，也提高了社区治理的水平、增强了社区服务的效果，营造出和谐、温暖、友爱、幸福的社区生活氛围。但是，西桥社区工作人员在不断探索治理路径的过程中，也存在一些有待改进的空间。

（一）居民自治参与度不高

虽然西桥社区制定了与社区治理相关的管理制度、监督检查制度、民主协商制度、民主评议制度等，但是在社区的日常管理过程中真正发挥出社区居民的自治作用，社区居委会"主治"、社区居民"自治"、相关单位"共治"相结合的管理模式的完善，都需要社区居民自发自觉地参与社区治理活动，较高的自治参与度是其中的硬指标。然而，西桥社区居民在日常社区管理过程中表现出来的主动性较低、参与度不高。例如，西桥社区制药厂宿舍是 20 世纪 90 年代初建成的老旧小区，属于无物业小区，长期无人管理，小区环境和管理状况一直很差。多年来，在没有物业管理的情况下，小区居民没有自发形成任何自主管理小区卫生的组织，也没有

---

① 参见姜晓萍、刘汉固《建设"服务型政府"的思路与对策》，《四川大学学报》（哲学社会科学版）2003 年第 4 期。

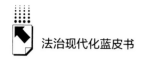

互相协商出一份解决卫生问题的"居民公约"。各家各户只管自己家范围内的卫生，连"各扫门前雪"都做不到，楼道、绿地、公共道路等居民共同使用的地方，通常处于无人管理卫生的状态，"脏、乱、差"是小区环境的常态。

直到西桥社区介入，进行针对性的无物业小区整治，才打破了持续多年既无物业管理，又无居民自治的混乱情况。在社区工作人员不断地劝说下，终于召开了居民民主会议，与居民群众共同探讨如何改善小区的管理和环境状况。社区工作人员积极发动居民群众参与到小区防火防盗、纠纷调解、环境卫生等各项工作中，挨家挨户走访、劝说居民养成自发打扫垃圾杂物的习惯，同时争取资金进行无物业小区改造。社区还及时与制药厂宿舍的原属单位漳州市片仔癀药业积极沟通协调，形成社区、单位、居民三方共同参与的文明共建管理模式，一起梳理解决无物业小区存在的各类问题，使无物业小区整治取得明显的成效，同时也增强了居民的归属感、认同感，促进了和谐社区的建设。

（二）新媒体手段运用不足

西桥社区的社区治理主要依靠传统的人与人面对面的方式，虽然在2017年开通了微信公众号——漳州市芗城区西桥街道西桥社区，开始尝试通过网络方式进行日常社区管理活动的宣传，但是经过深入了解，发现社区公众号的运行和管理存在一些问题。首先，公众号发布的文章数量较少，截至2021年8月，社区日常管理活动、宣传活动的文章总计44篇（各年推送文章数目见图1）。公众号文章的发布是吸引用户注意力的主要手段，而较少数量的文章难以在居民日常生活中形成稳定的影响力。试想一下，在日常生活中，每隔一月才更新文章的公众号，它们的用户阅读量和使用频率大概率也会低于每周更新数篇或者每日更新动态或者发布文章的公众号。

根据图1反映的数据，可以看出西桥社区公众号发布文章的频率较低，而这样低频次的动态更新状况，反映出他们使用新媒体协助治理的效果一般。所以，西桥社区在今后的社区治理过程中，需要结合各类新闻，大到国家最新政策动态、国内外时事要闻，小到本社区线下服务活动、本市游玩新攻略等，增加公众号文章的推送数量。社区使用新媒体手段辅助治理，需要初步形成较稳定的新媒体动态发布频率，方能在居民日常生活中产生影响。

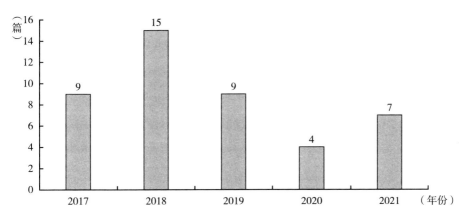

图1　西桥社区公众号文章年度推送数量统计（截至2021年8月）

资料来源：图中统计数据来源于微信公众号"漳州市芗城区西桥街道西桥社区"，https：//mp. weixin. qq. com/mp/profile_ ext？action＝home&＿＿biz＝MzI0NDg1MjEyOA＝＝&scene＝124&uin＝&key＝&devicetype＝Windows＋10＋x64&version＝63030532&lang＝zh_CN&a8scene＝7&fontgear＝2，最后访问日期：2022年3月31日。笔者根据新闻报道资料整理作图。

其次，社区公众号发布的文章内容不够丰富、公众号内设置的功能栏体现多样性有待提升。当前，社区公众号发布的文章，主要是对社区内开展的各种活动进行宣传和总结。公众号下方的功能栏的设置，以介绍社区概况、提供便民服务、宣传社区生活各方面的知识为主。从内容上看，社区公众号发布的信息类型不够多样；从阅读数量上看，总体文章阅读量较小，单篇的阅读量大多数少于50次（见图2）。阅读量较大的几篇文章集中于发布各种关乎居民生活的政策变动信息，如漳州网格E通App的发布、申请年度各项城镇奖励扶助的通知、各类优抚对象信息的采集等。

从中可以看出，居民对于新媒体形式的社区治理手段的关注也局限于与自身生活的实际需求密切相关的信息，而并不太关心整个社区的发展现状、

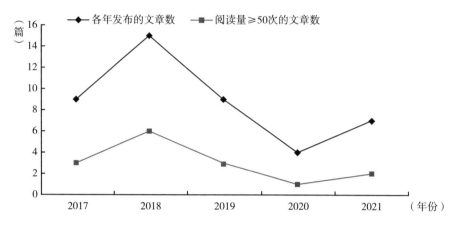

图2　2017～2021年西桥社区公众号各年度文章较高阅读量占比分布

资料来源：图中统计的数据来源于微信公众号"漳州市芗城区西桥街道西桥社区"，https：//mp. weixin. qq. com/mp/profile_ ext? action = home& _ _ biz = MzI0NDg1MjEyOA = = &scene = 124&uin = &key = &devicetype = Windows + 10 + x64&version = 63030532&lang = zh _ CN&a8scene = 7&fontgear = 2，最后访问日期：2022年3月31日。笔者根据新闻报道资料整理作图。

治理效果，那些与社区治理相关的但与自身需求联系不紧密的信息，社区居民给予的关注度普遍较低。从社区与居民双方互动的角度来说，西桥社区使用新媒体治理手段主要是单方向由社区出发，将信息传递到居民一方，而缺乏居民一方主动参与治理的渠道。所以，社区工作人员在公众号功能栏中可以添加与居民互动的渠道，以增加居民主动参与社区治理的途径和机会，如增加居民意见征询栏、居民志愿者风采展示等窗口，提高居民生活与社区治理工作的融合度。

（三）展望社区治理的未来

近年来，西桥社区积极转变治理模式，在探索服务型社区治理的过程中，将国家政策要求、地方制度规划和本地社情民意相结合，为社区居民提供了种类丰富的生活服务，收效颇丰。西桥社区这种以"服务"代替"管理"的做法，拉近了居民之间的距离、增强了警民联系、改善了社区的生活环境，让居民更加认可、信任社区的治理工作，也为社区工作者们日后继续探索更优质的服务形式和治理模式奠定了坚实的群众基础。但是，社区现代化治理水平和治理能力的提高，不仅需要坚实有力的安全保障和高质量的服务体系，还需要居民更积极主动地参与共同治理，提高居民自治能力是社区工作的改进方向。社区的有效治理，更需要社区工作者和居民的相互配合，共同治理、共同爱护，方能共享安乐、共创幸福。

B.10
临沂市小埠东社区治理实践探究[*]

闫芳霖^{**}

摘　要： 临沂市小埠东社区在治理实践中，重视社区制度建设，努力推进
社区治理的制度化、规范化、程序化。小埠东社区详细规定选举
工作的规则和程序，推动居民委员会换届选举制度规范化；制定
严格的资产管理制度与财务管理制度，提高了社区资产的利用效
率；从特殊群体服务、就业创业服务、治安巡逻、移风易俗四个
方面，推动了服务型社区建设。小埠东社区仍然存在治理队伍专
业化水平较低、居民参与治理程度不高、治理工作信息化水平不
高等问题，需要更加注重调整社区治理队伍的结构，创新居民参
与社区事务的方式和途径，建设更完善的信息基础设施。

关键词： 社区治理　基层选举　管理制度　服务型社区

一　小埠东社区概况

山东省临沂市兰山区小埠东社区，位于临沂市兰山区东南侧，沂河西
岸。小埠东社区为农村居委会转型社区，前身为小埠东村，建村于明末清
初。1949年以后，小埠东村隶属临沂市罗庄区白庄公社；1981年，兰山区
城关镇改制为金雀山街道办事处，小埠东村划归金雀山街道办事处管辖；

---

　* 除专门引注外，本报告涉及的所有事例、数据均为中国法治现代化研究院"城乡基层社会治理
实证研究"课题组2021年7～9月在山东省临沂市兰山区小埠东社区调研所得。
　** 闫芳霖，法学硕士，南京师范大学政府治理与行政法理研究中心研究人员。

1982 年该村进行了集体土地改革，包产到户，1998 年改制为小埠东社区；2004 年，经过国有土地收储，村民集体转为城市居民，农村社区转型为城市社区，当时在册在户的部分年龄较大居民购买了失地保险，被纳入社保范围。小埠东社区总面积 2.3 平方公里，总人口 2.3 万人左右，其中常住人口 1.7 万人，流动人口 0.6 万人。小埠东社区党总支下设 8 个党支部，共有党员 360 名，社区"两委"班子 9 人，居委会兼职成员 3 人，入党积极分子 20 名。

小埠东社区有四个还建小区，分别为埠东花园东区，多层住宅 26 栋，房屋 1100 余套；埠东花园西区，多层住宅 8 栋，房屋 340 余套；埠东家园东区，高层住宅 4 栋，房屋 528 套；埠东家园西区，高层住宅 6 栋，房屋合计 1138 套。以上还建小区房屋均为社区自筹自建，房屋土地性质为集体土地，对集体经济组织成员有偿分配使用。小区物业管理服务费用由社区承担，作为集体经济组织成员福利。小埠东社区有四个商业组团，埠东家园东区商业组团面积约为 1.2 万平方米，埠东家园西区底商组团面积 3 万平方米（尚未交付使用），五大道底商组团面积 0.6 万平方米，原农贸市场商业组团面积 1 万平方米。社区收入以集体房屋出租为主，2019 年实现社区收入 989 万元。

小埠东社区社会保障体系完善，社区为年满 46 岁男性、年满 36 岁女性老户居民购买了失地农民养老保险，为年满 30 岁未满 46 岁男性、年满 30 岁未满 36 岁女性老户居民购买了城乡居民社会养老保险，为全体居民购买了医疗保险。社区每年向社区内老年人提供免费体检，向所有居民提供粮食补贴，可免费领取米、面、花生油等生活用品。

二 社区选举制度与实践

居民委员会是居民自我管理、自我服务、自我教育、自我监督的基层群众自治组织，是城乡基层治理实践的主要力量，也是党和政府联系人民群众的重要桥梁和纽带。中共中央、国务院《关于加强基层治理体系和治理能

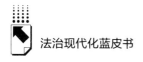

力现代化建设的意见》提出，"积极推行村（社区）党组织书记通过法定程序担任村（居）民委员会主任、村（社区）'两委'班子成员交叉任职"。[①]小埠东社区在居民委员会的换届选举中，坚持党的领导，加强居民委员会选举制度的规范化。

（一）选举制度的内容

小埠东社区居民委员会的换届选举程序由前期准备、推选居民选举委员会人员、选民登记、张榜、办理自荐、预选、委托投票、代写选票、正式选举、另行选举和后续工作等部分构成，环环相扣、内容全面，已形成规范化的换届选举制度。

1. 前期准备

在换届之前，社区会进行一些前期准备工作，包括：调查社区人口数、户数、居民小组数、居民小组长数、居民代表数等；了解户籍变动、外出居民情况；掌握居民委员会成员现有职数、人员状况；重点把握历次选举中关注较多的问题；分析社区选举中可能出现的问题，研究提出具体解决办法；制定换届选举工作实施细则报街道备案；召开社区选举工作会议；启动选举工作人员培训；宣传、鼓励居民，尤其是妇女参选居委会，确保居委会成员中至少有一名女性成员。

2. 推选居民选举委员会成员

居民选举委员会的人数控制在 5 人、7 人或 9 人，负责组织选举换届工作。居民选举委员会的成员必须具备的条件包括：公道正派、组织放心、群众认可；认真执行法律、法规和政策；办事公道，坚持原则，作风正派，倾听居民意见；组织工作能力强，热心为居民服务，在本社区有一定威望，鼓励从党员中推选。居民选举委员会的产生需要召开居民代表会议，通过无记名投票选出居民选举委员会成员。居民选举委员会成员产生后，由成员无记

[①] 《中共中央国务院关于加强基层治理体系和治理能力现代化建设的意见》，人民出版社，2021，第 3 页。

名投票产生居民选举委员会主任。居民选举委员会推选成立后，应当发布公告，并将居民选举委员会成员名单报街道备案。

居民选举委员会的职责主要包括：制定并组织实施本社区居民委员会换届选举工作方案；组织居民学习居民委员会换届选举有关法律、法规和政策；审查登记参加选举的居民资格并张榜公布；办理委托投票，公布委托人和受委托人名单；确定选举方式和投票方法；公布选举日期、地点；组织提名（预选）居民委员会成员候选人，确定并公布候选人名单；主持选举大会，组织投票，公布选举结果，并报街道办事处备案；建立选举工作档案；受理、调查、处理居民有关选举的申诉；主持居民委员会的工作移交；承办居民委员会选举工作中的其他事项。

3.选民登记、张榜

居民选举委员会依法做好对参加选举居民的资格审查和登记工作，原则上以户籍为标准进行登记。登记选民采取设立登记处和上门登记相结合的方式进行。对不在本社区居住的选民，居民选举委员会应当通过有效方式通知本人。居民委员会选举前，居民选举委员会应当对下列人员进行登记，列入参加选举的居民名单：第一，户籍在本社区并且在本社区居住的居民；第二，户籍在本社区，不在本社区居住，本人表示参加选举的居民；第三，户籍不在本社区，在本社区居住或工作一年以上，本人申请参加选举的居民，并出具未参加户籍所在地居委会选举的书面证明，经居民会议或者居民代表会议同意可予以登记。已在一个地方登记参加居民委员会选举的，不得再参加本社区居民委员会的选举。

居民选举委员会开展选民登记工作的流程如下。第一，编制选民名册，对所有选民登记造册，每个入册居民应当分配唯一编号。第二，召开居民选举委员会第二次会议，对参加选举的居民名单进行审核、确认，做到不错登、不漏登、不重登，对有重名的选民要加以区别。第三，公布选民名单，公布时间为选举日前二十日。第四，受理居民申诉，居民对公布的登记参加选举的居民名单有异议的，自名单公布之日起五日内向居民选举委员会提出，逾期视为没有异议。居民选举委员会对居民提出的申诉，应当自收到申

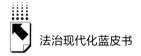

诉之日起三日内进行核实，确有问题的，应当作出修正并及时公布审核结果，选民总数以居民选举委员会审核后为准。第五，发放选民证，登记参加选举的居民资格确认后，居民选举委员会应在选举前向本人发放选民证。

4. 办理自荐

居民选举委员会公告登记参加选举的居民名单当日，同时公布受理自荐参选申请的时间和地点。自荐者应持身份证和户口本到指定的地点，向居民选举委员会提出自荐参选申请，领取申请书并签字。自荐者应当签订自荐申请承诺书。居民选举委员会、街道根据自荐人的标准和条件对自荐人进行审查后报区直相关单位进行审核，符合条件的自荐人于两日内，根据任期目标要求，递交参选承诺书。经居民选举委员会、街道及区直单位审查合格，对自荐人名单及参选承诺书张榜公告。居民对自荐人名单有异议的，应在两日内向居民选举委员会提出书面意见，居民选举委员会应及时予以解答或纠正。自荐人名单一经修改必须重新张榜公告。

5. 预选

居民选举委员会组织进行预选，预选的准备工作应在预选前五日完成。预选前应当进行的准备工作如下。第一，召开居民选举委员会第三次会议，研究预选时间、地点和组织形式，特别是预选投票的起止时间。研究选举办法，研究重名选民在选举计票时的界定办法，确定预选大会总监票人、总计票人、监票人、计票人、唱票人人选以及其他工作人员分工。第二，进行预选会议的宣传和通知工作，以及会场布置工作。第三，安排摄像机对选举全过程进行录像。第四，召开预选工作人员会议，进行会前培训，重要事项说明。第五，制作选票样票。

预选会议由居民选举委员会主任主持，发布公告告知居民预选的具体时间和地点。预选过程不实行委托投票，不设流动票箱。预选时参加投票的居民达到登记参加选举居民的半数以上，预选有效。预选实行差额推荐，差额数为2～3人。预选结束后，居民选举委员会发布公告，公布候选人名单，并公布正式选举时间和地点。

6. 委托投票、代写选票

对于不能现场投票的居民，可以通过委托投票或代写投票的方式参与选举。采取委托投票方式参与选举的居民，由登记参加选举的居民本人通过书面形式，向居民选举委员会提出申请，由委托人或者受委托人填写"委托投票书"，经居民选举委员会审核，由本社区有选举权的近亲属在选举日凭委托投票书领取选票，代行投票。办理委托投票的受委托人仅限于本社区有选举权的近亲属。委托投票应在选举日前五日办理，选举日前四日发布公告，公布委托人和受委托人情况。公告发布后接受居民的申诉，居民对委托名单有异议的，应在选举日前两日提出，居民选举委员会应当在选举日前做出解释和调整。此外，居民委员会成员候选人和居民选举委员会成员不得接受委托投票；委托投票不能实行转委托，委托时被委托人是否成为居民委员会成员候选人还没有确定的，一旦被委托人成为候选人，委托行为自动失效，不得另行委托；每人接受的委托投票不得超过两张。

需要办理代写选票的居民是文盲或者因残疾不能填写选票的登记参加选举的居民。此类居民可以选择自己信任的居民作为代写人，选举日当天到选举大会会场，在两名以上居民选举委员会成员见证下，二人一起办理代写选票手续，填写"代写选票登记表"。选票代写完成后，由本人亲自投票。候选人和居民选举委员会成员不得代写选票。每一代写人代写票数不得超过两张。

7. 正式选举

选举大会由居民选举委员会召集，居民选举委员会主任主持会议。参加选举投票的居民数超过登记选民数的一半，选举有效。居民选举委员会根据实际情况确定投票截止时间，在投票时进行广泛宣传。选举应当全程录像。工作人员应当明确分工，提前统计委托投票人员，准备代写选票手续，准备好票样放大样，熟知正式选举计票方法。正式选举结束后未选足应选职数的，必须组织选民在 30 日内另行选举。

8. 另行选举

另行选举适用于居民委员会正式选举后居委会成员未达到三人（三人

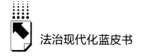
中必须有一名妇女成员）的情况。凡达不到三人的必须另行选举。居委会成员达到三人以上，有妇女成员，但仍不足应选名额的，经居民会议或者居民代表会议讨论同意，可不再另行选举。另行选举应采用差额选举的方式，另行选举一名或两名委员的，差额一人。另行选举一名主任、一名委员的，差额为两人。另行选举前要发布公告，公告另行选举的时间和地点。另行选举程序应当参照正式选举程序，投票人数超过登记选举人数的一半。

另行选举候选人的产生依照前一次投票时的得票数确定。若居民委员会成员未达到应选人数、已有妇女成员的，以前一次投票未当选人员得票多的为候选人。居民委员会成员未达到应选人数或者没有妇女成员的，首先确定妇女候选人，若前一次投票未当选人员中有两名以上妇女的，按照得票顺序确定两名妇女候选人；若前一次投票未当选人员中只有一名妇女的，从提名或者预选中按得票顺序再确定一名妇女候选人；其次确定其他候选人。在前一次投票中得票相同无法确定当选资格的候选人，可以同时参加另行选举。

另行选举时只对确定的候选人投票，不再另选其他居民，投票时出现另选他人的，不予统计。另行选举候选人以得票多的当选。所得票数不得少于已投选票的1/3，达不到1/3的，不再另行选举，按照第一次选举结果确定当选资格。经过两次选举，居委会成员当选人数仍达不到三人时，由居民会议或居民代表会议决定是否继续组织选举。不再要求继续选举的，按照另行选举的候选人得票多少的顺序，补足三人，作为候补委员，参加居委会工作，使居委会达到法定人数，履行居民委员会职责。

9. 后续工作

选举结束后，居民选举委员会需要填写预选、正式选举结果报告单，所有选举材料报街道组织办公室存档。新一届居民委员会产生后，应当在十日内组织选民推选产生新一届居民代表、居民小组组长、居委会下属委员会成员和居务公开监督小组成员，并选聘社区会计。居委会成员可以兼任各下属委员会的主任和居民小组组长。居民小组组长的产生应当由居民委员会成员召集和主持居民小组会议，本小组18周岁以上过半数居民或者2/3以上户代表参加，以举手、鼓掌等方式推选产生，提倡无记名投票并公开唱票、计票，以得票多的当选。居民小组组长的任期与居民委员会任期相同，可以连选连任。居民代表由选民按每五户至十户推选一人，或者由各居民小组推选若干人，总数由居委会确定，但不得少于 30 人。妇女居民代表应占居民代表总数的 1/3 以上。居民代表推选产生后报街道党工委和办事处备案。根据工作需要，居委会可下设人民调解、治安保卫、公共卫生与计划生育等下属委员会。居委会成员可以兼任下属委员会成员，居民委员会成员不兼任下属委员会成员的，由居民委员会等额提名，经居民会议或者居民代表会议表决，以获得过半数通过。居务监督委员会一般由 3~7 名成员组成，设主任、副主任和委员，由居民会议或居民代表会议选举产生，任期与居民委员会相同，提倡由没有兼任居委会成员的社区党组织纪检委员依法兼任村务监督委员会主任。

（二）党委在选举中的作用

小埠东社区换届前社区"两委"班子为 7 职，书记、主任分设，其中副书记 2 名，委员 4 人，总支与居委会交叉任职，居委会委员 3 名。现任书记自 1995 年任职，班子成员中皆为任职多年的同志，内部团结，有 1 名班子成员因年龄及身体原因不再参选，本次换届选举工作着重推选年轻化、能力强、学历高、素质高的干部队伍。在换届过程中党委发挥了重要的作用。党委每周都召开"两委"工作会议，对换届的重要环节和换届的后续工作安排进行讨论和部署，严格规范社区党员干部的行为，杜绝了换届过程中拉票贿选等严重破坏换届秩序的行为，有效提高了"两委"班子换届工作的效率。

首先，为做好社区"两委"换届工作，在换届选举前，党委制定了实施方案，成立了换届选举领导小组和"两委"换届人员分工表，负责换届选举具体工作。其次，在社区"两委"换届选举工作中，党委坚持做到严格程序、严格操作、严格把关，始终认真贯彻相关法律法规。对每一环节严把质量关，做到不重、不漏、不错，保证了换届工作的公开、公平和透明。2021 年 4 月 2 日，小埠东社区党总支进行换届选举，采取"两推一选"方式进行，共选举产生 7 职，第一次总支部委员会已经召开，选举书记 1 人，

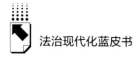

副书记2人。5月10日，社区居委会换届完成，通过选民选举的方式，共选举产生5人，主任1人，委员4人。整体班子平稳过渡，社区"两委"换届工作顺利完成。最后，社区"两委"换届完成后，根据要求，进行党支部和下属委员会的换届，小埠东社区党总支下设8个支部，严格按照程序完成8个支部换届工作，换届后班子成员结构合理，职责明确，团结协作。根据居民委员会要求，进行下属委员会的选举，通过选举分别设立人民调解、治安保卫、卫生健康、环境和物业管理、居务监督委员会等下属委员会，圆满完成下设支部及下设委员会的换届工作。

三 社区资产与财务管理制度建设

社区资产是社区正常运营的物质基础，社区资产的管理也是集体资产管理的重要组成部分。如何用好社区资产，为推进社区治理现代化助力，首先要有完备的制度基础。小埠东社区制定了严格的资产管理制度与财务管理制度，在保障社区资产不流失的前提下，提高社区资产的利用效率。

（一）社区资产管理制度

社区资产管理制度主要包括对运用集体土地、房产等资产与外商合作开发或新上的项目、社区企业的改制进程和社区内所有与经济有关的合同的管理。

1. 新上经济项目的管理

社区鼓励开发围绕城市配套服务的现代商贸服务业等第三产业经济项目、房地产开发项目等。社区应积极通过招商引资的渠道引入具有良好发展前景的工业项目落户。社区积极通过整合土地资源和招商引资的形式吸引外资创造条件。社区以集体土地、房产等资产与外商合作开发或新上项目的，凡社区将集体土地转让给外商进行开发的，土地转让收益归社区集体所有。社区将集体土地出让所得的收益用于回购开发商开发的房产或以开发商开发的房产折价顶抵土地出让收益的，必须将房屋产权明晰到社区，并办理好房屋产权证书。社区以集体土地、房产等资产与外商（开发商）进行共同开发并进行整体项目租赁经营的，必须界定收益分配的比例，并且由社区与外商（开发商）签订开发和租赁协议书，界定好收益分配的比例，绝不允许集体资产及收益流失。社区出资与其他企业合资入股兴办企业的，必须结合《公司法》有关规定，严格按股份制、股份合作制等规定运作。

2. 企业管理

社区集体企业原则上一律进行改制。主要采取一次性买断、部分买断或买租结合、股份制或股份合作制、买断经营权和租赁五种形式。第一种形式是一次性买断，指的是社区将集体企业的所有资产（包括不动产和动产）一次性出售给个人，购买企业者承担企业所有债权债务，企业彻底改制为民营企业或私营企业，并变更营业执照。第二种形式是部分买断或买租结合，是指社区将集体企业的不动产出租给个人经营，将企业的可动产出售给个人，或将集体企业的无形资产（如企业生产经营许可证、资质证书）租赁给个人经营使用，租赁期限一般为 5~10 年。企业性质为民营，需要变更企业营业执照。第三种形式是股份制或股份合作制，社区集体企业采用股份制、股份合作制形式，要按照《公司法》要求，报请上级主管部门审核批准，将社区集体企业改制为规范性的股份有限公司，实现企业所有权与企业经营权分离，增强企业的生机与活力。社区也可采用股份合作制形式，将集体企业改制为股份合作制企业，由企业经营者持大股，职工持小股。第四种形式是买断经营权，社区的建筑公司、运输公司、专业市场等企业，在保持集体企业资产不流失的情况下，允许个人将企业的经营权买断进行生产经营，买断经营权原则上不超过 5 年。买断经营权期间个人重新办理营业执照。第五种形式是租赁，社区将集体企业（包括不动产和动产）出租给他人生产经营，租赁时限原则上为 5~10 年，最长不超过 20 年，租赁费要随着经济发展水平的不断提高和物价指数的上涨而逐年增长。对企业资产的租赁可直接公开竞标，租赁到期后一律再公开竞标租赁。在租赁期内，租赁人不得将企业私自进行转租，租赁期内个人必须重新注册营业执照。

小埠东社区对企业改制程序制定了完整的流程。第一，评估企业资产。

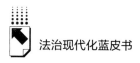

社区聘请具有合法评估资质的社会评估机构，对集体企业的有形资产、无形资产和企业债权债务进行审计和评估，将企业的所有资产进行登记造册，并张榜公布企业资产情况。第二，召开"两委"会，研究确定企业改制方案草案，并将企业改制方案草案提交社区党员大会、社区"四支队伍"会议或居民代表会议征求意见并讨论通过，社区将征求意见后通过的企业改制方案上报街道党工委、办事处审查，待街道审查批复后方可实施。第三，公开企业改制方案，通过公开竞标的方式进行改制。社区"两委"干部不能参与社区集体企业的租赁（承包）经营。在同等条件下，本社区居民可优先租赁（承包）集体企业。第四，完善改制手续，社区集体企业在公开竞标改制后，要完善企业改制的有关法律手续。社区与企业购买方（租赁方）签订企业改制协议书，进行法律公正，并变更相应执照。

3. 社区合同管理

小埠东社区内所有与经济有关的合同，皆列入社区合同管理的范围，主要包括社区集体不动产（土地、房产）和动产资产的买卖、租赁、转让、抵押等合同，社区集体企业改制、企业承包等合同，社区旧村改造的拆迁安置协议、房地产开发等合同，社区集体借贷、担保等合同以及其他的社区合同这五项内容。小埠东社区合同管理实行街道法律服务所集中代管合同和社区档案室管理相结合的办法。街道办事处设立了社区合同监督管理中心对各个社区合同实施集中管理，同时小埠东社区设立档案室和专职档案管理员，所有社区合同必须由档案管理员专人管理，统一存档，记录完备，并长期保持合同完整。

社区在重大经济合同草案酝酿过程中要按照民主、公开、公平、公正的原则，层层召开社区"两委"会议、"四支队伍"会议，制订并完善重大经济合同条款，并由社区文书或主管会计做会议记录。社区在重大经济合同文本草案确定时应由法律服务所把关，并及时上报街道党工委、办事处审查。经审查批准，方可签订重大经济合同。社区重大经济合同的签订，必须在街道办事处审计办和法律服务所的监督指导下进行，合同至少一式三份，街道法律服务所、审计办和社区各存一份。

社区还规定了合同管理的责任追究办法。对违反社区合同管理规定，不通过社区"两委"会议和"四支队伍"会议研究，不报请街道党工委和办事处审查，擅自处置社区集体资产的行为，街道党工委和办事处将视情节轻重追究主要负责人的领导责任。对违反一般社区合同管理工作规定的，给予社区主要负责人和有关责任人批评教育。对违反社区重大合同管理规定，给社区集体造成重大经济损失的，给予社区主要负责人党纪政纪处分和相应的经济处罚。对玩忽职守、贪赃枉法或触犯法律的社区负责人，要移交司法机关进行处理。对不认真履行合同管理工作职责的，发生社区合同档案遗失、毁坏或失密，给社区集体利益造成损失的，要给予合同档案管理员以党纪政纪处分，并追究合同档案管理员的法律责任和经济责任。

（二）社区财务管理制度

小埠东社区就社区财务管理制定了一整套完备的管理制度，包括以"以收定支、量入为出、留有余地"为原则的预算编制制度，资金保管及审批使用制度，集体资产的经营、发包、租赁、投资、资产处置等集体收入、上级转移支付资金及补助、补偿资金、社会捐赠资金、集体建设用地收益等收入管理制度，支出报销制度，工程项目及固定资产购建支出管理制度，非生产性费用支出管理制度，以及集体资产管理制度。

1. 预算编制制度

小埠东社区制定了预算编制制度，以"以收定支、量入为出、留有余地"为原则，在年初编制社区年度财务收支预算，指导社区全年的财务收支，每年的2月28日前报街道经管服务中心和街道审计办审核备案。预算项目包括收入预算和支出预算。收入预算项目包括经营收入、租赁收入、发包及上交收入、投资收益、其他收入等。支出预算项目包括管理费用、经营支出、居民福利支出、固定资产购建支出、其他支出等。

2. 资金保管及审批使用制度

社区必须开设由街道经管服务中心监管的银行集体账户，社区常用资金账户只能选取一家银行并仅允许开设一个账户，不准私自设立其他银行账

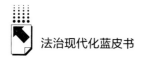

户，未经批准不得将社区公款存入个人账户。对社区资金支出需要有严格的审批权限。生产性开支 5 万元（含 5 万元）以下、非生产一次性开支 2 万元（含 2 万元）以下的，由社区填制资金申请表，分别经社区党组织书记（含第一书记）、居委会主任签字，报街道包点组长审查签字后，由经管服务中心主任审核签字并盖章予以开支。生产性开支 5 万元以上、非生产一次性开支 2 万元以上，由社区"两委"会议进行研究并经"两委"成员签字后，填制资金申请表，分别经社区党组织书记（含第一书记）、居委会主任签字，街道包点组长审查签字后，再报街道办事处主任审查签字，最后由街道经管服务中心主任审核签字盖章方可予以开支。

3. 收入管理制度

社区对集体资产的经营、发包、租赁、投资、资产处置等集体收入、上级转移支付资金及补助、补偿资金、社会捐赠资金、集体建设用地收益等，应当及时入账核算，应收尽收。社区集体所有收入，必须使用临沂市农业局统一监制的票据，收款 3 日内送存银行指定账户，收支业务实行收支两条线管理，严禁坐收坐支及收入不入账。

4. 支出报销制度

社区的资金开支有严格的申请流程。首先由社区出纳填写资金使用申请表，然后由社区书记、社区主任、街道包点组长、街道办事处主任、街道经管中心主任签字批准后，方可提现和开支。社区对非生产性支出 2 万元以下的签字报销需要在财务开支原始凭证上，先由经办人签字，再由社区分管该次业务工作的"两委"成员签字，最后由社区书记和主任两人共同签字方可报销入账。社区对所有工程类支出和非生产性支出 2 万元以上（含 2 万元）的签字报销有更严格的规定，除由经办人和社区分管该次业务工作的"两委"成员签字外，社区必须召开"两委"会议并附有社区"两委"成员签字的社区"两委"会议记录，然后按资金开支使用制度和以上签字报销规定报销入账。

5. 工程项目及固定资产购建支出管理制度

社区集体投资建设工程或购建固定资产时，应事先按照社区重大事项民主决策程序，并上报街道办事处批准后，在政府规定的建筑市场挂牌进行公开招投标，社区工程在公开招投标前要进行造价预算。工程造价和审计事务所需由街道办事处确定有合法资质的工程造价事务所和审计事务所。不经街道确定的委托造价和审计结果不予采用。

审计结算制度要求社区在工程完工后进行审计结算。社区内单项造价 2 万元以上的工程项目（包括社区自建工程），必须实行审计结算，对合同造价 5 万元以上的必须进行工程跟踪审计。

工程项目建设的拨款要满足三个条件：第一，工程项目建设或购建固定资产必须先签订合同，没有合同的不予拨款；第二，合同中应明确拨款进度，拨款进度应滞后于工程进度，预付建筑工程款总额不能超过工程总造价的 80%，预付监控电子类工程款总额不能超过工程总造价的 70%，预付绿化工程款总额不能超过工程总造价的 60%；第三，严格按合同约定拨款，支款时必须提供金雀山地税局（国税局）开具的正式发票，否则不予拨款。

6. 非生产性费用支出管理制度

严格控制社区公务接待费支出，各社区要严格执行中央八项规定和省、市、区及街道的各项厉行节约制度。首先，在车辆管理方面，小埠东社区严格控制社区车辆购置和使用。根据中央和省、市、区关于公务用车改革实行社会化和市场化的规定和要求，社区从 2015 年起原则上一律不再新购置公车，逐步取消现有公务用车。社区已配备公务用车的，要严格控制车辆使用燃修费用，严禁公车私用。其次，工资待遇方面，社区干部工资待遇和养老保险按街道党工委、办事处有关文件规定执行。不得随意增加社区工作人员，严禁滥发补贴和奖金，严禁挂名吃空饷，否则对社区主要负责人给予党纪政纪处分。

7. 集体资产管理制度

社区集体资产管理制度由社区集体资产承包、租赁、购置、处置制度和社区债权债务管理制度两部分组成。社区集体资产承包、租赁、购置、处置制度规定社区集体资产进行承包、租赁、出让前应当制定相关方案，必须进行公开招投标并签订承包、租赁、出让的合同。社区集体资产合同签订，由街道经管服务中心和街道审计办共同牵头负责，具体由街道合同监管中心起

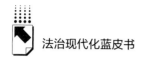
草合同或把关，经过社区"两委"会议、居民代表会议讨论通过，并上报街道党工委、办事处主要领导审批后，交街道合同监管中心、街道经管服务中心进行备案。社区集体资产的承包、租赁合同期限，承包（租赁）期限原则上以5年为一轮承包（租赁）期，合同期限最长不超过10年，特殊情况需延长承包（租赁）期的，社区必须按照民主决策程序表决通过并报街道办事处研究批准后，方可延长承包（租赁）期。承包（租赁）费必须约定按比例定期递增的合同条款。

社区债权债务管理制度对社区的各类债权债务做出了具体的要求。首先，在对债权的管理方面，要求社区要积极催收应收款项，新增的应收款项要取得欠条，有债务人签字，标明还款日期。社区任何人不得擅自决定对应收款项的减免，否则由社区决定人负责偿还。严禁社区"两委"成员及工作人员以工作名义私自借款，禁止社区未经社区"两委"会议集体研究向居民个人和其他单位进行借款，否则按挪用公款行为移交纪检和司法部门依法依纪处理。其次，在债务管理方面，要求社区因公益事业、居民楼建设等需筹集资金的，要遵循"量入为出"的原则，界定借款规模。严禁社区以借款弥补亏损、发放福利等违规违纪行为发生。社区要严格履行借款程序，对社区发展确需借款的，必须经社区"两委"会议和居民代表会议研究通过，社区履行重大事项申报程序，报街道党工委办事处批准。社区向个人、单位借款所支付的利息，不准超过国家规定的银行同期贷款基准利率的三倍，并使用统一收款凭证。

（三）社区财务监督工作

小埠东社区还建立了由财务公开、干部经济责任制审计和定期开展"回头看"工作构成的科学完备的社区财务监督制度。

1. 财务公开制度

小埠东社区实行财务公开制度，公开的内容主要有社区旧村拆迁和居民楼开发建设、新上经济项目、社区财务收支、土地征用、建设工程招投标、各业承包、集体房屋门头租赁、计划生育、救灾救济物资发放、社区干部年度工作目标、社区干部工资以及其他涉及居民利益的重要问题。社区设立固定的政务财务公开专栏,每月9日前按规定的格式要求将社区政务情况、上月财务收支情况等进行张榜公布,其他重大经济事项也要随时张榜公布。财务政务公开的所有反馈意见,及时安排专人排查梳理,处理结果报街道党工委、办事处。

2. 干部经济责任审计制度

按照《兰山区村居干部经济责任审计制度》的有关规定,社区书记(主任)离任和连任时必须进行经济责任审计,具体审计工作由兰山区审计局或街道审计办负责并出具审计报告。任期经济责任审计的内容包括:财务收支情况;债权债务情况;政府拨付和接受社会捐赠的资金、物资管理使用情况;生产经营和建设项目的发包管理以及公益事业建设项目招标投标情况;资金管理使用情况,社区集体资产的承包、租赁、担保、出让情况,征地补偿费的使用、分配情况;在任期间未处理的遗留问题等;审计发现的问题;审计综合评价意见和建议。审计结果有问题的干部要根据情况给予处理或转交纪检、政法部门作进一步调查,决定是否追究党纪政纪处分和法律责任。

3. 定期开展"回头看"工作

小埠东社区成立社区农村集体产权制度改革"回头看"工作审查梳理领导小组,成员包括社区"两委"成员、产权制度改革领导小组、居务监督委员会、居民代表。"回头看"工作主要包括七个方面。第一,清产核资方面。审查集体所有资金、资产、资源和债权债务的清理核实、登记造册等,查找是否有遗漏与处理不得当的问题存在。第二,集体经济组织成员认定方面。审查集体经济组织成员的认定是否根据社区制定并向居民公示的《小埠东社区集体产权制度改革成员身份界定办法》严格执行成员身份界定,对迁入人员、部队服役人员、婚丧人员、在校大学生、外嫁女、入赘男等特殊群体的成员确认是否按规定执行,有无遗漏或违规认定等情况的发生。第三,资产量化和股权设置方面。审查核实资产量化、股权设置是否合理,是否严格按制定的方案实施,是否公平、公正、合理。第四,管理制度方面。审查集体资金、资产、资源管理制度,包括财务预决算制度、收入管理制度、开支审批制度、货币资金管理制度、民主理财和财务公开制度等。

第五，档案管理方面。审查所有涉及集体产权制度改革的会议、工作流程等相关文件、会议记录及有关影像资料是否齐全，是否按上级管理档案要求完善齐全。第六，数据管理方面。审查集体产权制度改革过程中形成的信息数据是否纳入农村集体三资管理平台管理，数据录入是否准确完整。第七，群众满意度方面。审查对群众反映的问题及诉求是否及时合理予以答复解决或回复解释，群众对改革的结果是否满意等。社区将居民代表大会讨论通过的集体产权制度改革工作"回头看"活动方案及时向群众公开，公示时间不少于 5 天。

四　服务型社区建设

"加快城乡社区公共服务体系建设，健全城乡社区服务机构"[①] 是小埠东社区一项重要的工作。小埠东社区重视对特殊群体的照护服务，鼓励就业创业，积极建设创业型社区，建立社区治安联防室，维护社区治安环境，推进移风易俗，努力破除旧俗。

（一）特殊群体服务

为切实保障民生、构建和谐社区，小埠东社区在社会化管理工作的过程中不断探索和完善针对离退休人员、特困人员、妇女儿童等特殊群体的服务和管理。

1. 离退休人员社会化管理

离退休人员社会化管理是一项新的课题，小埠东社区在工作中推进社会化管理服务的基础工作和补缺补漏工作，在此基础上进一步扩展工作的内容，努力创建离退休人员社会化管理服务示范社区。

第一，社区工作人员上门入户对辖区的离退休人员基本情况进行全面、准确的了解，建立离退休人员数据库，实行动态跟踪管理。小埠东社区现有

[①]　《中共中央国务院关于加强和完善城乡社区治理的意见》，人民出版社，2017，第 7 页。

588 名离退休人员纳入退休人员社会化管理，其中企业离退休人员 397 人，事业单位离退休人员 191 人。社区还为辖区离退休人员设置休闲娱乐活动场所，现有社区文化活动中心、多媒体会议室、户外健身广场等，室内活动场所齐全，室外健身器材也一应俱全。

第二，社区把孤老、伤残、特困的退休人员作为重点走访对象，建立定期走访离退休人员的工作制度。在老同志生病或生活遇到困难时，社区工作人员上门看望。社区积极协助人社局做好离退休人员基本养老金的发放、待遇调整等工作，负责承办辖区内退休人员领取基本养老金核查工作，配合人社局化解各种社会保险方面的矛盾和纠纷，全年未出现退休人员上访问题。对离退休人员的增加、减少等情况，做到及时上报和登记，社区内至今未发生冒领养老金的现象。

第三，社区鼓励发挥离退休党员的余热。小埠东社区老年党支部现有自管离退休党员 31 人，根据每名老党员的自身特点，在自愿的基础上，为他们安排了便民服务、治安调解、法律咨询等服务岗，实现退休不退岗。社区把维护老年人合法权益作为工作中的重点，多次在社区内开展涉及老年人的维权、调解工作，凭借离退休党员在群众中的好信誉，处理居民纠纷常常事半功倍。

2.特困人员照护服务

小埠东社区对社区内的特困人口提供特困人员照护服务。服务主要内容有生活照料服务、日常看护服务、就医陪护服务和紧急救援服务四项。

生活照料服务主要是为生活不便又无人照护的特困人员提供基本的生活服务。照护人员为行动不便的特困人员代购代领生活类物品等，代购代领后清点钱物，按约购物，做到当面清点无异议。照护人员按时为行动不便的特困人员代缴水电费、通信费等相关费用。照护人员为不能自行做饭的特困人员协助准备有营养、干净卫生、口味清淡的日常饮食，帮助服务对象清洁餐具。照护人员对不能自行洗澡的特困人员协助及时洗澡沐浴，助浴时注意安全措施到位，防寒防暑，浴室内通风。如遇老年人身体不适，协助采取相应防护或急救措施。外出助浴应选择具备适老条件的公共洗浴场所或养老服务

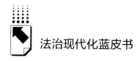

机构。照护人员定期帮助特困人员及时洗头、理发、刮胡子、修剪指甲、洗脚等，保证特困人员头面干净、衣服整洁、指甲无污垢。照护人员定期帮助特困人员进行居室卫生打扫、换洗衣服及床上用品，保持特困人员居室整洁和床褥干净。

日常看护服务要求照护人员对能够自理的服务对象每周至少上门服务2次，半护理、全护理服务对象每天至少上门服务1次，每次服务时间不少于1小时，每日服务时间不少于2小时。照护人员要协助特困人员解决遇到的困难问题，涉及特困人员的重大事项，应及时向镇街（经开区）报告。就医陪护服务主要指照护人员为特困人员提供陪同就医、帮助用餐服药、代缴各类医疗费用等服务。特困人员出现身体不适或其他需要救助时，照护人员应对特困人员及时实施救援，帮助联系相关救援机构，拨打公共救助服务热线，同时应全程与救助单位和特困人员保持实时联系，为救助单位提供相关信息。

3. 妇女儿童生活服务

2021年，小埠东社区进一步贯彻落实省妇联提出的关于全面推进妇联组织参与社会管理创新，强化妇联社区服务功能，建设妇女儿童家园，促进妇女儿童发展的要求，在社区内建立了妇女儿童活动中心。妇女儿童活动中心总面积1500平方米，设有妇女儿童家园管理办公室、放学来吧、健身室、乒乓球室、棋牌室、巾帼园地、心理疏导室、110家庭暴力报警中心、制作室、绘画室、电子阅览室以及图书室共12个场所。基础改建和设施配套投资90余万元。这里成为社区妇女儿童学习及健身的最佳场所。活动中心有专职管理员5名，有具备特长爱好的志愿者以及辖区学校的教师志愿者40名，他们在妇女儿童活动中心为居民提供帮助和服务。妇女儿童活动中心每天接待超过100人次，为社区妇女儿童提供宣传教育、技能培训、维权、帮扶救助、文化娱乐和体育运动等服务，为妇女儿童的健康成长和全面发展提供广阔的平台和载体。

活动中心内有多个服务部门，提供种类多样的服务。第一，妇女儿童家园管理办公室，也是社区妇女儿童维权站、创业就业指导办公室，社区志愿者与法律援助中心联合建立的专业妇女儿童维权志愿者队伍为来访妇女提供帮助；第二，110家庭暴力报警中心、家庭暴力庇护站为家庭暴力受害者提供帮助和保护；第三，放学来吧儿童看护中心为放学后家中无人看护的儿童提供学习娱乐场所，开展丰富多彩的课后活动；第四，制作室是妇女儿童开展手工活动的地方，在这里妇女儿童动手动脑、相互学习、相互交流；第五，电子阅览室是社区妇女、青少年进行网络学习教育的场所，家长和孩子们也可在这里利用党员干部远程教育网络和临沂女性网观看自己所需要的家教知识；第六，巾帼园地排练厅有各种乐器、演出服装，社区妇女们在这里扭秧歌、唱歌跳舞；第七，社区图书室是社区妇女儿童的文化教育场所，图书馆内有藏书两万余册，可供50人同时阅读，社区提供借阅及图书资源共享服务；第八，健身室里有专业人员进行健身指导，方便社区妇女儿童前来锻炼身体，增强身体素质；第九，心理疏导室为妇女儿童提供心理援助服务，内容涵盖疏解从业女性的工作压力、消除家庭成员的隔阂、解决儿童的成长困惑等方面；第十，棋牌室内设各类棋牌，根据儿童兴趣爱好，发掘和培养儿童智力才能，促进儿童全面发展，同时也是社区广大妇女休闲娱乐的好去处；第十一，乒乓球室是乒乓球爱好者聚集的地方，社区内许多妇女儿童来此练习、对抗、交流和磨炼球技；第十二，绘画室为广大妇女儿童提供了一个挖掘潜能和展示才能的休闲场所。

（二）就业创业支持

首先，小埠东社区建立了专门的服务队伍负责就业创业工作。以社区书记为组长、以其他"两委"成员和妇联主任为成员的建设创业型社区领导小组，配备了两名大学本科学历的劳动保障协理员，专门负责日常工作。为搭建高标准、高档次、全方位的就业创业平台，社区投入5万元资金建设了数字化服务平台，开通了网络专线，安装了山东省公共就业服务系统，做到区、街道、社区三级互联互通，实现了就业创业服务便捷化、数字化。社区工作人员定期开展辖区内就业失业人员情况调查，重点摸清失业人员、有创业意向人员、大中专毕业生、农民工和零就业家庭在就业培训、就业援助等

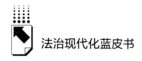

方面的需求，建立就业培训和就业援助台账，并录入电脑实行动态管理。社区还将创建工作经费纳入社区财务预算，由民主理财小组监督经费使用情况，确保工作经费及时、足额到位。

其次，小埠东社区营造了良好的就业创业环境。社区定期组织春风行动和春暖行动，依托劳动保障监察局和街道人社所支持，重点针对失业人员、农民工提供就业创业宣传和职介服务。宣传活动共印制发放宣传材料1000余份，为居民和农民工提供咨询30余次，为87名创业人员提供了政策咨询和场所推介服务。社区多次开展职业指导活动，为11户失业人员进行了多次职业指导，社区还邀请创业专家和创业成功人士为社区居民讲课，提供开业指导和咨询服务，并将自己的创业故事介绍给大家，鼓励大家积极创业。社区建立了岗位需求和岗位发布制度，共收集和发布岗位25个，帮助36名失业人员介绍了工作岗位，同时还建立了含11个企业在内的创业项目库，向居民介绍创业项目，方便居民自主创业，为创业者搭建了创业平台和孵化载体。

最后，小埠东社区对就业创业的各项优惠政策落实到位。社区为有创业意向的居民提供免费培训，并组织人员多次参加考试，尽量让大家都能取得职业技能培训合格证。2020年社区举办了"兰山区沂蒙大姐家政服务培训班"，200多名妇女从中受益，提升了她们的就业创业能力，受到了妇女的欢迎。社区努力争取人社、团委、妇联、安监等部门各项培训资源支持，发挥好培训补贴引导作用，组织148名有培训意愿的劳动者参加了职业技能培训，帮助189名"4050"人员申请了60多万元的社保补贴。社区还为有意向创业人员提供创业启动资金。社区落实"两补贴一贷款"创业扶持政策，为13户小微企业发放一次性创业补贴，切实提升了公共就业服务体系支撑就业创业发展的能力。

（三）治安管理

小埠东社区的治安管理工作在"两委"班子的领导下，成立了社区治安联防室。社区治安联防室的职责主要有以下几点：第一，负责社区辖区内的重点人员和特殊人群的服务管理工作,组织开展治安巡逻工作,落实治安防范措施,开展网格化服务管理工作,做好视频监控网上巡查工作,确保设备正常运行等;第二,加强辖区内单位内部保卫机构等基层治保组织的检查指导,管理社区内的群防群治队伍,组织群众和社区辖区内治安保卫力量,建立多层次的群防群治和治安防控体系,增强全社会的预防和控制能力,参与组织基层平安创建活动;第三,负责对各类治安纠纷的调处,包括由各类矛盾纠纷引发的治安纠纷和群体性事件;第四,组织开展普法宣传教育活动,配合有关部门开展法制宣传教育,与有关部门共同做好刑释解教人员和有轻微违法行为青少年的安置帮教工作。

社区治安联防室下设社区治安巡逻队、社区治安防范岗和社区消防小组,负责社区日常的治安工作。社区治安巡逻队主要负责日常的巡逻和值班工作,同时协助公安机关打击辖区内的犯罪活动,社区组织制定了社区治安防范站岗巡逻制度,要求巡逻队以网格为依托划分巡逻区,把巡逻工作落到实处,保证不失岗不失控,落实防盗防火,制止扰乱社会治安秩序的各种违法犯罪行为,以保障居民财产人身安全。

(四)移风易俗

移风易俗是破千年旧俗、树一代新风的社会改革,关系人民群众切身利益,关系社会主义精神文明建设和生态文明建设,关系党风政风民风,更关系到和谐社区建设。虽然小埠东社区早已是城市社区,但许多居民办红白事时依然习惯沿用农村的"老传统",但这些"老传统"在城市社区里早已显得不合时宜,也影响了周边其他居民的正常生活,因此移风易俗成为小埠东社区一项重要的任务。

首先,移风易俗离不开硬件设施的支撑,场所建设是小埠东社区移风易俗的重要抓手。借助旧村改造的机会,社区决定在辖区内建设一处殡葬吊唁场所,占地面积400平方米,功能设施完备,有办公室、接待室、灵堂、厨房、餐厅、工作室等,购置了餐厅厨房设备。这一场所的投入使用解决了"老传统"环境污染、噪声污染的问题,极大地方便了事主办事,特别是雨

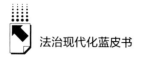

雪天气办丧免受风吹雨淋，为下一步的改革打下了良好的基础。

其次，移风易俗需要配套制度的支持，制度建设是小埠东社区移风易俗的重要举措。近几年社区陆续出台了多项移风易俗奖励政策，对办丧事不用大棺、不请鼓手的居民，社区给予3000元奖励；对全程按丧事简办标准在社区办丧的居民，除街道给予每户1000元的补助外，社区额外给予每户奖励5000元；对全程在殡仪馆办丧的社区居民，除街道给予每户5000元的补助外，社区额外给予每户5000元奖励。社区还鼓励环保丧葬，如树葬、海葬等。

再次，移风易俗还离不开经验丰富、周到细致的工作队伍，队伍建设是小埠东社区移风易俗的又一重要举措。社区成立社区红白理事会，由"两委"成员担任领导并邀请社区里德高望重、热心公益、公平公正、有礼仪特长的社区居民参与理事会工作，上下协调，环环相扣，确保红白理事会工作流程顺畅。在工作之余，社区红白理事会还积极参加上级培训活动，认真学习其他社区先进经验，并定期开展自我培训，不时邀请一些社区居民，通过沟通交流的方式来了解居民诉求，以便工作有的放矢。面对社区内一些思想较为落后的居民，在红白事操办上，理事会成员也竭尽全力，细致工作，教育其丧事简办的意义，尽力督促居民自觉按相关规定完成丧葬仪式。

对家庭来说，人的生老病死是大事，特别是丧葬事宜更是重中之重。此时工作人员周到细致的服务显得尤为重要。每有人员病危、离世，社区工作人员都会第一时间赶到。往往事主面临亲人即将离世会出现过度悲伤、慌乱等情绪，家庭环境嘈杂混乱，社区人员来到之后他们就会认为有了主心骨，现场自然会冷静下来，取得了事主的信任，丧事的各项流程才能顺利开展。2020年11月，有两位老人同一天离世，按规定是谁先离世谁先办理，后一位延后，但因有传统的说法或计较，两家人都不愿意延后。于是理事会出面协调安排，两个葬礼同时举行。在小区旁边找了块空地，社区出钱平整场地，搭灵棚、租家什、组织人员，安安稳稳地把事情办完了。

最后，移风易俗需要发挥榜样和模范的带头作用，党员干部带头给小埠东社区移风易俗工作解决了许多难题。小埠东社区"两委"成员在党员会议上率先承诺，签订承诺书带头执行丧事简办，革除陋习，喜事量力而行，给居民率先垂范，广大党员积极响应，获得了较好的效果。两年前，社区内一个"两委"成员母亲病故，该成员主动提出从他开始，取消鼓手和棺材并简化程序，量化菜品标准。当时该成员母亲家族及其他亲属十分反对，经过该成员耐心细致地做思想工作，家族成员终于同意改革。以此为契机，"两委"及理事会及时跟进，巩固成果，从此社区彻底取消了鼓手和大棺材，殡葬改革向前走了一大步。

五　实践中的问题与不足

小埠东社区在民主选举、资产与财务管理、社会服务等方面取得了良好的治理成果，但社区事务纷繁复杂，想要继续提高社区治理现代化水平，以下三个问题不容忽视。

（一）治理队伍专业化程度有待提高

社区工作者年龄结构偏大，文化程度参差不齐，专业能力偏弱，导致为民服务本领不足、化解矛盾水平不高，还有多项工作的开展以兼职人员为主，社区工作人员压力大事务多，有心办实事却难见成效。社区"两委"对一岗双责的职责落实不到位，对加强反腐败斗争的教育和认识还不够深刻，廉政教育常态化有待加强，"两委"在作风建设上有待加强。新社区"两委"成员不能独当一面，对外交流培训的机会少，而面对新时代社区治理的问题，面对新形势新任务新要求，专业人才不多、专业水平不高等问题日益突出，已成为社区治理水平提升的突出瓶颈。

（二）居民参与治理的意识和程度有待提高

社区居民自觉自愿参与社区事务或活动的意愿，是社区民主程度、健全水平和活动效率的重要反映，是社区发展的一项重要指标。但小埠东社区居民参与的主动性还不高，没有意识到自己是社区建设与发展的主体，没有意

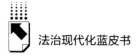

识到自己对社区应尽的责任与义务。大部分居民参与的主要形式是被动式执行参与，只有受到社区管理机构邀请后才参与到社区治理中。此外，社区居委会与社区居民之间的相关性不高，居民与社区治理的利益关系不是很密切，这也是居民参与社区治理活动的主动性较低的原因。

（三）治理工作信息化水平有待提高

"实施'互联网+社区'行动计划，加快互联网与社区治理和服务体系的深度融合"① 是中共中央、国务院对社区治理提出的新要求。小埠东社区现阶段多数工作还是靠工作人员一家家、一户户去跑，没有真正实现信息化，没有建立一体化的社区信息服务平台，新旧信息更新不及时，各部门之间信息不互通。信息基础设施和技术装备还不是很完备，限于治理队伍自身的素质，难以熟练运用一些复杂的信息技术，治理队伍尚且如此，就更别说在居民中普及信息化的社区服务了。

由上，笔者认为可以从以下三方面着手进一步提高小埠东的社区治理水平。首先，需要调整社区治理队伍的结构，向年轻化、专业化的治理队伍靠拢，提高专职人员在治理队伍中的比例，积极学习先进社区的治理经验，提高服务能力和水平；其次，加大社区事务的公开与宣传力度，积极探索网络化社区治理和服务的新模式，创新居民参与社区事务的方式和途径，拓宽居民知悉社区事务的渠道，使居民参与社区治理事务更加便利，提高居民的参与意愿；最后，建设更完善的信息基础设施，建立一体化的社区信息服务平台，通过社区内的信息共享减少工作人员的重复工作，从而提高服务效率。

---

① 《中共中央国务院关于加强和完善城乡社区治理的意见》，人民出版社，2017，第11页。

B.11
连云港市海州区洪门村
基层治理实践报告[*]

张莹莹[**]

摘　要： 连云港市海州区洪门村作为城乡接合部的典型之一，近年来积极投入到建设民主法治示范村活动之中。洪门村通过采取"一委三会"的治理方式，在公共卫生管理、财务管理、村干部民主评议和村务公开等方面取得了很大的进步。同时，洪门村也积极聚焦法治建设，在公共法律服务、矛盾纠纷调处、法治宣传教育及法治文化氛围营造方面取得显著成果。洪门村也具有作为城乡接合部的治理难题，应当以乡村经济振兴为抓手，处理好村级自治事务与政府行政事务的边界，加强队伍建设，提高群众参与度，提升基层社会治理效能。

关键词： 城乡接合部　基层治理　民主化　法治化

一　洪门村概况

洪门村是隶属于江苏省连云港市洪门街道的一个行政村，地处连云港市区西大门，位于新、旧蔷薇桥以西，东靠蔷薇河，南临朐阳街道办事处，北部及西部与浦南镇接壤。洪门村辖区面积 5 平方千米，流转土地 1200 亩。

---

* 除专门引注外，本报告涉及的所有事例、数据均为中国法治现代化研究院"城乡基层社会治理实证研究"课题组 2021 年 7~9 月在江苏省连云港市洪门街道洪门村调研所得。

** 张莹莹，法学硕士，南京师范大学政府治理与行政法理研究中心研究人员。

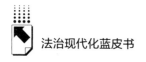

全村共 16 个村民小组，1200 余户 4760 余人，村民收入以种植业收入为主。洪门村党委下辖四个党支部，现有中共党员 133 名，村民代表 31 人。

洪门村经济模式以外出务工与农耕为主。由于地理位置的影响，洪门村缺少农用及建设用地，难以进行大规模的集体种植、养殖及土地开发，外出务工人员较多。近年来洪门村积极推进美丽宜居乡村建设，以建设美丽宜居乡村为目标，从村庄风貌、环境卫生、配套设施等多方面统筹推进、全面提升，统筹资源打造洪门村 15 分钟便民生活圈，集便民服务中心、科技普及室、洪门村卫生室、电商服务室、网格化治理、未成年人文体活动室、群众议事室、农贸市场和体育健身广场等于一体。村文化设施齐备，有景泰游园篮球场、健身步道、全民健身路径等。同时，洪门村还在加大资金投入力度，对村庄基础设施不断进行完善。其中，村民自来水入户率达到 100%，电力、有线电视、通信入户率达到 100%。村庄内部道路硬化率达到 100%，实现了户户通、路路通，村庄安装太阳能节能灯 150 多盏。村庄环境整治方面，投入分类垃圾箱 60 余只，配备专职环卫人员 20 余名，垃圾清运车 4 辆，做到生活垃圾日产日清，无暴露垃圾和积存垃圾。洪门村还通过村内新建三类水冲式公共厕所 15 座并配备专门保洁人员来开展旱厕整治行动。此外，在黑臭水体整治行动中，洪门村在昔日的黑臭水体处建立了 600 平方米的乡村大舞台，同时，洪门村通过建立回收站点使秸秆、农膜等农业废弃物得到有效回收及利用。

洪门古安梨是洪门村一大特产。村庄内仍保留着古风特色的梨园 200 余亩，洪门村注意在保留传统文化特色的基础上推进现代化建设，将古风果园与周边环境融合建设，形成了特有的乡村景观。洪门村还积极创建"一品一村一社"示范村，重视家庭农场、农民合作社等新型农业经营主体的培育，发挥新型农业经营主体对农业发展的引领作用，以期通过产业发展推动村庄建设。

二　洪门村的日常治理样态

在改革开放的进程中，洪门村不断受到城市经济扩张的影响，逐渐形成了不同于传统乡村的经济发展方式。这里的人们更愿意流动到城区寻找就业机会，同时洪门村本身也逐渐脱离了原本的农耕特色，设立了一些由城区迁移而来的批发贸易市场，传统的城乡二元结构被打破，城乡矛盾在这一地区有着较为明显的体现。

（一）"一委三会"的运行

洪门村采取"一委三会"的组织管理方式。"一委三会"广泛吸纳村里的优秀成员，以期这些熟悉洪门村情况的优秀村民在处理事务时能够在保证村民的利益前提下，做出最符合村庄发展需要的决定。

1. 组织构架

村庄治理离不开基层干部的队伍建设。目前，洪门村已经形成了较为稳定的基层干部队伍。村里设"一委三会"，"一委"是指村党委，"三会"是指村民委员会、监事会和议事会。其中，村党委书记1人、副书记1人、委员3人；村委员会主任1人、副主任1人、委员3人；村监事会监事长1人、成员4人；村议事会主席1人、成员6人。领导班子全部成员由村民代表和党员选举产生。

2. 工作流程

基层自治注重村民的参与度。当下中国的农民有着更多的机会参与到乡村治理中去，不仅能够参与民主选举工作，而且能够对村集体重要问题行使表决权。"一委三会"的工作流程具体是：村党委和村民委员会会商确定议题；由村民议事会协商议事，形成协商结果；村民委员会组织实施、公布实施结果；村民监事会全程监督。在这个过程中洪门村的基层工作模式逐渐形成以下三个特点。

首先，议事主体全面。议事会主席经村民推选由村党委书记担任。议事会成员根据村人口规模、村民小组分布等情况，按每个村民小组2~3名推选，也可以由村民代表和党员代表组成。议事会根据不同议题需要，广泛吸收政府及其派出机关、村党委、村民委员会、村民监事会、物业服务公司、驻村单位、有关方面代表利益相关方及其代表参与议事协商。此外，议事会

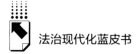

还重视鼓励和邀请威望高、办事公道的老党员、老干部、党代表、人大代表、政协委员，以及基层群团组织负责人、社会工作者等参与协商议事。

其次，议事范围广泛。议事范围主要包括以下几点：经济社会发展中涉及村民切身利益的公共事务、公益事业；村民反映强烈、迫切要求解决的实际困难问题和矛盾纠纷；党和政府方针政策、重点工作部署在村的落实；法律法规和政策明确要求协商的事项；各类协商主体提出协商需求的事项。

最后，监督工作到位。村民监事会是群众自治的监督组织，主要负责对村民议事会会议程序进行监督；对村民委员会实施村民议事会协商成功进行监督；对村党委干部及村委会成员廉洁自律情况进行监督；对村财务及村务公开情况进行监督。监事会监事长及成员可以通过参加村民议事会会议，列席村委会会议、招投标会议，审核财务支出票据，现场监督工程实施情况，查阅相关项目资料的方式进行监督。监事会通过全程监督，既有助于提升议事效率，也提高了群众自治的透明度。

3. 换届选举

经过前期调查研究等准备工作，2020 年 11 月 10 日开始洪门村召开了第十二届村委会换届选举第一次村民代表会议至第七次村民代表会议，进行了民主评议工作。2020 年 11 月 14 日，洪门村召开了第十二届村民选举委员会推选会。会议议题分为两部分：讨论确定村民选举委员会成员产生方式、人员组成与推选选举委员会成员。经过讨论并结合洪门村的实际情况，洪门村选举委员会成员的产生方式为召开村民代表会议无记名投票推选，委员会成员由 9 人组成，随后进行了名单公示。2021 年 1 月 3 日，洪门村公布了第十二届村民委员会换届选举公告，经村民代表会议决定，新一届村民委员会职数为：主任 1 人、副主任 1 人、委员 3 人。村民选举委员会制定了本村选举办法和工作方案，村委会成员候选人由登记参加选举的村民直接提名候选人，并划分了 7 个提名地点，于 2021 年 1 月 10 日进行了公告，而后对选举日进行了公告。洪门村共有登记参加选举的村民 738 名，于 2021 年 1 月 12 日，经登记参加选举的村民直接提名（预选）候选人。参加投票的村民 3473 人，共发出选票 3473 张，其中有效票 3472 张、废票 1 张、弃权票 0 张。本次应选候选人 8 人，按照得票现已全部产生，而后对候选人名单和得票数进行公告。2021 年 1 月 16 日，经登记参加选举的村民提名投票，并经村民选举委员会资格审查，洪门村公示了第十二届村民委员会成员候选人正式名单，分别有 2 名主任候选人、2 名副主任候选人以及 4 名委员候选人。2021 年 1 月 22 日，村召开换届选举大会，采用一次性投票的方式选举产生村民委员会成员。登记参加选举的村民 3735 名，并发出选票 3398 张，收回选票 3398 张，其中有效票 3389 张、废票 9 张、弃权票 8 张。评选产生了 1 名主任、1 名副主任、3 名委员，其中唱票人 9 人、计票人 7 人、监票人 10 人，选举结果当日进行了公告。

在此次换届选举工作中，洪门村严格按照合法的操作规程准备部署和组织实施，高质量高标准地完成了村换届工作。此次换届选举村民参与度较高，选出了年轻的领导班子成员，为村委会注入新的生机与活力。洪门村是在三个村的基础上合并而成的，村域范围的扩大使得组织选举的复杂性也相应提升。洪门村根据合并村大小不一、人口组成不同、经济状况不一等实际情况采取了较好的应对手段，为公平选举提供了程序支持，让村民能够竞选或参选以维护自身的利益。

（二）民主化实践

洪门村通过村务公开制度以及民主评议制度来推进本村的民主化实践。其中，村务中人员配置、收支情况等条款都通过村务公开清晰呈现在村民面前。民主评议更是让村民能够自主评价村委会成员干实事的能力，选出最符合村民需求的领导班子。

1. 村务公开制度

村务公开的重点是财务公开。村委会的财务计划，各项收入、支出，财产情况都要及时张贴在公告栏，让村民了解"家情"摸清"家底"。财务计划包括财务收支计划、固定资产构建计划、农业基本建设计划、兴办企业及资源开发投资计划和收益分配计划；各项收入包括"一事一议"筹资收入，发包及上交收入，集体统一经营收入、财政对村级转移支付收入，集资入股

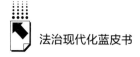

款、征地补偿款、救济扶贫款、上级部门拨款和其他收入；各项支出主要包括生产性建设支出、固定资产支出、公益福利支出、村组干部工资抵酬、村级管理费用、集体统一经营支出、救济扶贫专项支出和其他支出；各项财产包括现金及银行存款、产品物资、固定资产、对外投资和其他财产；债权债务包括内部来往、应收款、应付款、信用社及个人投资和其他财产；收益分配包括应付福利费数额、外来投资分红数额、农户分配和其他分配；除此以外，还有一些农民承担的费用和支农惠农资金发放。

在财务公开前，乡农经站委托村财代管中心对村集体经济组织的全部财产、债权债务等有关账目等详列财务公开内容，交付民主理财小组成员审核确认后签字，再由村集体经济组织负责人和报账员签字后向村民公布。洪门村村委会在党群服务中心门口设立了固定的公开栏，同时公开低保等评议审批、村民服务项目和其他信息。财务公开的事项公布后，村委会、村民主理财小组和报账员会安排专门的时间接受群众查询，解答群众提出的问题，听取群众的意见和建议，对群众在财务公开过程中反映的问题及时解决，一时难以解决的也需认真做好解释工作。

洪门村集体经济组织在年初公布财务计划，村每月公布一次各项收支情况，年末公布各项财产、债权、债务、收益分配、农户承担各项的费用等。村委会对于"一事一议"筹资使用情况、重大基建项目以及农民利益和重大财务收支等事项进行了逐项逐笔的单独公开。

除重点公开财务信息之外，村务公开的内容还包括：农村机动地和"四荒地"发包；村水利工程、引水工程、电力设施的承包；拍卖、转让、出租、征用及兑现情况；村办企业等集体经济项目的立项、承包方案；兴办村办学校、文化站、运动场、敬老院、道路、生态文明建设等公益事业的经费筹集方案和建设承包方案；水电价、水电费缴纳的数额及管理情况；村干部及其他人员享受补助的人数和标准。村民承担的以资代劳情况等，也会每月或每季度进行公开。

洪门村村务公开按照"一清二审三报四公布五存档"的程序进行。"一清"，即由村民委员会负责列出应公布内容的清单；"二审"，即由村务公开监督小组审查、补充、完善；"三报"，即报村"两委"联席会议讨论确定，村委会主任签名；"四公布"，即把公布内容逐条逐项在固定公开栏公布；"五存档"，即对每次公开的内容，都要存档备查，由专人负责管理。

村务公开监督小组对村民会议或者村民代表会议负责。监督小组的职责是，认真审查村务公开各项内容是否全面、真实，公开时间是否及时；公开形式是否科学，公开程序是否规范；征求并反映村民对村务公开的意见和建议；督促村民委员会对村民提出的意见和建议及时进行整改并作出答复；及时向村民会议或村民代表会议报告监督情况。对不履行职责的成员，村民会议或村民代表会议可以罢免其资格。

对村务不公开或者公开不及时、弄虚作假等行为，村民有权向上级政府、有关部门和村务公开监督小组反映、举报或投诉。村务公开监督小组对村民反映的问题应当及时进行调查，确有内容遗漏或者不真实的，应督促村民委员会重新公布，也可以直接向村党委、村民委员会询问，村党委、村民委员会应在 10 日内予以解释和答复，任何村干部不得对投诉人、上诉人进行打击报复。

2. 民主评议村干部制度

民主评议村干部制度是依据《村民委员会组织法》的有关规定制定的，目的是加强村民对村"两委"成员的监督。民主评议或测评村干部结合年终工作总结，每年进行一次。村民对村"两委"成员的政治素质和思想作风、村委会成员的工作能力和业务水平、村委会成员的工作态度和工作作风、村委会成员的实际工作成绩等方面进行评议。民主评议村干部采取召开村民会议或村民代表会议的形式进行，村委会成员逐个进行个人述职，按"称职、基本称职、不称职"三个档次进行无记名投票测评，而后将评议结果记入村民会议或村民代表会议记录簿存档。对于评议结果，坚持少数服从多数的原则，对称职的村干部给予表扬和奖励，对基本称职的予以勉励，对不称职的予以警告直至罢免。对连续两年不称职的村委会成员，应当进行罢免和改选。民主评议小组将评议结果及时在村务公开墙上向村民公布、公开。

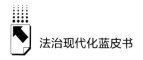

（三）管理制度

洪门村管理制度大致可分为财务管理制度、公共卫生管理制度以及村干部管理制度。财务管理是村庄管理制度的核心，财务不明容易导致民心不平；公共卫生管理是村庄整体管理素质的体现，是文明的外化；村干部管理是村庄管理制度的重要组成部分，高素质的村干部队伍是基层社会治理目标有效实现的前提条件。

1. 财务管理制度

为了加强村委会财务管理，规范办公经费的使用流向，提高理财水平，洪门村制定了财务管理制度。村委会的所有财务活动必须遵守有关行政法规和财务规章的规定；村委会实行"钱账分离、日清月结、逐笔审批、定期核查"的财务管理制度，每季度由街道办安排工作人员进行核查工作；村严格执行资金支出的审批权限，报销票据必须注明事由，经办人签字后由村委会主任、办事处分管领导、办事处副主任负责签字审批，不得代签；2000元以上的开支应提前告知街道办备案；财务人员要严格收支的手续，做到收有凭、支有据；村委会建立现金日记账簿，详细记录村委会收支及办公经费的使用情况，妥善保存账簿以备核查；村委会报销票据必须是正式发票，要求每月在规定日期将每张需要报销票据与票据明细一起上交，票据与明细的日期、金额要相对应，必须是所购买单位的统一采购清单，坚决杜绝倒票行为，一经发现即追究村委会主任的责任；另外，村委会报销票据均需在票头用签字笔注明类型（如办公经费等），并另附所需报销票据的分类合计与总计金额；村委会主任工作调动时，应接受街道办的财务核查，并向继任者办理财务交接手续。

2. 公共卫生管理制度

为贯彻落实建设"卫生强国"战略，全面实施"农民健康工程"，洪门村结合实际情况，重点关注疾病预防控制工作的强化，坚持预防为主、防治结合的方针。

在新冠肺炎疫情防控期间，各个网格长严格管控村民外出情况，有任何发热现象第一时间上报，有效地遏制了疫情蔓延。之后，村严格督促村民戴口罩、打疫苗，及时安排村民去卫生室就诊，在非常时期展现了村集体的安全防控能力。除了应对各种传染病，在日常工作中，洪门村还积极开展高血压、肿瘤、糖尿病、精神病等慢性常见病的综合防治工作，定期为村民量血压，组织体检，在公告栏报告村卫生管理情况。另外，洪门村十分注重孕妇和儿童的健康管理，及时安排产前检查和儿童健康检查，提高了村整体的人口素质。洪门村以创建全国文明城市与美丽宜居乡村活动为契机，通过改水厕和除"四害"，逐步推进农村垃圾集中收集和处理，解决农村生活垃圾处理难问题，加强农村卫生基础建设和环境综合治理。

3. 村干部管理制度

村干部管理制度主要包括民主评议、离任审计、工作交接和工作责任追究四个部分。民主评议的相关制度在民主化实践中已提及，此处主要聚焦其他三个方面的管理制度。

其一，离任审计制度。村干部离任审计制度是为了加强干部队伍管理，巩固农村基层组织建设制定的。村干部由于任届期满或其他原因不再任职时，必须进行离任审计。审计由洪门街道负责，洪门街道农业综合中心组织实施，街道财政所、村级财务监督组参与。特殊情况可报经区政府批准，由审计机关进行审计。审计的主要内容是各项资金的收入、支出、债权、债务情况，资金管理使用情况，一事一议资金情况等。审计结果作为考核和使用村干部的重要依据，存入个人档案。同时，结合村民自治工作，适时公布审计结果。对审计发现的有关问题，给予适时纠正，严重的将送交有关部门依法处理。审计工作需按照以下程序进行：审计组在实施审计工作3日前向村送达审计通知书；在审计组开展工作前，督促村主动结清所有票据，并在规定时间交文书汇总入账，逾期均视作违纪处理；审计人员根据业务需要，审查会计凭证、账簿、报表，查阅有关文件资料，检查现金、实物、有价证券，登记有关审计表格，向有关单位和人员进行调查并取得证明材料，证明材料应由提供者签名盖章；审计终结时由审计组写出书面审计报告，报送主管部门审批；审计报告在报送前需征求村意见，村在收到审计报告10日内，

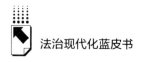

将其书面意见送交审计组；村对审计决定和意见持有异议的，可在收到审计决定和意见书之日起60日内向上级农村经济管理部门或县人民政府申请复议；审计组检查审计决定执行情况，并将审计事项建立档案。

其二，工作交接制度。工作交接制度是为了规范洪门村换届后的工作交接管理而制定的。在村"两委"换届完成后，村委会需要就以下内容进行完整有序的记录和历史存档：年度工作计划、岗位目标任务完成情况、尚未完成的工作及原因说明、历史遗留问题（包括问题的成因、处理历程、目前状况及下一步建议）。离任者要对自己的工作进行总结，向继任者介绍自己的工作体会、经验与教训。交接前应进行全面财产清查，做到账实相符。编制会计档案移交清册一式三份，按照会计凭证、会计账簿、会计报表、其他会计资料（包括空白票据）等逐册登记、清点、核实、交接；交接双方及监交人分别签名、盖章，交接人各执一份，另一份存档保管。如有必要还可更换财务专用印章，以免留有后患。交接时离任干部只带走私人物品，办公设备及与原工作相关的资料等需留在办公室。此外，离任干部有义务协助继任干部熟悉工作，解释说明工作内容以及负责协调帮助继任干部等。

其三，工作责任追究制度。工作责任追究制度的制定是为了强化村干部的风险和责任意识。发生下列规定情形之一的，根据情节轻重，分别给予诫勉谈话、扣发误工补贴（工资）、取消年度评优资格，并在村务公开栏内公开："两委"班子成员违反财务管理规定，致使村集体资产受到较大损失的；村务公开弄虚作假，造成一定影响和后果的；未经村民代表会议讨论决定，对集体资产处置，经济承包、工程发包等村级重大事务擅自做主的；因工作严重失职，给集体资产造成重大损失的；发生急难阻等重大事故，处置不当或不及时报告造成一定后果的；因工作失职、失察，造成村民集体上访的；连续两年评议结果为不合格的；被司法机关追究刑事责任的。村党委成员发生倒数第二条规定情形，由上级党委撤销其所担任的委员职务；村委会成员、民主管理监督小组成员发生上述后两条规定的情形之一的，由村"两委"提出罢免建议。

（四）"4+X"网格化治理

近年来，洪门村以"党建+"为引领，以全要素网格化治理为切入点，将党组织嵌入社会治理网格中。在街道总网格的框架下，形成村负责人为中网格长、村委会成员为小网格管理员、村民代表为微网格员的管理模式。系统集成党建网络、警务网络、政法网络、物业专项管理网络及综治、环保、安全、城管等对口管理的"4+X"网格化功能。通过运行"多网合一"，将分散力量有机整合，实现"一网多用"，有效地提升了基层治理能力。

洪门村致力实现村一网通，创新基层党组织设置方式，积极推行"点、线、面"相结合的服务模式。实现村服务从街道负责人的大网格长，到村负责人的中网格长，再到村民代表的微网格员的全覆盖。在网格化治理下，每家每户都包含在治理大网络之中，特别是孤寡老人、低保户等特殊群体，受到了精准帮扶和慰问。通过党员带头引领，群众也更积极地投入到村庄治理活动中，在一定程度上实现了村民之间的零距离互动。在网格平台，各个服务部门连同志愿者形成服务链条，有求必应，有事快速解决，实现了"小事不出网、大事不出村"的治理局面。

依托网格化党建，村主体能够发挥人民当家作主的积极性。村民也更配合村的管理，从而激发村民与村干部队伍的良性互动，各展所长。在大数据背景下，网格化治理是信息交互的体现，村民足不出户就可以反映问题、提出意见、办理业务，网格员在手机终端就可以收集村民需求，提供便民服务。

三　村级治理的法治化建设

村作为基层自治主体，不同于行政部门自上而下的管理，而是村民自己管理自己、自己发展自己。当前，我国正大力推行国家治理体系和治理能力现代化建设，现代化的一个重要标准就是法治化水平，城乡基层治理法治化是社会治理现代化的题中之义。

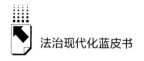

（一）公共法律服务

公共法律服务是法治社会建设必不可少的环节。但受到经济发展水平和农村法律服务资源的限制，村级公共法律服务建设还有很长的路要走。洪门村的公共法律服务主要由以下三部分组成。第一，定期服务制度。村每月定期安排村居法律顾问值班处理法律事务和解答法律问题，其他时间可以通过电话、微信咨询，并定期举办法律知识培训讲座。第二，限时办理制度。村在辖区群众提出法律服务需求后，要在五个工作日内予以答复；在接到群众的法律咨询时，特别是通过电话、微信咨询的，要当天及时予以答复。第三，工作衔接制度。村要指定工作人员负责咨询、讲座、法治宣传、矛盾化解、特殊人群监管帮扶等活动的具体组织工作，并针对群众实际法律需求适时联系法律服务人员，及时公示对接人员的基本信息。

（二）矛盾纠纷调处

洪门村实行的是人民调解包片分工制度，将村分为四个包片，各包片干部对各包片村民的矛盾纠纷定期排查分析。主要有以下几点：各包片干部对辖区进行定期的法治宣传；定期深入辖区，了解辖区村民在工作、生活中存在的问题及困难；深入到矛盾纠纷的重点单位、重点地区进行全面细致的排查摸底；积极发现突出问题，找出辖区村民在工作生活中存在的矛盾纠纷隐患；及时解决辖区村民在工作生活中存在的困难，对短期内有条件解决的问题，加大工作力度，及时排除村民内部存在的矛盾纠纷，并登记汇报；对不能排除解决的困难纠纷要采取控制、缓解等措施并及时汇报。调解委员会应找准突出问题、分析主要原因并及时组织矛盾纠纷的排查分析工作。

洪门村分为四片网格，每一片网格都有一名网格长、一名指导员、一名专管员和一名参与员。网格长对所辖网格需按时做好信息采集、网格巡查、走访排查、党建以及其他各项工作。一旦发生矛盾纠纷，网格长要第一时间对矛盾冲突进行了解和组织调解。

（三）法治宣传教育

农村法治建设整体水平相比城市要落后很多，村民的法治观念虽已有所提高，但是仍未达到国家全民普法的要求。因此，洪门村除了通过提升基层工作法治水平让村民感受到法治建设带来的成果，以提升其法治观念之外，还通过开展法治教育活动来推进法治建设。

洪门村分别于 2021 年 2 月 15 日、3 月 12 日、3 月 25 日、4 月 18 日、6 月 25 日举办法治宣传教育进乡村活动。对村民关心的土地问题、惠农政策以及电信诈骗相关问题开展宣传活动，很大程度上提高了村民守法意识和应对诈骗的能力，并呼吁村民采取合法合理手段维护自身的权利。

2021 年 1 月 23 日、6 月 23 日、7 月 30 日，洪门村举办了法治宣传教育进企业活动，向四季农贸市场等辖区内企业就《中华人民共和国公司法》《企业法人登记管理条例》等法律法规进行宣讲，着重强调了法律的禁止性规定，并针对优化法治营商环境等方面与企业共同商议，鼓励建言献策，以期促进洪门村的市场经济发展。

除此以外，洪门村还积极组织村民进行民主法治学习。优选法治事例，将最新的法律知识向民众讲解。在法律图书角、法治广场等各个村民生活场所也积极进行法治宣传，实实在在地将法治宣传融入到基层群众的日常生活中去。

（四）法治文化氛围营造

近年来，洪门村通过多次举办法治宣传教育活动营造村庄内的法治文化氛围。洪门村"两委"举办了国家宪法日学习教育活动，组织党员、预备党员和入党积极分子等人进行了学习。2021 年 12 月 4 日是第八个国家宪法日，村里组织法律专业人员进行了宣讲活动，村民们以通俗易懂的方式学习了法律知识，营造了全村尊法、守法、用法的法治氛围。

2021 年，洪门村还举办了社会主义核心价值观主题教育宣传活动。村党委在教育宣传活动中强调要弘扬社会主义核心价值观和法治精神，无论人

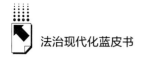

们在做什么，都要把爱国主义牢牢放在开端，一个爱国的人才有心的归属。活动还针对中国特色社会主义法治道路的建设进行了宣讲，让村民深刻感受到法治社会能带来的文明与和谐，能够主动践行社会主义核心价值观，积极建设民主法治示范村。近年来，洪门村集体在良好法治文化的熏陶下，无重大刑事案件或者重大安全责任事故发生，无造成重大经济损失和重大人身伤亡的情况，村民们以社会主义核心价值观为引领，勤勤恳恳地生活与劳动，待人接物诚信友善，一起向着更好的生活迈进。

除了举办教育宣传活动之外，洪门村还通过其他各种方式促进法治文化氛围的营造。第一，开展农家书屋活动。在文化服务中心里，有很多图书可供村民翻阅，包括各种小说、散文以及法律类图书，村民闲暇时可以自由进入农家书屋阅读书目，有需要时还可自行查找资料，书屋在自身建设以及村民捐赠下变得愈来愈能满足村民的精神建设需要，法治文化也在潜移默化中深入人心。村民杜某在接受笔者访谈时说："到农家书屋去，既能学到新知识，还能陶冶情操。现在打牌的少了，吵架的没了，大家更和谐了，民心更凝聚了。"第二，开展乡村大舞台活动。在建党 100 周年时，村里组织村民进行文艺表演并获得了奖项。每年的诸多节假日，村里都会组织村民观看文艺表演。选取的节目既能弘扬中华民族优秀的传统文化，还能教育人们爱国、团结和友善，做遵纪守法的好公民。第三，开办洪门村道德讲堂。主讲人不仅向村民介绍我国传统的道德事例，还能通过细致引介本村的道德模范以发挥其优良道德品质的引领作用。此外，还通过在公示栏张贴乡贤事迹来引导村民向上向善、孝老爱亲、重义守信、勤俭持家。

四　洪门村治理的几点建议

洪门村在民主法治建设方面取得了很大进步，其特色治理方式不仅保障了村民当家作主权利的实现，而且提高了村干部队伍的治理效率。但是自身发展模式等现实因素的制约，以及村民整体的参与积极性有待提高等，都对村治理水平的提高造成影响。

（一）厘清村主体自治职能

村民委员会作为基层群众自治单位，与乡镇政府之间是指导与被指导的关系，而不是领导与被领导的关系。人民政府对村委会进行指导支持与帮助工作，村委会对政府进行协助工作。村委会的职能与政府职能有相似之处，但管理体制却完全不同。村委会主要协助人民政府宣传党和国家的方针政策，按时完成乡镇政府依法布置的工作，及时反映群众的意见、建议和要求。但在实际工作中，村委会还承担了许多政府的职责，比如组织群众接种新冠疫苗、进行社会治安管理工作等。村委会忙于处理上级行政部门分派的工作，就压缩了其自治职能发挥的空间。村委会并不是政府的一个部门，政府在分派事务时应当严格按照法定程序，需要村委会协助实施的工作要给予说明和经费支持，严格划分行政事务与自治事务的边界，在村民自治的区域减少行政化的影响。

（二）提高村民参与度

洪门村属于典型的城乡接合部，原有的基于地缘关系建立起来的熟人关系被城市化带来的陌生与距离打破，村民之间的交流与以往相比锐减。而且洪门村是由三个小村庄合并而来的，总体的凝聚力相对较弱，村民缺少归属感和向心力。洪门村中参与基层治理的主要是村干部队伍和村民代表，普通村民参与程度并不高，主要有以下几方面的原因。第一，与群众利益相关事项公开较少，群众参与积极性不高。伴随着城市化的影响，村中多数青壮年劳动力外出务工。虽然已采取一些人才保留政策，但是他们更加向往城市生活，对本村建设表现得比较被动。对于乡村建设，村民往往更关心与自己利益相关的事情，比如村环境卫生方面的工作、社会保障、养老保险、低保户补贴及各项惠农政策的实施等。为此，村集体应当积极挖掘村民的各项合理需求，通过及时公开村务、财务等方式，为群众积极参与基层治理提供基础，同时加大宣传力度，让民众乐于表达自身需求，更好地建设村庄。第二，群众参与基层治理的渠道单一，群众表达民意渠道不够畅通。村民参与村里事

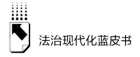

务的商讨通过村民会议进行，但是村民也有本职工作，并不能随时随地参加会议、表达意见。为了提高村民表达建议的效率，村应当加大网络信息技术的运用，对村民关心的事项进行科学整合，通过设置网络会议及网络意见箱等多样化的沟通平台让村民能够有效参与到基层治理中。第三，群众意见表达不够规范和专业，不利于决策的作出。伴随着国家教育水平的提升，村干部整体的文化水平高于以往的标准，这对规范化村庄治理有着重要作用。但是村民整体的素质仍然参差不齐，有一些人在表达个人利益和建议时缺少理性思维，导致他们的意见不能得到支持和满足。因此，村可以聘请专业人士对村民进行指导，引导村民需求表达更加理性化和规范化。这样不仅可以促进村民之间互相理解，还可以使村民的合理提议得到重视和支持。村民参与基层治理的程度提高了，基层治理这"最后一公里"也就有了动力和活力。

（三）创新乡村振兴的路径

洪门村属于城乡接合部，经济模式为外出务工与农耕相结合，但是受地理位置的影响，村里缺少农用及建设用地，难以进行大规模的集体种植、养殖及土地开发。目前村主要依靠永源食用菌合作社、吴来华家庭农场藕虾套养项目，以及依托四季农贸市场等发展经济，虽然相比其他村而言集体收入不低，但是仍然需要创新经济发展路径，带动村整体实现共同富裕。洪门村有着200亩果园，单独依靠果园产出还远远不够。当地的古安梨早在2020年3月就入选第二批市级非物质文化遗产名录，洪门村可以依托现有的洪门果园，打造集种植培育、采摘体验于一体的洪门采摘体验园，同时增加特色体验项目，譬如果树栽种体验、梨文化参观体验等。再如，作为果园管理人员工作场所的洪门果园西大厅，是同治十三年当地名人沈云沛买下荒滩乱岗建起的四合院，目前还有几间西屋闲置，依稀可见当年的风貌。这一历史遗存可以建造成文化展馆，展示历史人物沈云沛的故事，打造文化综合片区。洪门村甚至可以通过打造沈云沛特色文旅小镇，依凭城乡接合部的地理优势，推动产业发展，助力乡村振兴。

B.12
"民主法治示范社区"创建的考察[*]

—— 以安徽省阜阳市太和县关北社区为对象

李子晗[**]

摘　要： 安徽省阜阳市太和县关北社区在建设"民主法治示范社区"的过程中，借助网格化管理平台，通过组建居民自治组织、组织民间调解、创设居民公约的方式促进社区民主建设，同时将反诈骗、防邪教等法治宣传活动与扫黑除恶、司法矫正、安置帮教、法律援助等法治实践工作相结合，推动社区法治建设。经过多年努力，关北社区成功获得了省级"民主法治示范社区"称号。面对社区法律人才不足、居民素质偏低以及法治宣传活动单一等问题，关北社区"民主法治示范社区"的建设有待进一步整合各方资源，加强组织建设，开创社区治理法治化实践新局面。

关键词： 基层选举　居民公约　民间调解　法治宣传

中共中央、国务院 2021 年发布的《关于加强基层治理体系和治理能力现代化建设的意见》指出，基层治理是国家治理的基石，为贯彻党的十九大和十九届二中、三中、四中、五中全会精神，夯实国家治理根基，各地应

---

[*] 除专门引注外，本报告涉及的所有事例、数据、图表均为中国法治现代化研究院"城乡基层社会治理实证研究"课题组 2021 年 7~9 月在安徽省阜阳市太和县关北社区调研所得。

[**] 李子晗，法学硕士，南京师范大学政府治理与行政法理研究中心研究人员。

该坚持推进基层法治建设，健全基层群众自治制度。① 本报告以安徽省阜阳市太和县关北社区为观察对象。关北社区以"发扬民主精神，建设法治社会"为宗旨，扎实开展"民主法治社区"创建工作，帮助社区居民实现民主管理、民主监督，并通过宣传法律知识，提高居民、干部的法律素养，努力使社区各项工作实现民主化、法治化、制度化和规范化。同时，关北社区认真协助司法机关进行司法活动，筑牢社会治安综合治理的基层基础。2021年，关北社区被评选为省级"民主法治示范社区"。

一　社区概况及其治理框架

城乡社区是社会治理的基本单元，其治理关系着党和国家大政方针的落实，关系着居民群众切身利益，关系着城乡基层的和谐稳定。② 关北社区位于城乡接合部，其治理方式极具研究意义。

（一）社区基础情况

关北社区隶属安徽省阜阳市太和县城关镇，位于县城北部，与县经济开发区接壤，属于太和县城乡接合部。社区管辖总面积为2.65平方公里，管辖范围南起环城北路，北至胜利路，东到长征路，西至民安路。社区共管理15个自然村，24个居民小区，400栋住宅楼，6584户。社区常住户籍人口17417人，外来人口21143人。社区成立了社区党总支部委员会和社区居民委员会，成员共11人（其中党总支部委员7人、居委会委员4人），另外还成立居务监督委员会，成员3人。社区内任命59名居民组长、4名计生专干、4名扶贫专干和1名劳动专员来协助社区开展日常工作。社区内下设3个党支部，每个党支部下设3个党小组，共有党员146名；社区志愿服务队有15支，共583人。

---

① 参见《中共中央国务院关于加强基层治理体系和治理能力现代化建设的意见》，人民出版社，2021，第1页。
② 参见《中共中央国务院关于加强和完善城乡社区治理的意见》，人民出版社，2017，第1页。

关北社区地理位置优越，交通便利，环境宜人。关北社区辖区内共有机关单位 9 个，高职中小学、幼儿园 22 所，公立医院及私立医院 10 所，非公有制经济组织和新社会组织 4 个，个体商业网点 86 个，各种大型宾馆酒店及商场共 26 个。关北社区是一个集政治、经济、文化、娱乐、购物、医疗、教育于一体，功能齐全，生活便利的新型宜居社区。

关北社区秉持"以人为本，服务居民"的工作理念，高标准建设社区，高水平整合社区，高质量服务社区，高效能管理社区，以党建为龙头，服务为重点，文化为载体，把社区打造成了太和县的明星社区，荣获"全国综合减灾示范社区""安徽省综合减灾示范社区""安徽省第四届文明社区""安徽省第五届文明社区""安徽省绿色社区""阜阳市科普社区""阜阳市卫生社区""阜阳市五星级标准化党组织""太和县文明创建先进单位""安徽省民主法治示范社区"等称号。

（二）"网格化"：社区治理基本框架

网格化管理是基层社会化治理的一项创新发展，将城市管理辖区按照一定的标准划分成单元网格。通过加强对单元网格的部件和事件巡查，建立一种监督和处置互相分离的管理形式。关北社区贯彻综治工作网格化管理的相关规定，实行网格化社区治理，以推动社会综治工作的三级联动，夯实基层综治基础，促进平安建设。关北社区网格化治理经验为基层社会治理工作提供了参考。

1. 网格化管理制度

关北社区设置三级网格结构，由一个主要负责人管理七名网格长，每名网格长管理三至五名网格员，每名网格员管理一个网格责任区。网格长负责指导、收集、整理责任区内综治、计生、信访、安全生产等各类信息资源，建立网格化管理台账系统；带领网格员深入网格点，将责任区内各类动态情况反馈给社区相关责任人，督促并协助其给予解决。网格员负责每星期到网格责任区内巡查一次，及时了解和听取群众意见建议，掌握居民动态信息，并对自己的管辖责任区的档案进行及时完善。同时，网格员应当场处理责任

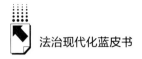

区内的一般性事务，遇到突发性事件网格员需立即上报社区网格管理工作站，涉及有关单位的，应及时处理并上报网格管理办公室，由网格员现场跟踪。

为了监督网格化管理的全过程，从中发现网格化管理实施过程中的问题并及时解决，关北社区的网格化管理实行月工作例会制度，由主要负责人和七名网格长参加。会议有三项内容：第一，向上通报近期重点工作完成情况，分析工作中存在的问题，寻求解决措施；第二，对阶段性的重点工作进行部署和安排；第三，对全镇网格化管理工作提出建议和意见。另外，关北社区建立了网格化管理督查考核制度，以确保网格化管理做到"高效、实效、有效"。督查考核以城关镇镇综合治理办公室为考核机构，以各网格员为考核对象，考察城关镇党委、政府所布置的各项工作的实施情况以及整个社区网格化管理运转的情况。督查考核每季度进行一次，每年度进行考核评比。

2. 网格化工作实践

关北社区以党的十九大会议精神为指导，以"定位网格化、内容多元化、项目精细化、服务个性化、管理信息化、全覆盖无缝隙"为管理手段，实施"三级四步"网格化社区综合治理。

首先，科学划分网格。关北社区按照 2021 年所查明的地理现状，以"方便管理、无缝对接、地域相邻、邻里相熟"为原则，综合考虑居民认同度、社区工作人员状况等因素，对网格进行合理细化，将网格员分配到相应的责任区。根据调研，社区管辖范围内的网格责任区根据小区和村庄划分，共 26 个，社区网格员共 52 名。每个小区由一至二名网格员负责，每个村庄由二至四名网格员负责，每名网格员负责约 70 户居民。其次，绘制网格地图。关北社区在原有的网格图中进一步细化，建立新的网络档案，以"人进户、户进房、房进网格、网格进图"为策略，实行网格内全员、全地域、全方位的管理。再次，组建网格队伍。关北社区根据工作难易程度及具体情况，为每个责任区安排网格员、网格长。网格长由社区干部担任，网格员由社区工作者、居民组长、社区民警、物业人员、业主委员会成员等担任。最后，明确服务内容。在关北社区辖区内继续实行"定人、定岗、定责"的管理，每个网格员都努力做到"四知"（知网格概况、知居家民情、知社情民意、知求助对象）、"四能"（能走访调查、能宣传发动、能解决矛盾、能赢得信任）。

社区网格员的工作内容大体有以下几点。第一，网格员在责任区内进行居民信息登记、社情民意收集、社会治安巡查、应急管理、矛盾纠纷解决、政策法规宣传和组织居民参加活动。第二，网格员协助做好责任区内与居民利益有关的社区党建、社会治安、社区矫正、公共卫生、社区教育、劳动就业、社会保障、社会救助、住房保障、环境卫生、文化体育、消费权益以及老年人、残疾人、未成年人、流动人口的权益保障等工作。第三，网格员对网格责任区内的居民小区及服务单位的服务情况进行监督和反馈，同时指导责任区内的社会组织、业主委员会、业主大会、物业服务企业开展工作，维护居民的合法权益。第四，网格员积极开展便民利民服务。面向老年人、五保户、残疾人、家庭困难居民等群体，网格员开展"上门送温暖"活动，引领社区志愿者开展结对帮扶和"一对多""多对一"服务，围绕社区文化建设的需要，组织丰富的文化、体育、娱乐等活动，如"社区冬季运动会""文艺会演""送戏下乡""农家书屋"等。

在社区网格化管理过程中，关北社区通过及时发现问题并解决问题，在不断地摸索中前进，获得了显著的成效。第一，社区工作实现了基础档案规范化和管理内容标准化。关北社区自制居民基础信息表，保证了辖区内每家每户的信息采集完整性，重点户一目了然。每个网格员对责任区内的负责对象情况掌握准确，提高了工作效率。第二，社区的环境得到有效改善。社区配备网格员后，通过网格员进入其负责的责任区入户宣传禁毒、环保知识，排查各户的安全隐患，使群众的安全意识和环境保护意识明显增强，群众能够自觉参与环境整治活动，社区居民的生产生活环境得到了改善，不稳定因素大大减少，使社区多次获得"文明社区""绿色社区"等称号。第三，社区干群感情进一步增进。网格员经常走访群众，与群众交流，及时为他们提供必要的帮助，在了解群众的诉求的同时也增进了网格员和群众的感情，群众对网格员工作满意度大大提升。

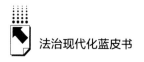

二 社区民主自治实践

社区并非一个简单的地理概念，而是一个共同生活的集合体。社区工作人员与社区居民彼此信赖，相互团结，互相帮助。关北社区采用民主自治的方式，让社区居民自我管理、自我服务、自我监督，积极参与社区治理工作，真正做到人民当家作主，维护人民利益。关北社区的民主自治体现在社区居委会选举、居民公约创制以及居民矛盾纠纷调解上。

（一）社区居委会选举

社区居民委员会作为基层群众自治组织，是政府和人民沟通的桥梁，是社区治理工作的一个重要主体。为了做好居民委员会选举工作，关北社区制定了居民委员会选举办法。从选举办法不难看出，关北社区重视居民委员会建设，积极组织居委会选举工作，经过选举产生居委会主任 1 人，委员 4 人，每届任期 3 年，整个选举秉持"公平、公正、公开"的原则。关北社区自2005 年成立以来，经历了 2008 年、2011 年、2015 年、2018 年和 2021 年五次换届选举。关北社区组织基层群众自治选举活动，践行了我国的基本政治制度，即"自我管理、自我教育、自我服务、自我监督"的基层群众自治制度。

关北社区的居民委员会成员由居民代表进行选举，目标产生社区居委会主任 1 人，委员 4 人，其中定岗选举 1 人。选举采用"一票式"的方式，将提名候选人与正式选举合并。在没有正式候选人的条件下，由选民凭自己的意愿直接推选出社区居委会成员。另外，在定岗选举中根据社区工作需要，将民政工作岗位确定为居委会定岗选举岗位，明确候选人。对定岗选举人员实行差额选举，当选人员同时为社区居委会成员。社区选举办法对候选人资格作出了规定，在选举会议举行的要求上，选举办法要求会议应有超过 4/5的居民代表出席，选举才有效。会议采取无记名投票的方式选举，选民不得选择同一人担任两个职务，否则主任票有效而委员票无效。在选举的监督上规定会议设总监票人 1 人，监票人 2 人，计票人 2 人，监票人由选举委员会在选民中提名，并经大会通过。在选举结果的产生上，候选人必须获得所有投票的半数赞成票方可当选。获得半数以上赞成票的人数多于应选名额时，以得票多的当选；如果得票相等，应当对票数相同的候选人进行再次投票。当选人数不足五人，不足组成新一届委员会的，应当就不足名额另行选举。另行选举在未当选的候选人中投票选举，票数多且超过投票人数1/3的候选人当选。计票工作采取公开形式，在选举会场进行。社区党总支可提名居委会候选人和定岗选举候选人供居民代表参考。

（二）居民公约创制

居民公约由社区居民集体制定，并依照制定结果进行自我管理、自我约束。关北社区组织居民依法制订公约，有助于形成社会公序良俗，有利于居民之间和睦相处。根据调研，关北社区由社区主任领导，社区居民共同制定，经过多次社区居民大会投票商议，最终设置了"一约四会"制度，包括居民公约、居民议事会制度、红白理事会制度、禁赌禁毒会工作制度和道德评议会制度，由社区居民共同监督实施。居民公约体现了居民传播社区和谐文化、共建良好生活环境的决心。

社区居民自治公约要求社区居民要爱党、爱国和爱社会主义，积极响应政府号召，认真履行公民各种义务，团结一心为构建和谐社区做贡献；要求居民要认真学习和遵守国家法律法规，自觉维护社会治安和公共秩序，同一切坏人坏事和不良行为作斗争；鼓励居民学习科学文化知识，参与文明健康的文娱活动，不看淫秽书刊、录像等，不参与赌博、吸毒；反对封建迷信，红白喜事不大操大办，鼓励勤俭节约，反对铺张浪费；要求社区居民遵守"不随地吐痰、不乱倒乱扔废弃物、不乱贴乱画、不乱停放车辆、不乱穿马路、不乱打乱盖、不损坏公共设施、不损害花草树木、不在公共场所吸烟"的规范，搞好公共卫生，自觉维护社会和公众利益，为净化、美化、绿化社区做贡献；坚决反对男尊女卑的思想观念，树立男女平等的婚育观；积极扶贫助困，为下岗职工、无业居民、计生困难户提供帮扶服务，开展志愿者注册、宣传、招募、培训、活动组织等；鼓励社区居民团结互助，搞好邻里关

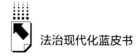

系，争做"五好文明家庭"，共建文明社区，人人争取在单位做个好职工，在家里做个好家长，在学校做个好学生，在社区做个好居民；要求社区居民尊老爱幼，在社会内努力创造老有所养、少有所学、幼有所托、贫有所济、残有所助、病有所医、难有所帮的社区环境。

社区居民公约的制定，十分有助于促进社区内部和谐稳定，树立良好的民风，促进经济的发展。另外，关北社区还定期以问卷调查等形式调查社区居民对生活的满意度，询问居民在社区生活的情况，并虚心寻求建议，以便更好地完善社区治理工作。

（三）居民矛盾纠纷调解

党的十九届四中全会指出，要正确处理新形势下的人民内部矛盾，坚持发展新时代"枫桥精神"，完善社会矛盾纠纷多元预防调处化解综合机制。[①]在当前社会环境复杂、社会矛盾纷繁、突发性社会事件频发的背景下，调解工作在解决社区居民纠纷、维持社区生活秩序稳定上发挥着十分重要的作用，成为化解社区社会矛盾纠纷的"守门员"。关北社区在践行"枫桥精神"的过程中，健全矛盾调解机制，完善矛盾调解方式，力图将矛盾化解在基层。社区成立由党委领导、综治中心牵头、七名社区工作人员组成的调解小组，采用当场调解、调解中心调解、人民调解室调解三种方式，为矛盾双方提供矛盾化解的平台（见图 1）。

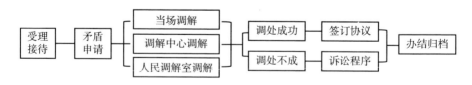

图 1　关北社区调解工作流程

资料来源：本图为笔者根据调研材料编制。

[①]　参见《中共中央关于坚持和完善中国特色社会主义制度　推进国家治理体系和治理能力现代化若干重大问题的决定》，人民出版社，2019，第 29 页。

关北社区着力完善社区居民矛盾调解工作，积极对社区群众纠纷进行调解。2021 年，关北社区共调解婚姻、继承、赡养、相邻关系、侵权关系、房屋拆迁等纠纷 35 例。以相邻关系纠纷为例，社区内住户众多，对于通风、排水、采光等方面的问题容易产生纠纷，根据《民法典》的规定，相邻各方应当相互给予便利和接受限制。但现实情况是，居民的法律意识不够，容易产生矛盾，相邻关系的处理往往影响双方家庭今后的交往，这类矛盾处理不好，往往导致矛盾激化，产生社会不稳定因素。当事人若将相邻关系的矛盾诉诸法院，不仅诉讼成本高，问题解决耗时长，还会导致邻里关系恶化，故社区调解的作用显示出来。针对社区邻里纠纷，社区调解组织在了解情况后，迅速组织当事人进行调解。经过社区的走访和调查后，社区工作人员召集双方当事人听取双方意见，积极提出解决方案，最终促成双方意见达成一致，解除了影响家庭邻里友好关系的隐患。

对于社区内发生的重大纠纷，关北社区实行"包案负责制度"，综合协调机制，发挥综治和信访等部门的综合协调作用，综合运用政策、法律、经济、行政等手段和教育、协商、调解等办法，及时化解矛盾。

三　社区法治建设活动

关北社区为践行依法治国的基本方略，致力于法治社会建设。社区坚持法治宣传教育与法治实践相结合的原则，在社区举办了多种形式多种主题的法治宣传活动，还积极实施法治实践活动，如社区与司法机关对接，帮助公安机关及执法机关执行公务，为社区居民提供法律援助服务，组织社区工作人员和社区居民在辖区内进行治安巡逻等。

（一）法治宣传工作

笔者调研发现，针对目前关北社区的居民法律意识不强、法律素质有待提高的情况，社区十分重视法律宣传教育工作，开展了多项活动，力图引导全社区居民增强法治观念、养成守法习惯、严格依法办事、善于依法维权。

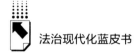

第一，举办《民法典》宣传活动。关北社区将普法工作渗透到社区工作的全过程，坚持日常宣传与集中宣传相结合的原则，利用"以案说法、以案普法、以案学法"的方式，普及《民法典》知识。在具体实践中，一方面，关北社区邀请法律专业人士开设法治讲坛，组织全社区工作人员进行法治学习，再由社区工作人员担任"普法宣讲员"对社区居民进行普法工作。从社区居民中评选"法律明白人、法治带头人"，激励社区居民自觉学习法律。社区每月出版一期法治宣传栏，组织2次以上的法治宣传课。另一方面，社区利用各类法治宣传月、宣传周等特殊时间节点，通过集中宣传、主题宣传、LED电子显示屏宣传、发放宣传资料等方式，对社区居民开展群众性法治宣传活动。社区还利用电子显示屏播放公益法治宣传片，利用板报、墙报、橱窗、标语等形式加大宣传力度，营造了浓厚的法治氛围。

第二，开展"反邪""防邪"宣传工作。邪教是威胁社会稳定和人民财产安全的一个不稳定因素，每个人都必须时刻保持警惕。关北社区根据上级有关部门严密防范和严厉打击邪教组织非法活动的指示，开展"反邪""防邪"工作。本次调研参与到关北社区在"7·22"反邪教宣传周活动中，在社区门口设置宣传点，利用横幅、标语、宣传单、宣传栏等方式进行宣传。首先，社区提前三天通过公告、微信公众号推送等方式对活动进行宣传。其次，活动当天由社区志愿者通过宣传台向社区来往群众发放宣传彩页，介绍邪教的危害以及向辖区群众介绍反邪教注意事项和知识。最后，在活动结束后，社区总结活动的经验，对工作中的问题进行反思。"7·22"反邪教宣传活动取得圆满成功，此次活动共发放了宣传海报和彩页120余份。

第三，组织"反诈骗"宣传活动。关北社区为有效遏制当前电信网络诈骗高发态势，切实增强人民群众自我防范意识，减少人民群众财产损失，决定在辖区范围内开展防范电信网络诈骗的宣传活动，并根据电信网络诈骗案件发案趋势，形成长效宣传机制。根据调研，关北社区针对电信网络违法犯罪行为进行摸排，协助民警对涉案人员进行一一入户排查，并对辖区内两名涉案人员张某和陈某进行教育。关北社区多次开展以"打击防范电信诈骗，构建和谐平安小区"为主题的防电信诈骗宣传活动，通过召集志愿者悬挂横幅、张贴宣传海报、入户宣传、发放宣传资料等多种形式，向社区居民宣传反电信网络诈骗常识。志愿者向居民介绍电信诈骗案例以及犯罪分子的作案手段，如冒充公检法、电话欠费、低价购物、冒充微信好友、娱乐节目中奖等，并告诫大家一定要谨记"不贪图小便宜、不透露个人信息、不轻易转账汇款"。另外，关北社区还利用社区文艺会演的机会开展反电信诈骗宣传活动，并设立反电信诈骗工作宣传台进行宣传。据统计，2021年，关北社区组织"反诈骗"宣传活动六次，共发放宣传彩页千余册，大大提高了社区居民的反诈骗知识，社区的电信诈骗案件数量明显下降。

（二）社区场域下的法治实践

为了营造安全有序的社区环境，关北社区工作人员重视法治实践工作，帮助居民解决法律问题，协助司法机关进行司法矫正、安置帮教工作，协助公安机关大力开展扫黑除恶行动，帮助民警进行治安巡逻。

第一，法律援助。关北社区为辖区居民提供法律援助服务，建立法律援助工作站，引进"皖太律师事务所"律师进社区，为社区居民提供法律援助服务。社区及时受理居民求助，指派法律援助人员承办，并请律师对案件进行分析，力图高效解决案件。有必要提起诉讼的，社区按照法律援助条件进行判断，符合法律援助条件的，积极帮助居民申请法律援助。

第二，司法矫正。司法矫正作为一种相对自由的行刑方式，需要在社区的协助下，在判决结果确定的期限内，矫正其犯罪心理及犯罪行为。根据我国刑法、刑事诉讼法相关规定，关北社区加强对社区内服刑人员的管理和监督，确保刑罚的顺利实施。同时，社区还通过思想教育、法律教育等形式，对社区服刑人员的不良行为和心理进行矫正，降低其再犯可能性。另外，社区还针对辖区内服刑人员的就业、生活等问题提出积极的解决方案，使其顺利适应社会生活。根据调研，关北社区2021年共负责辖区内13名服刑人员的司法矫正工作，社区党总支委员周某亲自担任矫正监督人，密切关注服刑人员的动向，对社区服刑人员矫正期间的行为进行监督和担保并定时向有关

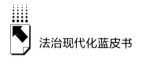

机关报告工作。

第三，安置帮教。关北社区在上级政府的领导下，对刑满释放、接受社区矫正的人员进行非强制性的引导、帮扶教育活动。2021年，社区共接受帮教人员23人，由社区党总支委员周某担任帮教员，认真回答帮教对象有关法律法规、安置帮教政策的相关咨询，积极解决帮教对象在思想、学习、生产、生活方面遇到的实际困难与问题，切实落实相关政策措施，真正做到了"安其身、暖其心"。

第四，扫黑除恶。自"扫黑除恶"专项斗争开展以来，为了切实维护社会稳定，关北社区认真部署，严查摸排，扎实开展社区扫黑除恶的行动。根据调研，关北社区2021年共举行了25次"扫黑除恶"专题会议，组织学习扫黑除恶所应了解的社会知识，安排社区工作人员联合各小区物业对黑恶势力线索进行摸排，并对以往扫黑除恶工作进行总结，发现问题及时予以改正。在具体实践中，社区工作人员每个月对其所划分到的辖区进行一次系统摸排工作，并向上级汇报，由扫黑除恶工作总负责人对摸排信息进行汇总。

第五，治安巡逻。为整治辖区内的治安环境，关北社区协助辖区派出所民警进行"平安社区，冬防巡逻"活动。社区共派出29人分成7队，在社区内部轮流进行巡逻，提示居民外出时关好门窗、水、电和煤气，注意防火、防盗。同时巡逻队对社区内部的设施进行安全隐患排查，在巡逻中一旦发现可疑情况，立即向社区汇报。巡逻行动保障了社区居民的安全，极大地压缩了犯罪分子的犯罪空间，形成了威慑力，为社区居民提供了安全有序的生活环境，保障了居民的人身财产安全。

四 "民主法治示范社区"建设的提升空间

如前所述，关北社区近年来在"民主法治示范社区"建设中取得了引人瞩目的成就。同时，课题组在调研中也注意到一些现实条件障碍和工作短板，主要包括以下方面。

其一，法律人才不足。关北社区目前的法律专项人员仅有三名，如何培养更多的专业的法律人才，提供更加多样化的法律服务，是关北社区目前民主法治工作迫切需要解决的难题。一方面，社区具体负责法治各项工作的人员短缺，且由于社区工作繁重，三人身兼数职，对口多个部门，无法保证法治各项工作的充分开展。另一方面，在法律人才的培养上，尽管社区长期开展对工作人员的法律教育工作，但培养耗时长、成本高，很难快速有效地帮助社区实施法治工作。

其二，部分居民素质偏低，接受教育积极性不高。关北社区辖区位于城乡接合部，居民多从事农业及个体工商业，居民受教育水平大多在本科以下，学习能力偏低。社区虽长期开展各项法律宣传、教育活动，但部分居民轻视法律知识的重要性，消极参加社区组织的学习宣传活动。因此，社区居民的接受能力以及接受教育的积极性不高作为重要因素，影响着社区法治工作效果的最大化发挥。

其三，法治宣传方式和内容单一。调研发现，目前关北社区的法治宣传活动涉及领域广泛，次数众多，但宣传活动多以摆台、发放传单的形式进行。教育形式缺乏创新，过于单一，多以单向说服为主，缺乏双向沟通交流，无法满足居民多元化的法律需求。另外，宣传传单及横幅内容固定，侧重于对法律条文内涵的解读，客观上使法治宣传过于僵化，很可能导致群众对法治的误解。

对于社区存在的以上问题，笔者认为可以从以下几方面对社区工作进行改进和加强。

首先，改革社区内部的组织结构，提高社区服务人员待遇，建立一支高素质、职业化的社区工作队伍。一方面，改革社区内部组织结构，将社区工作人员进行划分，区分社区的管理者、专业工作者和志愿服务者。招聘和培养专业化的工作人员，定期进行专业培训，避免出现一人身兼多职、工作多而不精的现象。另一方面，切实提高社区工作者的待遇，统一社区专职人员待遇标准，为专业人员提供补贴，从而吸引更多专业性强、文化素质高、热心社区工作的人才参与到社区建设中。

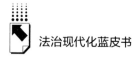

其次，多措并举提高居民素质。居民素质的提升是一个循序渐进的过程，单靠居民自身努力是不够的，应建立以社区组织为带动、社区教育与居民自我提高相结合、精神层面和行为层面相结合、硬件建设与环境营造相结合的模式，综合运用各种手段，形成长效学习机制。社区需要在提升居民素质上发挥重要的作用，有计划地对居民进行思想道德、知识文化、生活习惯等多方面的教育和培训，建设公益性质的文化和体育场所，开展群众可以广泛参与的文体活动，发动社区居民参与社区环境的治理，以家庭为单位进行模范评选，提高居民参与社区活动的积极性。社区要鼓励居民主动提高自身素质，增强学习的自觉性，树立终身学习的意识，在实践中提升自己的修养。

最后，丰富活动形式，提高居民参与积极性。针对目前社区法治宣传活动单一、居民参与积极性不高的问题，社区可以丰富活动的形式，采用线上线下并举的方式，利用互联网平台适应新时期居民的生活习惯，通过微信、微博等新媒体对活动进行宣传、招募和开展。在活动结束后积极进行总结和反思工作，为以后的社区工作提供经验。

B.13
依凭融合式发展的农村社区治理[*]

——山东省诸城市相州镇莲池社区调查报告

赵永洁　王琦[**]

摘　要： 莲池社区自2017年起提出"三区共建"的治理理念，致力于建设新型生活社区、特色农业生产园区和优美生态景区，并初步实现了三区之间产业和利益的融合式发展。但是，目前莲池社区的村民获知信息的能力有限，对社区公共事务的参与度不高，对于社区治理的认可度有待进一步提升；自然村之间发展不均衡和传统生活习惯成为现代社区建设发展的掣肘。为此，社区治理主体亟须解决教育和医疗资源紧缺等重点问题，运用法治思维和法治方式开展工作。社区应以田园综合体为载体，推进农业与旅游、教育、文化、康养等产业深度融合。

关键词： 社区治理　农业园区　生活社区　生态景区　融合式发展　莲池社区

一　莲池社区概况

（一）莲池社区的形成与发展

山东省诸城市从2007年开始在农村地区全面开展社区化建设工作，全

---

* 除专门引注外，本报告涉及的所有事例、数据均为中国法治现代化研究院"城乡基层社会治理实证研究"课题组2021年7~9月在山东省诸城市相州镇莲池社区调研所得。

** 赵永洁，法学硕士，南京师范大学政府治理与行政法理研究中心研究人员；王琦，南京师范大学法学理论专业博士研究生，中国法治现代化研究院法治社会研究所研究人员。

市所有村庄按照"地域相邻、习俗相近"的原则被规划为 208 个农村社区。每个社区大约涵盖 5 个村庄，1500 户住户，并设立社区服务中心，提供医疗卫生、劳动保障、人口计生等便民服务，形成了"多村社区"的"诸城模式"。为进一步打破村庄间的壁垒，推动城乡一体化发展，莲池社区于 2010 年在诸城市政府推动下，以地域上的亲缘关系为标准，将相邻的 4 个自然村合并为社区，依法选举产生社区党总支和居民委员会。莲池社区将办公地址选在了 4 个村的交汇点，以社区办公地为坐标，东边是沙河套村，西边是后莲池村，南边是前莲池村，北边是茂庄村。莲池社区党总支下设 4 个村党支部、2 个企业党支部和 1 个服务中心党支部，共有 213 名党员。

（二）莲池社区的基本信息

莲池社区位于山东省诸城市的北部，毗邻高密市的西南部，西有 206 国道南北纵向穿过，东至潍河下游，北临 102 省道，南临相州镇中心，地理位置优越，交通十分便利。莲池社区由 4 个村组成，分别是后莲池村、前莲池村、沙河套村和茂庄村。社区共有 1792 户居民，其中常住人口 6451 人，总面积达 6.04 平方公里，耕地面积约 8000 亩，地处平原，常年种植的农作物为小麦和玉米，经济作物主要有日本甜葱、生姜、花生等。

随着农村社区化改革的不断发展，莲池社区焕发了新的面貌。根据市委、市政府关于社区中心村聚集融合的工作部署，社区党总支聘请诸城市规划设计院在社区中心村规划建设了一处占地 240 亩的居民居住区，由诸城市相威城乡发展有限公司承包建设，共规划建设二层及多层楼房 82 栋，可容纳 1635 户入驻。一期开发二层联体楼房及多层楼房 43 栋，共 18000 平方米，目前已经全部建成，同时配套建设节能环保型集中供暖工程。莲池社区通过建设规划新型居住区，有效节约了土地资源，改善了社区群众的居住环境。社区服务中心配套设施较为齐全，不仅有卫生所、图书馆、健身器材等基础设施，还有多家社区生活超市、农资超市、饭店以及商铺，使得村民的日常生活更为便捷。

莲池社区自 2017 年起提出"三区共建"的治理理念，开展农业园区、生活社区、生态景区（以下简称"三区"）的建设工作，致力于建设新型生活社区、特色农业生产园区、优美生态景区，并不断深化三区之间的融合式发展。社区以农业园区和生态景区的建设支撑生活社区的发展，以生活社区的不断完善为农业园区和生态景区的发展提供良好的环境，逐步实现"农业立区，文旅兴区，生态强区"的目标。在农业园区方面，莲池社区着力于发展以经济作物、果树为主的种植业和以肉鸡、生猪、水貂为主的养殖业，现在已经拥有形成规模的日本甜葱、生姜、黄烟种植基地和驿丰葡萄生态庄园，以及苹果树、樱桃树、海棠树、桃树、杏树等种植园。莲池社区以生猪、肉鸡、水貂为主要养殖类型，瞄准国际一流水平引进优质品种，推行"企业+家庭农场"合作模式，促使农民增收致富。在生活社区方面，莲池社区致力于打造便捷高效的生活服务群，将生活超市、卫生所、图书馆、文化活动广场以及便民服务大厅等基础设施集中设置在社区居委会附近，努力实现"一站式"解决群众生活问题的目标。与此同时，莲池社区探索推行网格化治理模式，将社区内的各项工作安排落实到每一位网格员，坚持安排工作人员坐班和例会制度，保障社区治理与服务工作的有效落实。在生态景区方面，莲池社区既开展环境整治和绿化造林工作，又大力发展生态旅游产业，形成了成熟的生态景点。近年来，三区始终坚持共同建设、共同发展和相互促进的基本原则，正逐步实现交融互惠的理想目标。

二 经由"三区共建"的农村社区治理

"三区共建"是莲池社区开展治理工作的主要经验，并实现了统筹建设和融合发展的工作目标。经由以"三区共建"为抓手的现代化、人文化、城镇化发展，莲池社区的基层治理水平显著提升。

（一）农业园区建设

农业园区建设的主要目的是让广大农民群体的生活"富起来"。莲池社区通过积极招商引资，并结合自身情况，以区域化的果林种植与"企业+家

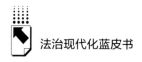

庭农场"合作模式为主要抓手，利用土地资源和市场优势，促进了当地的经济发展。

第一，区域化的果林种植业的发展。莲池社区以平原为主，土地资源丰富，地势开阔平坦，有利于区域化的大规模种植业发展。随着农村周边工厂企业的发展，农民就业机会增多，也愿意流转土地。社区土地流转服务中心目前正有序运转，使得农村土地流转进程加快，土地承包经营权跨村庄、跨社区正逐步规范有序流转。目前，莲池社区共依法流转土地 1032 余亩，有效推进了农业标准化生产和规模化经营的转型。莲池社区以果菜、苗木等产业为重点，建设区域性种植基地。例如，沙河套村注册了诸城市庆堂农业发展有限公司，并于 2012 年通过招商引资将诸城驿丰葡萄生态庄园引进本村。诸城驿丰葡萄生态庄园承包了沙河套村 600 亩土地，规划建设了集种植销售、休闲观光、文化采摘、民俗体验、旅游餐饮于一体的大型生态庄园，就近吸纳了本村劳动力 20 多人，保证农民月收入稳定在 3000 元左右。茂庄村利用烟草公司关于黄烟种植的优惠政策，依法流转土地 250 余亩，建立黄烟种植基地，其中育苗基地 38 亩，大棚 12 个，可供应全镇 3000 亩黄烟用苗，促进了农民增收。与此同时，茂庄村还流转了 200 亩土地用于多家公司大面积种植果树、观赏树和行道树。

莲池社区党总支积极引导社区群众进行种植结构调整，大力推广经济作物的种植，指导社区居民成立了蔬菜生产合作社，目前已发展社员 70 户，蔬菜种植面积 200 多亩，形成了特色鲜明的社区主导产业。社区党总支还建立农业龙头企业种植基地，种植以日本甜葱为主的无公害蔬菜，占地约 900 亩，并建有农业示范基地 50 亩，无公害大棚 16 个。每个自然村都在莲池社区党总支的领导下各尽其力，努力实现农业规模化、集约化和绿色化发展。这些举措无疑既增加了集体收入又创造了诸多就业岗位，能够吸收剩余劳动力。村民王某说道："我现在把手里的四亩地都交给陈书记承包了，一年能有 3000 元左右的收入，虽然不多但是不想种地了，因为对于我们这些小农户来说，农机能做的工作还是太有限了，大量的工作如打药、除草、浇水都得亲力亲为，碰上不好的天气遭了罪不说，收成还不好，宁愿出去打工也不吃这个苦了。"正如该村民所说，莲池社区单纯依靠农业生产的村民已经越来越少。尽管土地承包的价格较低，但村民愿意流转土地，这使得莲池社区能够有效利用流转土地进行大规模农业种植或者委托第三方发展新型农业，以此获得更高的土地利用率。据沙河套村村支书介绍，该村通过土地流转已经连续三年集体收入突破 10 万元，充分将土地资源的基础优势转变为经济发展优势。

第二，"企业+家庭农场"合作模式的发展。莲池社区以生猪、肉鸡、水貂为重点，瞄准国际一流水平引进优质品种，推行"企业+家庭农场"合作模式，着力扩大生产规模和提升质量效益。政府根据养殖规模对养殖户发放一定补贴，同时将渐成规模的养殖场迁至社区村庄的边缘地带，以便于形成养殖片区，产生集聚效应。莲池社区附近有大型的生猪加工企业——山东华宝食品股份有限公司。该公司是集饲养、生猪屠宰、肉品加工、冷链物流于一体的现代化生猪加工企业，设有剥皮、烫毛、分割等专用流水线，单班设计日宰杀能力 5000 头，分割 2000 头，冷库速冻能力 400 吨/日，冷藏能力 10000 吨。此外，规模更大、发展历史更久的山东得利斯食品股份有限公司是以生猪屠宰、冷却肉、低温肉制品、调理食品加工为主的大型食品专营企业。由于上述两大公司对于生猪有持续不断的需求，莲池社区的生猪养殖数量一直都保持稳定增长的态势。但是受 2020 年猪瘟暴发的影响，不少农户放弃养殖生猪，转而养殖鸡和水貂等动物。此外，由于莲池社区靠近潍河下游，所以存在小范围的渔业养殖。例如，沙河套村集体出资对两处占地6.5 亩的坑塘进行了清淤整理，通过公开招标的方式租给养殖大户从事水产养殖，每年收取租金 1.2 万元，系充分利用闲置土地为农民增收的范例。

（二）生活社区建设

莲池社区为让村民拥有完备的生活设施，着力建设了生活社区。农业园区和生活社区之间存在密不可分的关系，这是莲池社区区别于其他农村社区的显著特征。农业园区和生活社区的融合式发展使得莲池社区的治理工作更加注重综合治理和智能服务。

第一，基础设施建设。与一般农村社区类似，莲池社区居委会处于整个社区的中心，建有活动中心、警务室、卫生诊所、服务大厅、社区超市、莲池小学等，这形成了莲池社区的"聚合区"。所谓"聚合区"，是指物的聚合和公共服务的聚合，而非居所的聚合，具体说来就是村民可以在聚合区内享受医疗服务、娱乐设施和开展文体活动等。聚合区内规划合理，环境优美，空气质量优良，管理服务落实到位，并且设有配套的水电、污水处理、清洁供暖等基础设施，为村民享受公共服务提供了场所和物质保障。特别值得一提的是，2021年7月，莲池社区建成文体活动广场，占地面积300平方米，为村民开展文体活动提供了场所保障。社区积极推进村庄建筑风格与社区整体特色风格相协调，并粉刷墙面，修整路面，在道路两旁种植树木，使得绿树与美观的墙画相映成趣。村庄污水处理、清洁供暖、农厕改造、水电管网等基础配套设施逐渐实现升级。社区配套建设幼儿园、小学、养老等公共服务设施。社区对供电设施进行定期检查，以做到无安全隐患，并配备有线电视、宽带等通信设施，以及治安、消防、应急等安全设施。

第二，社区服务建设。莲池社区的服务中心拥有近1000平方米建筑面积，是按照"一厅一校十室"的标准来设置的。其中，"一厅"是综合服务大厅，"一校"是社区小学，"十室"包括党总支部办公室、居委会办公室、社区志愿者办公室、居民议事室、社区警务室、社区民调室、便民服务室、社区卫生室、社区文化活动室、图书阅览室。"十室"提倡"一室多用"，多措并举提高空间利用率，保障每天开放时间不少于8小时。社区设有各类醒目的标识和门牌，能够让村民快速便捷地找到办事机构。社区成立志愿者队伍并开展服务活动，引进专业社会组织和社工深入社区开展专业服务，社区服务工作日渐常态化，精准对接社区群众生产生活需求，譬如农技服务、就业指导和关爱特殊群体等。社区为服务活动的开展提供站室、人员、资金等保障。社区还积极与企业建立合作关系，扎实做好农民的职业技能培训工作，先后为祥和食品、鑫鑫木业、艺利达工艺品等企业输送了100名专业工人，提高了农民的就业率和整体就业水平。针对村民的文娱活动需求，社区成立秧歌队，并聘请市体育局工作人员，对村民进行现场教授指导。秧歌队激发了村民的文娱热情，丰富了群众的业余生活。

莲池社区设置了纠纷调解服务中心，并配备警务人员，及时调解社区内各类矛盾纠纷 30 多人次，调处率达 98%。与此同时，社区畅通民意反映渠道，全心全意为群众办实事、解难题。社区工作人员平均每月两次进村入户采集信息，及时了解群众需求，为群众解决难题 200 多件。在社区开展的人大代表进社区活动中，6 名市镇人大代表轮流到社区活动站接待选民咨询，共接待选民 580 多人次，收集各类意见建议 32 件，能够更直接地倾听民声、反映民意、集中民智。社区一直保持着"六无"（即无刑事案件、无治安安全事故、无群体性事件、无传销活动、无邪教活动、无吸贩毒品）安全社区的称号，积极维护了农村社会的秩序。

莲池社区为积极救助弱势群体，共办理低保户 24 个，发放慈善救助卡近 40 张。社区工作人员采取入户采集、走访座谈等形式，倾听民声，了解民意，针对民众需求，在社区党总支的领导下，组建了 5 支志愿者队伍，积极开展志愿者活动。针对孤寡老人的生活需求，社区组织青年志愿者入户做好保洁工作；组织巾帼志愿者帮助老人做好个人清洁；组织党员志愿者开展座谈慰问和送温暖活动。例如，沙河套村居民王某因身体残疾、家庭贫困向社区提出救助申请后，社区党总支安排专人认真核实情况，在短时间内就协助其向民政部门申请救助。后莲池村民薛某希望申请享受低保户待遇，但由于身体原因，无法自行前去民政部门办理相关业务。社区党总支得知该情况后，专门安排 1 名工作人员陪同前往，目前已帮助该村民成功享受低保户待遇。

第三，社区治理建设。社区服务中心集服务与治理于一身，既为村民提供"一站式"综合便民服务，也是开展基层社会治理的重要场所。社区"两委"班子的分工明确，职责清晰，实行集中办公、轮值坐班。综合服务大厅在工作日配备了 3 名以上社区工作人员值班，并遵循严格的考勤制度。其他服务站室也配备了专职或兼职工作人员，负责处理日常事务和接收群众反馈，并详细记录在册。2020 年 6 月，莲池社区依托网格化治理全面开展农村治理工作，按照"一自然村一网格""一网格一支部"的标准，将社区下辖的四个自然村划分为四个网格，并实现社区网格党组织全覆盖。同时，每个网格设置唯一编码，实现网格数字信息化管理，充分发挥网格优势，以细化网格管理助推基层治理新格局。每个网格配备一名网格长和若干名网格员，网格长、网格员由莲池社区聘任，网格长一般由党支部书记担任，网格员一般由优秀社区干部担任。网格长负责网格总体工作，具体组织指导、督促网格员开展网格治理服务，协调解决网格重大事务和问题。网格员则严格落实治理服务分片包干责任制，定点定时巡查，发现问题及时上报，在履行自身职责的同时，完成网格长安排的其他工作。网格化治理的服务范围更为全面细致，通过公示网格员的个人信息，方便村民及时反映意见和建议。社区村民也可以通过下载"网格通"软件，向网格员一键上传社区治理工作中存在的问题，实现便捷化的社区治理。例如，在人居环境治理、生产生活安全监督、疫情防控常态化等方面，网格化治理工作模式具有精细化和高效化的优势，能够推动社区治理取得显著实效。

莲池社区正积极强化"智慧社区"建设，促进线上平台内容丰富、更新及时、运行正常，并逐步完善。莲池社区发布的相关信息既可在全国一体化政务服务平台中被查询，也可以用于个人业务和法人业务的办理。工作人员将对视频会议和视频监控系统进行常态化检测，确保其正常运行，并不断探索农村电子商务与社区服务有机结合模式。应当说，线上、线下相结合的办公模式不仅顺应了智能时代发展趋势，也符合村民的实际需求。有村民反映道："如今在社区不管干个啥事都可方便了，买药打针挂水，领养老金，向工作人员问问满足什么条件才是低保户，都能给你解决了，不像以前要跑好几个地方。"社区王主任说："别看我们只是个农村社区，但是我们每天的工作量一点都不少，小到给社区村民的电动车挂牌，安排干部24小时轮流巡湾，防止小孩下水玩耍溺水，组织居民进行疫苗接种，每周召开例会，大到与企业对接洽谈，每天都要确保对每个村的管理落到实处。"

莲池社区注重农村思想文化阵地建设工作，详细规定了营造文明乡风的具体举措。莲池社区实施"孝诚爱仁"四德工程，用于奖励孝顺父母、辛勤劳动、重诺守信、遵纪守法、爱护环境、关爱他人和奉献社会的个人。社区还组织开展"最美家庭""好媳妇""好婆婆"等文明评比活动，对获得荣誉称号的家庭和个人进行表彰奖励。社区成立红白理事会，红白理事会理事长由社区党支部班子成员兼任，成员由在村内德高望重的老党员、退休干部和热心公益事业的群众组成，主要职能是制定本社区有关移风易俗的制度和办事流程，改变婚丧事大操大办、铺张浪费的旧风气，倡导文明节俭。社区将移风易俗、红白事办理规定纳入村规民约，规范了婚丧嫁娶活动，农村风气从"大操大办红白喜事、比阔气、讲排场"转变为"自觉简办、不求面子"。社区将红白理事会成员名单、章程、村规民约、善行义举四德榜等进行公示公开，通过宣传栏、明白纸、宣传车、大喇叭、微信等形式深化宣传引导，反对陈规陋习，推进移风易俗，树立文明新风。

（三）生态景区建设

新型农业与生态旅游可以形成产业集聚效应。莲池社区将农业园区与生态景区相结合，将特色的农作物种植作为生态景区的组成部分，使得"农业+乡村旅游"的模式既可以宣传社区内的第一产业，增加农林产品的销售额，又可以形成具有自身特色的旅游业。生活社区的建设为生态景区的发展提供基础设施和优良的社区居住环境。优良的村容村貌本身就是生态景区的一部分，生态景区在与农业园区和生活社区融合的同时，还致力于开发新的生态资源，进行绿化造林。

其一，发展生态旅游产业。为实现社区全域景区化，莲池社区提倡利用自然资源大力发展生态旅游产业，在保留原有地形地貌、民俗风情的基础上，设置亭台、回廊、墙体彩绘等景观或休闲绿色设施，打造景区村庄，努力达成"景区是我家，我家在景区"的基本目标。村民可以在上述场所乘凉、钓鱼和闲话家常。除了打造景区村庄，莲池社区还在规划建设规模更大的果树采摘游览区——樱珠生产基地、矮株苹果采摘园等。

其二，开展环境整治工作。近年来，莲池社区在社区文明中心村创建活动中狠抓村容村貌整治工作。社区党总支发挥自身优势，动员社区志愿者服务队和村民，坚持不懈地抓好农村"三大堆"清理工作，大力整治乡村环境，努力营造绿色生态家园，逐步改变村民陋习，树立现代文明的生活理念。社区所辖村庄清洁覆盖率达到了40%，村内主街实现了全部绿化和定期养护，村庄主要道路和公共活动场所等区域都有照明。社区完成了无害化卫生厕所改造任务，并将后续管护工作纳入城乡环卫一体化建设，同时明确了管护主体。各村消除了残垣断壁及破旧倒塌无人居住的院落等危房和乱搭乱建现象；在禽畜养殖方面实现了人畜分离的目标。各村主次干道、街巷胡同整洁畅通，村建筑物立面整洁，室外设施安装规范有序。村庄消除了乱贴乱画现象，宣传栏、广告牌等设置规范、整洁有序。生活垃圾收集点按照是否可回收为标准进行分类合理设置，并按照每十五户一个的标准配备垃圾桶，做到及时转运生活垃圾，日产日清。在宣传工作方面，社区明确农村人居环境整治标语不少于两条。与此同时，社区为了打造干净优美的人居环境，鼓励村民积极行动起来，对家庭内部干净整洁的住户颁发"美丽庭院示范户"和"垃圾分类示范户"的奖牌，悬挂于村民家门口进行公示，从内到外实现乡村环境的"蝶变"。

其三，加大造林绿化力度。虽然莲池社区处于下游地区，但流经社区的潍河依然水流湍急，在汛期有洪水泛滥的危险。例如，此地在20世纪80年代就曾发生过特大洪水灾害，2020年暑期还发生过小孩溺水的事故。因此，沿河社区对潍河进行围栏保护，兴修堤坝和造林绿化既是生态环境建设的需要，也是营造安全健康的生活社区的需要。莲池社区统一对潍河河堤河滩等"四旁""四荒"闲散土地进行了规划整理，围村、沿河、顺路规划栽植经济林、生态林和绿化苗木，共栽植速生杨3.9万棵、绿化苗木6.9万株，兴建起"绿色银行"。村集体负责监督土地用途与管理，并收取一定的承包费用。社区还开展森林村居建设工作，积极创建潍坊市级及以上森林村，充分利用农村房前屋后、庭院、闲置空地等，规划建设小游园、微绿地，着力提升绿化水平。在莲池社区加大造林绿化力度的背景下，社区完成了环村生态林带示范村年度建设任务，沙河套村近年来相继获得了省级文明村、省级卫生村、省级美丽乡村以及国家级森林村的称号，成为远近闻名的示范村庄。

（四）"三区共建"的实效

首先，莲池社区实现了产业融合发展。一般来说，农业社区以农旅融合、种养循环、智慧农业等为工作重点，促进农村第一、第二、第三产业深度融合，加快培育农业全产业链，积极发展"农业+农产品深加工""农业+电商""农业+乡村旅游"等多种"农业+"新业态和产业融合模式。莲池社区中的生活社区采用了智能化管理平台和线上生活服务系统，能够让社区居民实现"足不出户"。生态景区建设则主要利用第一产业发展第三产业，同时让第三产业的发展为第一产业助力。例如，农业园区初步摆脱了原有的个人耕作的劳动模式，转为以规模化、机械化的生产方式经营农业园。在土地所有权、承包权、经营权三权分置的背景下，有的农民将自己的土地承包权、经营权流转至个人承包户，开展新型农业生产；有的农民将土地承包权、经营权流转至工厂和企业，进行建厂生产。但无论是哪种土地流转模式，最终都能为社区村民提供大量的就业机会。同时，随着社区务工人员数量的逐步增多，社区通过开展便民服务工作，让居民生活变得更加方便快捷。一方面，为了节约务工人员的时间，社区积极鼓励菜农与美团等 App 建立合作关系，能够让务工人员享受线上买菜并当天送达的便利服务。另一方面，社区配备菜鸟驿站，使得快递能够送达社区，方便务工人员领取。生态景区扎实开展社区景区化、园区生态化建设工作。例如，莲池社区对生活社区进行专项改造，采取清理垃圾、改造旱厕、道路绿化等举措，在 2017 年被评为省级美丽乡村。

其次，莲池社区实现了利益融合发展。莲池社区的"三区共建"模式始终坚持以人民为中心的发展理念，坚持发展为了人民，发展依靠人民，发展成果由人民共享。莲池社区在尊重农民主体地位的同时，保障社会资本权益，完善互利共赢的利益分享机制，实现了既带领农民致富，又发展社会产业的基本目标。此外，莲池社区充分发挥农业产业化、农业社区化两大优势，将流转土地建成现代农业园区，例如樱珠种植基地、葡萄生态庄园等新型农业园；同时大力发展新型养殖业，探索农户与企业合作的养殖模式，为

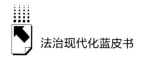
社区村民提供了多个就业岗位；根据"多村—社区"的建设模式，以社区服务中心为现实依托，将农村社区打造成公共服务平台、产业发展平台和社会管理平台，成为集服务、管理与发展功能于一体的综合平台，为社区村民的日常生活和农业生产提供"一站式"服务，为生态景区的规划和发展提供人力、物力保障，实现了农业园区、生活社区与生态景区建设的相互交融。

三　莲池社区农村治理的经验总结、存在的问题与对策建议

虽然莲池社区探索"三区共建"模式的时间较短，但其在治理实践中产生了富有地方特色的经验和可圈可点的成果，也存在一些亟待解决的问题。

（一）莲池社区的治理经验

其一，以农业园区、生态景区建设为基础，开展社区治理工作。莲池社区依托自身特色，始终坚持以农业园区和生态景区建设带动社区治理的发展，着力于提升经济发展水平，以良好的经济基础为社区治理工作赋能。社区治理工作始终围绕村民生活中最为紧要的关键性问题，比如老年人的补助和中青年的就业问题。新规划的华宝生态产业园就是以农业园区和生态景区的建设为基础，支撑社区治理工作顺利展开的范例。在诸城市 2019 年重点打造的 23 个田园综合体中，华宝农牧融合生态产业园作为其中一个田园综合体在莲池社区辖区内动工。该项目规划总面积 18052 亩，东起潍河沿河路，西至 206 国道，南起莲池社区中心路，北至非得河，共分 4 期逐个板块分段建设，依托华宝食品产业体系，功能定位于莲藕净化生态循环农业、农业产业融合、城乡一体化、休闲观光体验四大板块。截至 2021 年，该产业园已经建成 1000 亩莲藕池，吸引国内外游客前来旅游观光。这不仅带动了当地旅游业的发展，实现村民的创利增收，也为城乡一体化的建设和发展贡

献了智慧和力量。由此可见，融合农业和旅游功能的华宝农牧融合生态产业园不仅能够发展当地经济，还能为村民提供健康绿色的生活环境，让社区治理成效伴随着农业和生态的发展不断登上新的台阶。

其二，社区硬件建设与生态景区建设呈现同建同构的关系。在农村社区中，生活社区硬件的建设与生态景区的开发是相辅相成的。干净整洁的街巷和宽阔平整的道路是社区硬件建设的成果，也是生态景区建设的基石。生态景区的建设离不开社区配套硬件设施的完善，因为如果没有社区硬件的支撑，生态建设就如同无米之炊和空中楼阁。社区硬件建设不仅能够为生态景区建设增光添彩，还为生态景区建设奠定了基础。如果说生态景区建设是为农村换了一张皮，那么社区硬件建设便是为农村换上了强劲的心脏，二者建设的有机融合使得莲池社区面貌焕然一新。社区硬件和生态景区的同建同构既大量节约了资源，又能够在保持独立发展空间的同时，实现二者的相互融合，不断为农村社区的发展积蓄力量。

（二）莲池社区存在的问题

首先，村民对于社区治理的认可度有待进一步提升。虽然莲池社区的建设已成为事实，但是村民对于社区概念的认识还不到位，一些村民认为社区只是一个开展娱乐活动和享有便民服务的场所，自然村才是村民内心真正向往的居所。此外，虽然村党支部书记是在社区党总支的指导下安排村庄的各项事项，但是对于村民来说，自然村的党支部书记仍然是主管村里大小事务的领导。例如，村民在流转土地时，往往会寻求村党支部书记的帮助，而非直接到社区居委会的土地流转中心办理相关业务。由此看来，社区对于大多数村民而言，只是一种概念上的存在，例如农村青少年并不愿意留在社区生活，他们一旦在城市扎稳脚跟，就会在城市购房并定居，使得农村劳动力进一步流失。究其原因，社区虽然已初具城市雏形，却没有城市的内核，比如教育资源、医疗资源等远远没有满足村民的实际需要。当前，村民普遍重视教育问题，而社区学校提供的教育资源满足不了村民对于高质量教育的需求，他们认为城市提供的教育资源远远优于社区。在医疗资源方面，社区的

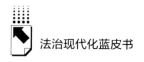

卫生室只能提供最基础的服务，比如治疗普通感冒和提供日常用药。在村民看来，社区的卫生室只能治疗类似头疼脑热的小病，如果需要做身体检查，则必须去城市的大型医院接受治疗。

其次，村民获知信息的能力有限，对社区公共事务的参与度不高。村民获取信息的途径主要是通过社区下发的通知和邻里之间的信息交流。这对于村民来说，其获得的信息大多是管理类的信息，比如进行核酸检测、疫苗注射、电费缴纳、电动车挂牌、垃圾清理通知等，很少能够获知服务类的信息，社区也很少公示服务类的信息。长此以往，村民就会习惯这种服从管理型的治理方式，也很难有意识地主动参与社区治理工作，仅仅是按部就班地服从社区的工作安排。村民们受知识局限，并不了解集体收入的具体数额，只关心自己的收入是否增长。村民对公共事务不关心，较少参与基层选举工作。除此之外，由于社区的相关宣传工作不到位，大多数村民对养殖补贴政策知之甚少，也不知如何使用社保卡，进而影响了他们参与社区公共事务的热情。

再次，自然村之间发展不均衡。莲池社区有的自然村已经能够使用天然气，拥有沥青铺就的道路和良好的绿化环境。有的自然村仍然只能使用罐装液化气，仅有水泥铺就的道路和寥寥无几的树木。那些建设成效显著的自然村能够获得市政府的财政资助，于是居住环境继续得到优化；而其他自然村得不到充分的财政扶持，导致整治效果难以提升。

最后，传统生活习惯成为现代社区建设发展的掣肘。从客观上看，莲池社区经过几年的发展，无论是在基础设施还是整体环境方面，都发生了显著的变化。但是从人员流动上看，社区的人口在逐年减少。笔者通过走访调查发现，40岁以上的村民在社区常住人口中占很大比例，并且这个占比还在逐年增长。尽管社区在上级政府的政策推动和资金扶持下建设了文化广场和便民生活超市，但是村民受传统生活习惯的影响，仍然不愿意在社区购置楼房，享受社区便利的生活。

（三）对策建议

笔者认为，针对上述问题，社区治理主体需要转变工作思路和方法，寻找提升莲池社区治理效能的突破口。

首先，社区治理主体亟须解决教育和医疗资源紧缺等重点问题。教育和健康关系到每个家庭和国家与民族的未来，是重要的民生问题。社区拥有较为完善的教育和医疗条件后，将在一定程度上缓解人口流失问题，还有利于产生人口集聚效应，加快城镇化、现代化建设进程。莲池社区可以探索"互联网+医疗健康"模式，利用互联网医院让村民能够享受到和在城市相当的医疗服务待遇；并且尽可能提高医疗服务效率，让村民能够享受更为优质的医疗资源。社区学校可以重点引进公费师范生，着力提升社区的教育水平，让学生享受到优质教育，缓解教育资源不平衡问题。

其次，社区治理主体应当运用法治思维和法治方式开展工作，仔细梳理村级事务公开清单，完善党务、村务、财务"三公开"制度，推广村级事务"阳光公开"监督平台，推进民主监督制度建设。这既是基层群众自治制度的重要内容，也将有利于保障村民的知情权、参与权、表达权和监督权，有利于制约和监督村"两委"班子的权力行使过程，从而实现以权力监督和权利保障为核心内容的法治乡村建设。莲池社区应当健全公共事项的公示程序和相关制度，规范地向社区村民宣传和公示农村福利和帮扶事项，并以民主监督方式严格予以落实，努力提升社区治理的民主化、社会化、法治化水平。

最后，社区应以田园综合体为载体，推进农业与旅游、教育、文化、康养等产业深度融合。莲池社区治理可以在突出农牧结合、有机循环、生态高效、休闲观光等多产业融合的同时，实现历史文化、畜牧文化、旅游文化的有机结合，进而实现更高水平的发展。莲池社区可以在前文提到的华宝农牧融合生态产业园建设项目的基础上，大力打造辐射四个自然村的田园综合体，将其作为拓展农业功能、推进跨界融合的主要载体，利用"互联网+""旅游+""生态+"等模式，推进农业与旅游、教育、文化、康养等产业深度融合。这一举措能够辐射带动6000余户农民增收致富，在社区产生集聚效应和连锁反应，既让农民实现"就业在园区、生活在社区、休闲在景区"的目标，也能促进农业全面升级、农村全面进步、农民共同富裕，从而成为提升村民生活质量、增强社区吸引力的重要抓手。

年度事件报告

Annual Events Report

B.14
中国法治社会发展2021年度十大事件

吴 欢　周苗涵*

　　"中国法治社会发展年度十大事件"的遴选和报告，是在中国法治现代化研究院连续七年开展"年度十大法治影响力事件"评选发布活动基础上，专门就法治社会发展议题进行的具体化拓展，旨在集中呈现我国法治社会发展过程中的年度影响力事件及其法治意义，自2019年至今已完成三个年度的遴选和报告。以习近平法治思想为指导，2021年度中国法治社会发展成效显著、亮点突出：中央人大工作会议系统阐述全过程人民民主重要理念，为法治社会发展提供思想引领、指明前进方向；《关于加强基层治理体系和治理能力现代化建设的意见》印发施行，基层社会治理现代化进入新发展阶段；开展法治宣传教育的第八个五年规划印发施行，"八五"普法工作迎来崭新蓝图；《关于加强社会主义法治文化建设的意见》印发施行，法治文化在法治社会建设中的地位和作用更加

---

* 吴欢，法学博士，中国法治现代化研究院蓝皮书工作室研究员，南京师范大学法学院副教授；周苗涵，法学硕士，南京师范大学法学院政府治理与行政法理研究中心研究人员。

突出；"滴滴出行"等百余款 App 因违规收集个人信息被下架，网络空间治理法治化频繁亮剑；农业农村法治建设、公益法律援助立法、市域社会治理法治化等方面也涌现出一系列创新举措和制度安排。"中国法治社会发展 2021 年度十大事件"的遴选和报告，由中国法治现代化研究院蓝皮书工作室执行。

一　中央人大工作会议系统阐述全过程人民民主重要理念

事件概述

2021 年 10 月 13 日至 14 日，中央人大工作会议在北京召开。中共中央总书记、国家主席、中央军委主席习近平出席会议并发表重要讲话，强调坚持中国特色社会主义政治发展道路，坚持和完善人民代表大会制度，加强和改进新时代人大工作，不断发展全过程人民民主，巩固和发展生动活泼、安定团结的政治局面。

习近平强调，党的十八大以来，党中央统筹中华民族伟大复兴战略全局和世界百年未有之大变局，从坚持和完善党的领导、巩固中国特色社会主义制度的战略全局出发，继续推进人民代表大会制度理论和实践创新，提出一系列新理念新思想新要求，强调必须坚持中国共产党领导，必须坚持用制度体系保障人民当家作主，必须坚持全面依法治国，必须坚持民主集中制，必须坚持中国特色社会主义政治发展道路，必须坚持推进国家治理体系和治理能力现代化。

习近平指出，党的十八大以来，我们深化对民主政治发展规律的认识，提出全过程人民民主的重大理念。我国全过程人民民主不仅有完整的制度程序，而且有完整的参与实践。我国全过程人民民主实现了过程民主和成果民主、程序民主和实质民主、直接民主和间接民主、人民民主和国家意志相统一，是全链条、全方位、全覆盖的民主，是最广泛、最真实、最管用的社会主义民主。我们要继续推进全过程人民民主建设，把人民当家作主具体地、现实地体现到党治国理政的政策措施上来，具体地、现实地体现到党和国家机关各个方面各

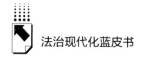
个层级工作上来，具体地、现实地体现到实现人民对美好生活向往的工作上来。

习近平强调，人民代表大会制度是实现我国全过程人民民主的重要制度载体。要在党的领导下，不断扩大人民有序政治参与，加强人权法治保障，保证人民依法享有广泛权利和自由。要保证人民依法行使选举权利，民主选举产生人大代表，保证人民的知情权、参与权、表达权、监督权落实到人大工作各方面各环节全过程，确保党和国家在决策、执行、监督落实各个环节都能听到来自人民的声音。要完善人大的民主民意表达平台和载体，健全吸纳民意、汇集民智的工作机制，推进人大协商、立法协商，把各方面社情民意统一于最广大人民根本利益之中。

法治意义

民主是全人类的共同价值，是中国共产党和中国人民始终不渝坚持的重要理念。民主是法治社会的核心价值，是社会主义法治社会建设的宗旨和归依。民主协商是完善社会治理体制机制、打造共建共治共享社会治理格局的重要内涵。习近平总书记在中央人大工作会议上系统阐述的全过程人民民主重要理念，不仅深刻回答了新时代发展中国特色社会主义民主政治、坚持和完善人民代表大会制度的一系列重大理论和实践问题，还为新发展阶段社会主义法治社会建设提供了思想引领、指明了前进方向。各地要全面、认真贯彻落实习近平总书记重要讲话精神，不断推动全过程人民民主重要理念融入法治建设和社会治理取得显著成效，形成符合国情、体现时代特征、人民群众满意的法治社会建设生动局面。

二　《关于加强基层治理体系和治理能力现代化建设的意见》印发施行

事件概述

2021年4月28日，中共中央、国务院印发《关于加强基层治理体系和治理能力现代化建设的意见》（以下简称《意见》）。新华社2021年7月11日受权全文发布。

　　《意见》明确以新时代中国特色社会主义思想为指导，坚持和加强党的全面领导，坚持以人民为中心，以增进人民福祉为出发点和落脚点，以加强基层党组织建设、增强基层党组织政治功能和组织力为关键，以加强基层政权建设和健全基层群众自治制度为重点，以改革创新和制度建设、能力建设为抓手，建立健全基层治理体制机制，推动政府治理同社会调节、居民自治良性互动，提高基层治理社会化、法治化、智能化、专业化水平。《意见》强调坚持党对基层治理的全面领导，把党的领导贯穿基层治理全过程、各方面。坚持全周期管理理念，强化系统治理、依法治理、综合治理、源头治理。坚持因地制宜，分类指导、分层推进、分步实施，向基层放权赋能，减轻基层负担。坚持共建共治共享，建设人人有责、人人尽责、人人享有的基层治理共同体。《意见》要求力争用 5 年左右时间，建立起党组织统一领导、政府依法履责、各类组织积极协同、群众广泛参与，自治、法治、德治相结合的基层治理体系，健全常态化管理和应急管理动态衔接的基层治理机制，构建网格化管理、精细化服务、信息化支撑、开放共享的基层管理服务平台；党建引领基层治理机制全面完善，基层政权坚强有力，基层群众自治充满活力，基层公共服务精准高效，党的执政基础更加坚实，基层治理体系和治理能力现代化水平明显提高。在此基础上力争再用 10 年时间，基本实现基层治理体系和治理能力现代化，中国特色基层治理制度优势充分展现。

　　《意见》共分为 3 个板块 7 个部分。第一板块由导语和第一部分构成，阐述加强基层治理体系和治理能力现代化建设的指导思想、基本原则和主要目标。第二板块由第二至第六部分构成，分别阐述加强基层治理体系和治理能力现代化建设的重点任务。第二部分是完善党全面领导基层治理制度；第三部分是加强基层政权治理能力建设；第四部分是健全基层群众自治制度；第五部分是推进基层法治和德治建设；第六部分是加强基层智慧治理能力建设。第三板块由第七部分构成，突出党中央关于解决形式主义等突出问题为基层减负的部署，阐述加强对基层治理体系和治理能力现代化建设领导的有关要求。

法治意义

　　基层治理是国家治理的基石。《意见》坚持以习近平新时代中国特色社会主义思想为指导，深入贯彻习近平总书记关于基层治理重要指示批示精神，是推进新发展阶段基层治理现代化建设的纲领性文件。《意见》的印发实施，对于加强党对基层治理的全面领导，构建党的领导、人民当家作主和依法治理有机统一的基层治理体制机制，提高基层治理社会化、法治化、智能化、专业化水平，增强人民群众获得感、幸福感、安全感，夯实党长期执政和国家长治久安的基层基础，巩固和发扬中国特色社会主义基层治理制度优势，具有重要意义。

三 开展法治宣传教育的第八个五年规划全面部署"八五"普法工作

事件概述

2021 年夏，中共中央、国务院转发《中央宣传部、司法部关于开展法治宣传教育的第八个五年规划（2021—2025 年）》（以下简称《规划》），并发出通知，要求各地区各部门结合实际认真贯彻落实。新华社 2021 年 6 月 15 日受权全文发布。

《规划》强调，紧紧围绕服务"十四五"时期经济社会发展，以使法治成为社会共识和基本准则为目标，以持续提升公民法治素养为重点，以提高普法针对性和实效性为工作着力点，完善和落实"谁执法谁普法"等普法责任制，促进提高社会文明程度，为全面建设社会主义现代化国家营造良好法治环境。《规划》明确，到 2025 年，公民法治素养和社会治理法治化水平显著提升，全民普法工作体系更加健全。公民对法律法规的知晓度、法治精神的认同度、法治实践的参与度显著提高，全社会尊法学法守法用法的自觉性和主动性显著增强。多层次多领域依法治理深入推进，全社会办事依法、遇事找法、解决问题用法、化解矛盾靠法的法治环境显著改善。全民普法制度完备、实施精准、评价科学、责任落实的工作体系基本形成。《规划》要求，坚持党的全面领导，始终坚持正确政治方向；坚持以人民为中心，做到普法为了人民、依靠人民、服务人民；坚持服务大局，促进在法治轨道上推进国家治理体系和治理能力现代化；坚持与法治实践深度融合，把普法融入法治实践、融入基层治理、融入日常生活。

《规划》部署了突出学习宣传习近平法治思想，突出宣传宪法，突出宣传民法典，深入宣传与推动高质量发展密切相关的法律法规，深入宣传与社会治理现代化密切相关的法律法规，深入宣传党内法规等六个方面的普法重点内容。在总结前七个五年普法规划经验基础上，《规划》坚持问题导向、目标导向和强基导向，主要提出了实施公民法治素养提升行动，加强社会主义法治文化建设，推动普法与依法治理有机融合等新举措。

《规划》下发后，各地区各部门高度重视、积极行动，结合实际科学制定本地区、本系统法治宣传教育五年规划，推动"八五"普法工作有声有色全面展开。截至2021年底，全国发展改革、财政、教育、民政、农业农村等系统法治宣传教育"八五"规划相继出台，各地区"八五"普法规划逐级印发，"美好生活·民法典相伴"主题宣传、乡村（社区）"法律明白人"培养工程、企业合规建设、全国智慧普法平台建设全面推进，"八五"普法工作实现顺利开局。

法治意义

全民普法是全面依法治国的长期基础性工作。制定和实施五年普法规划是党领导全民普法的重要方式。在"十四五"开局之年制定和实施开展法治宣传教育的第八个五年规划，是深入学习宣传贯彻习近平法治思想，夯实全面依法治国根基的重要举措；是服务"十四五"时期经济社会发展，立足新发展阶段、贯彻新发展理念、构建新发展格局的客观需要；是满足人民群众日益增长的对法治等方面的需求，持续提升公民法治素养和社会治理法治化水平的必然要求。

四 《关于加强社会主义法治文化
建设的意见》印发施行

事件概述

2021年4月，中共中央办公厅、国务院办公厅印发《关于加强社会主

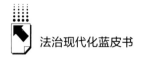
义法治文化建设的意见》。新华社 2021 年 4 月 5 日受权全文发布。

《意见》强调，以习近平新时代中国特色社会主义思想为指导，全面贯彻党的十九大和十九届二中、三中、四中、五中全会精神，深入学习宣传贯彻习近平法治思想和习近平总书记关于文化自信的重要论述，把建设社会主义法治文化作为建设中国特色社会主义法治体系、建设社会主义法治国家的战略性、基础性工作和建设社会主义文化强国的重要内容，切实提高全民族法治素养和道德素质，着力建设面向现代化、面向世界、面向未来的，民族的科学的大众的社会主义法治文化，为全面依法治国提供坚强思想保证和强大精神动力，为全面建设社会主义现代化国家、实现中华民族伟大复兴的中国梦夯实法治基础。《意见》要求，坚持党对全面依法治国的领导，坚持以人民为中心，坚持法安天下、德润人心，坚持知行合一、重在实践，坚持继承发展、守正创新。《意见》明确，通过不懈努力，宪法法律权威进一步树立，尊法学法守法用法氛围日益浓厚，法治文化事业繁荣兴盛，法治文化人才队伍不断壮大，社会主义法治文化建设工作体制机制进一步完善。到 2035 年，基本形成与法治国家、法治政府、法治社会相适应，与中国特色社会主义法治体系相适应的社会主义法治文化，基本形成全社会办事依法、遇事找法、解决问题用法、化解矛盾靠法的法治环境。

《意见》由三部分组成：第一部分是总体要求，主要阐述加强社会主义法治文化建设的指导思想、工作原则和总体目标；第二部分从深入学习宣传贯彻习近平法治思想，完善中国特色社会主义法治理论，大力弘扬宪法精神，在法治实践中持续提升公民法治素养，推动中华优秀传统法律文化创造性转化、创新性发展，繁荣发展社会主义法治文艺，加强社会主义法治文化阵地建设，加强法治文化国际交流等八个方面部署加强社会主义文化建设的重点任务，提出具体举措和工作要求；第三部分从加强组织领导、健全工作机制、强化人才培养、培育推广典型等四个方面，对《意见》贯彻落实的组织保障作出安排部署。

法治意义

社会主义法治文化是中国特色社会主义文化的重要组成部分，是社会主义法治国家建设的重要支撑。党的十九大报告要求"加大全民普法力度，建设社会主义法治文化"。"十四五"规划提出"加强社会主义法治文化建设，深入开展法治宣传教育，实施'八五'普法规划"。"八五"普法规划从推进法治文化阵地建设等方面专题部署加强社会主义法治文化建设。制定出台《意见》正当其时、意义重大，是深入学习宣传贯彻习近平法治思想的重要举措，是全面推进依法治国和建设社会主义文化强国的必然要求，是深化新发展阶段全民普法的有效途径。

五　"滴滴出行"等百余款App因违规收集个人信息被下架

事件概述

2021年以来，党和政府高度重视移动互联网应用程序（App）个人信息保护工作，加大治理力度，开展系列工作，取得明显成效。

4月26日，在国家互联网信息办公室统筹指导下，工业和信息化部会同公安部、国家市场监管总局起草的《移动互联网应用程序个人信息保护管理暂行规定（征求意见稿）》向社会公开征求意见。征求意见稿细化了App开发运营者、分发平台、第三方服务提供者、终端生产企业、网络接入服务提供者等五类主体责任义务，提出了投诉举报、监督检查、处置措施、风险提示等四方面规范要求。

7月2日，国家互联网信息办公室发布《关于对"滴滴出行"启动网络安全审查的公告》称，"为防范国家数据安全风险，维护国家安全，保障公共利益，依据《中华人民共和国国家安全法》《中华人民共和国网络安全法》，网络安全审查办公室按照《网络安全审查办法》，对'滴滴出行'实施网络安全审查"。7月4日，国家互联网信息办公室发布《关于下架"滴滴出行"App的通报》称，"根据举报，经检测核实，'滴滴出行'App存在严重违法违规收集使用个人信息问题。国家互联网信息办公室依据《中华人民共和国网络安全法》相关规定，通知应用商店下架'滴滴出行'

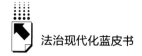

App，要求滴滴出行科技有限公司严格按照法律要求，参照国家有关标准，认真整改存在的问题，切实保障广大用户个人信息安全"。

12月9日，工业和信息化部发布通报称，2021年以来，工业和信息化部持续推进App侵害用户权益专项整治行动，加大常态化检查力度，先后三次组织对用户反映强烈的重点问题开展"回头看"。11月3日，工业和信息化部针对App超范围、高频次索取权限，非服务场景收集用户个人信息，欺骗误导用户下载等违规行为进行了检查，并对未按要求完成整改的App进行了公开通报。依据《个人信息保护法》《网络安全法》等相关法律要求，工业和信息化部组织对包括豆瓣、唱吧等106款未按要求完成整改的App进行下架处理，相关应用商店应在本通报发布后立即组织对名单中应用软件进行下架处理。针对部分违规情节严重、拒不整改的App，属地通信管理局将对App运营主体依法予以行政处罚。

法治意义

网络空间治理是社会治理的重要内容，个人信息保护是网络空间治理的重点关注对象。党的十八大以来，国家对个人信息保护的重视程度不断提升，保护个人信息安全的法律法规日趋完善，公众信息安全保护意识持续提升。2021年度对"滴滴出行"等百余款App违规收集个人信息行为的依法处理，充分体现了党和政府依法打击此类违法犯罪行为的决心，是切实保障广大群众个人信息安全的重要举措，为《数据安全法》《个人信息保护法》的落地实施打下了坚实基础。

六　《关于全面推进农业农村法治建设的意见》印发施行

事件概述

2021年4月20日，为深入贯彻习近平法治思想，落实党中央、国务院决策部署，农业农村部印发《关于全面推进农业农村法治建设的意见》（以下简称《意见》）。

《意见》强调，全面推进农业农村法治建设要坚持以习近平新时代中国特色社会主义思想为指导，全面贯彻党的十九大和十九届二中、三中、四中、五中全会精神，全面贯彻习近平法治思想，增强"四个意识"、坚定"四个自信"、做到"两个维护"，按照中央全面依法治国工作会议部署和法治中国建设规划、法治政府建设实施纲要、法治社会建设实施纲要的要求，立足新发展阶段，贯彻新发展理念，构建新发展格局，围绕"保供固安全，振兴畅循环"，全面推进农业农村法治建设，有效发挥法治对农业高质量发展的支撑作用、对农村改革的引领作用、对乡村治理的保障作用、对政府职能转变的促进作用，为全面推进乡村振兴、加快农业农村现代化提供有力法治保障。《意见》要求，全面推进农业农村法治建设要坚持党的领导，坚持以人民为中心，坚持新发展理念，坚持问题导向，坚持统筹推进。《意见》明确提出，到2025年，农业农村法律规范体系更加完备，农业行政执法体系更加完善、执法能力显著增强。职责明确、依法行政的农业农村行政管理体系日益健全，农业农村工作全面纳入法治轨道。各级农业农村部门依法行政能力大幅提升，行政权力运行更加透明规范，农业农村系统干部运用法治思维和法治方式深化改革、推动发展、化解矛盾、维护稳定、应对风险能力显著增强。乡村依法治理水平明显提升，市场化法治化营商环境更加优化，企业群众合法权益得到切实保护，基层农村干部和农民群众法治观念明显增强。

《意见》由八部分组成：第一部分是总体要求，主要阐述全面推进农业农村法治建设的指导思想、主要原则和总体目标；第二部分从强化乡村振兴法治保障、完善农业农村优先发展制度支撑、着力提高依法行政水平、深入推进乡村依法治理等四个方面明确了全面推进农业农村法治建设的主要任务，提出了具体举措；第三到第七部分从完善农业农村法律规范体系、提高农业执法监管能力、提升农业农村普法实效、依法全面履行职能、强化农业农村部门依法治理能力等方面对全面推进农业农村法治建设提出了具体要求；第八部分从强化组织领导、强化工作力量、强化条件保障、强化激励约束等方面安排部署了保障措施。

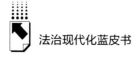

法治意义

民族要复兴，乡村必振兴。法治是农业农村现代化建设的基本要求和重要保障。《意见》的制定出台和贯彻落实，必将有利于深入贯彻习近平法治思想和党中央、国务院决策部署，有利于坚持依法治农、依法护农、依法兴农，走中国特色社会主义乡村振兴道路，有利于充分发挥法治在我国农业农村现代化进程中固根本、稳预期、利长远的重要作用，有利于全面推进农业农村现代化建设。

七　中央网信办部署开展"清朗·'饭圈'乱象整治"专项行动

事件概述

2021 年 6 月 15 日起，中央网信办在全国范围内开展为期两个月的"清朗·'饭圈'乱象整治"专项行动，重点打击五类"饭圈"乱象行为。据报道，专项行动旨在推动"饭圈"文化实现良性发展，共同营造文明健康的网上精神家园。

一段时间以来，"饭圈"粉丝群体在网上互撕谩骂、应援打榜、造谣攻击等问题屡见不鲜，破坏清朗网络生态，对未成年人身心健康造成不利影响，人民群众反映强烈。据报道，此次专项行动将针对网上"饭圈"突出问题，重点围绕明星榜单、热门话题、粉丝社群、互动评论等重点环节，全面清理"饭圈"粉丝互撕谩骂、拉踩引战、挑动对立、侮辱诽谤、造谣攻击、恶意营销等各类有害信息，重点打击五类"饭圈"乱象行为：诱导未成年人应援集资、高额消费、投票打榜等行为；"饭圈"粉丝互撕谩骂、拉踩引战、造谣攻击、人肉搜索、侵犯隐私等行为；鼓动"饭圈"粉丝攀比炫富、奢靡享乐等行为；以号召粉丝、雇用网络水军、"养号"形式刷量控评等行为；通过"蹭热点"、制造话题等形式干扰舆论，影响传播秩序行为。其间，将关闭解散一批诱导集资、造谣攻击、侵犯隐私等影响恶劣的账号、群组，从严处置"饭圈"职业黑粉、恶意营销、网络水军等违法违规账号，从重处置纵容乱象、屡教不改的网站平台。

随后的 2021 年 8 月，中央网信办发布通知，对粉丝集中的互联网平台、经纪公司以及粉丝行为本身提出明确要求。9 月，中宣部印发通知，要求加大对违法失德艺人的惩处力度。11 月 16 日，中央网信办有关负责人表示，中央网信办自 2021 年 6 月开展"清朗·'饭圈'乱象整治"专项行动、8 月下发《关于进一步加强"饭圈"乱象治理的通知》以来，已累计清理负面有害信息 40 余万条，处置违规账号 2 万多个、群主 6500 多个，解散话题 3000 多个。社会各方形成合力，行动开展扎实有效，具体成效可以概括为"浓、严、强、建"。

法治意义

打造清朗网络空间是法治社会建设的重要内容。法治是治理"饭圈"乱象的关键性基础性力量，深化"饭圈"治理效能，强化网络空间治理，需要法治久久为功。此次专项治理行动坚持法治与德治相结合，坚持问题导向，强化综合施策和分类管理，督促网站平台切实履行主体责任，进一步完善了社区规则和用户公约，着力规范了"饭圈"各参与主体的网上行为，探索形成了规范"饭圈"管理的长效工作机制，有助于共同营造文明健康的网上精神家园。

八 《中华人民共和国个人信息保护法》颁布实施

事件概述

2021 年 8 月 20 日，为了保护个人信息权益，规范个人信息处理活动，促进个人信息合理利用，十三届全国人大常委会第三十次会议表决通过《中华人民共和国个人信息保护法》，自 2021 年 11 月 1 日起施行。

在信息化时代，个人信息保护已成为广大人民群众最关心最直接最现实的利益问题之一。党中央高度重视网络空间法治建设，对个人信息保护立法工作作出部署。习近平总书记多次强调，要坚持网络安全为人民、网络安全靠人民，保障个人信息安全，维护公民在网络空间的合法权益，对加强个人信息保护工作提出明确要求。制定《个人信息保护法》是进一步加强个人信息保护法治保障、维护网络空间良好生态、促进数字经济健康发展的客观要求、现实需要和重要举措。

《个人信息保护法》共 8 章 74 条。第一章是总则，主要规定了立法宗旨、保护对象、适用范围、基本原则、国际合作等内容，明确"个人信息是以电子或者其他方式记录的与已识别或者可识别的自然人有关的各种信息，不包括匿名化处理后的信息。个人信息的处理包括个人信息的收集、存储、使用、加工、传输、提供、公开、删除等"。第二章是个人信息处理规则，主要从一般规定、敏感个人信息的处理规则、国家机关处理个人信息的特别规定等三个方面确立规则。第三章是个人信息跨境提供的规则，主要规定了提供条件、程序和原则等内容。第四章是个人在个人信息处理活动中的权利，第五章是个人信息处理者的义务，第六章是履行个人信息保护职责的部门，第七章是法律责任，第八章是附则。

作为我国首部个人信息保护专门立法，该法亮点颇多，如坚持个人信息保护和利用同步推进，明确个人信息的内涵；确立了个人信息处理基本原则、"告知-同意"基本规则以及敏感个人信息认定与保护规则，严禁"大数据杀熟"等不当自动化决策；专节规定国家机关处理个人信息的规则，明确了个人信息跨境提供的规则；明确了个人在个人信息处理活动中的七项权利；强调重要互联网平台的"守门人"责任，明确了个人信息处理者侵权责任的过错推定规则等。

法治意义

个人信息关涉人格尊严与自由，信息化时代背景下更与个人生命、财产安全息息相关，甚至还影响到国家安全、经济安全、社会安全等公共利益。《个人信息保护法》的颁布实施，落实了《法治社会建设实施纲要（2020—2025 年）》中"研究制定个人信息保护法"的具体要求，是对信息化时代背景下网络空间治理难题的法治回应，是新发展阶段法治社会建设的关键性立法举措。该法以"告知-同意"为核心规则，首次在我国确立了较为系统的个人信息保护法律制度，不仅弥补了先前立法缺憾，也为网络空间依法治理体系的构建奠定了重要基础。

九 《中华人民共和国法律援助法》表决通过

事件概述

2021年8月20日，为了规范和促进法律援助工作，保障公民和有关当事人的合法权益，保障法律正确实施，维护社会公平正义，十三届全国人大常委会第三十次会议表决通过《中华人民共和国法律援助法》，自2022年1月1日起施行。

法律援助工作是体现以人民为中心的发展思想，切实维护人民群众合法权益的一项重要民生工程，有利于贯彻公民在法律面前一律平等的宪法原则，使公民不论经济条件好坏、社会地位高低都能获得必要的法律服务；有利于保障社会公平正义，保证人民群众在遇到法律问题或者权利受到侵害时获得及时有效法律帮助。我国法律援助制度始于20世纪90年代。1996年修正后的《刑事诉讼法》以及1996年通过的《律师法》初步确立了法律援助的制度要求。国务院于2003年7月16日通过《法律援助条例》，基本构建了我国法律援助制度的框架。党的十八届三中、四中全会明确提出，完善法律援助制度，扩大援助范围。中共中央办公厅、国务院办公厅《关于完善法律援助制度的意见》提出，推进法律援助立法工作，提高法治化水平。近年来，许多全国人大代表也提出议案和建议，希望加快法律援助立法，进一步推动法律援助工作实现高质量发展。

《法律援助法》共7章71条，各章依次为总则、机构和人员、形式和范围、程序和实施、保障和监督、法律责任、附则。相较于《法律援助条例》等其他法律援助领域的规范性文件，《法律援助法》有八个方面的发展、创新。一是提升了法律援助制度在法律体系中的地位；二是提出了法律援助的完整概念，为法律援助制度的不断发展奠定了重要基础；三是强化了国家、政府对法律援助的责任；四是确定了法律援助机构的地位和职责；五

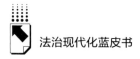
是确立了层次分明、各有所长的法律援助队伍；六是理性扩大法律援助范围，务实简化法律援助程序；七是明确了委托辩护应当优先法援辩护的原则；八是系统构建了法律援助案件质量管理体系。

法治意义

维护公平正义是法治社会建设的内在要求，法律援助制度是维护当事人合法权益、维护社会公平正义的重要法律制度。《法律援助法》表决通过，将法律援助制度上升到法律制度的层次，引起社会各界的广泛关注与高度重视，有利于提升法律援助的知晓率和影响力，有利于培养群众的法律援助意识，有利于提升法律工作者的法律援助能力，有效推动法律援助在全社会的深入广泛讨论，是提升公共法律服务质量的制度回应，对新发展阶段法治社会建设具有重要意义。

十　全国首部市域社会治理地方性法规获批实施

事件概述

2021年1月15日，江苏省第十三届人民代表大会常务委员会第二十次会议批准《南京市社会治理促进条例》（以下简称《条例》），自2021年3月10日起施行。《条例》于2020年12月30日经南京市第十六届人民代表大会常务委员会第二十六次会议通过。2021年3月9日，南京市人大常委会召开《条例》颁布实施新闻发布会，有关新闻发言人介绍说，"作为全国首部以促进市域社会治理为主题的地方性法规，《条例》的颁布实施标志着南京市域社会治理现代化工作迈上法治化新台阶"。

《条例》共9章66条，各章依次为总则、政治安全维护、矛盾纠纷化解、社会治安防控、公共安全保障、基层社会治理、促进措施、监督管理和附则。据权威解读，《条例》有十个方面的立法亮点。一是确立市域社会治理领导体制，建立以市委、市政府主要负责人为组长的双组长领导体制，优化跨部门议事协调机制，强化社区党组织统筹整合资源的统领作用。二是将"大数据+网格化+铁脚板"经验写入法条，作为破解基层社会治理瓶颈的创新机制。三是构建多元解决纠纷机制，以矛盾纠纷实质性化解为目标，打通矛盾纠纷化解程序的运转链条。四是规范社会协同、公众参与的路径，重点发展参与基层群众自治、平安建设、公共服务和为特定群体服务等专业型社区社会组织建设。五是将物业管理嵌入基层社会治理，推动物业服务企业融入社区治理，同时对物业服务企业的社会治理责任和主体地位作出规定。六是建立安全生产风险隐患举报制度。七是完善防灾减灾体系，建立多层次公共安全风险分担机制，加强巨灾风险转移，分散各类风险。八是强化运用大数据助推社会治理的理念和思维方式。九是创制人民调解事项负面清单、行政调解事项清单、社区工作事项准入清单、物业服务企业社区治理清单和网格服务管理事项清单等五项清单制度。十是突出"软法"作用，既强调加强社会规范建设，又注重完善监督机制，保障国家法制的统一性。

法治意义

党的十九届四中全会决定对推进国家治理体系和治理能力现代化进行全面部署，提出"加快推进市域社会治理现代化"的战略目标。南京是全国首批市域社会治理现代化试点城市。《条例》紧扣贯彻落实党中央重大决策部署，充分发挥法治的引领和规范作用，对于提高南京社会治理规范化、法治化和现代化水平，打造社会治理现代化的南京样本，形成可复制可推广的市域社会治理制度体系，具有重要意义。

Contents

I　General Report

B．1　General Report on Development of China's Law-based

Society 2021　　　　　　　　　　　　　　*Ni Fei*，*Chen Duo* / 001

Abstract：In 2021, the construction of China's law-based society has made remarkable achievements in different arenas, including legal publicity and education, public legal services, social grass-roots governance, resolution of conflicts and disputes, civil rights protection, and social legislation. However, some problems also exist, including unbalanced development of law-based society construction, insufficient diversification of participants, and insufficient supply of rule of law construction. A law-based society is the foundation for building a law-based country. And the construction of a law-based society is an important part of achieving the modernization of China's system and capacity for governance. In the next stage of the construction and development of a law-based society in China, we should strictly follow the new layout of the construction of a law-based society prescribed in the "Implementation Outline for Building a Law-based Society (2020– 2025)", further promote the implementation of the "Eighth Five-Year Period" law popularize plan, strengthen the construction of socialist rule of law culture, consolidate and develop the rule of law in social governance, accelerate the pace of building a law-based society in an all-round way with highlighted problem orientation and innovative development.

Keywords: "Implementation Outline for Building a Law-based Society (2020 −2025)"; Publicity and Education of the Rule of Law; Public Legal Services; Social Grass-roots Governance; Resolution of Conflicts and Disputes; Protection of Civil Rights; Social Legislation

Ⅱ Local Reports · Shandong

B . 2 Report on Publicity and Education of Rule of Law

Li Xu / 052

Abstract: In 2021, based on local conditions, Shandong Province actively deployed and implemented the "Eighth Five-Year Period" law popularization plan, continuously strengthened and improved the law popularization work system, focused on "key minority" "key groups" and "key objects" to carry out legal popularization education work, highlighted distinct themes to develop the important contents of publicity and education activities of rule of law, continuously innovated and developed the carriers and forms of legal publicity and education. On the whole, the publicity and education of the rule of law achieved remarkable results, which created a good start for the in-depth development of the "Eighth Five-Year Period" law popularization work. All districts of Shandong Province actively explored the innovation mechanism of legal popularization work. The legal publicity and education work of rule of law in Jimo District of Qingdao City, Feixian County of Linyi City, Weihai City, and Jinan City had prominent highlights, which had typical reference values. In order to further promote the in-depth development of legal popularization work, Shandong Province should focus on strengthening the implementation of the legal popularization responsibility mechanism and guarantee mechanism, promoting the uprightness and innovation of legal popularization work methods, strengthening the construction of legal popularization teams, expanding the level and scope of legal publicity and education, and deepening the grass-roots legal popularization work.

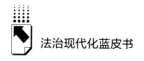

Keywords: Publicity and Education of Rule of Law; "Eighth Five-Year Period" Law Popularization; Citizens' Legal Literacy; Legal Popularization Responsibility System

B.3 Public Legal Services Report *Meng Xingyu* / 070

Abstract: In 2021, under the leadership of the Party, Shandong Province actively promoted the construction of the public legal service system, and made outstanding progress in the following aspects, including: the standardization construction of the public legal service system rapidly upgraded, the construction of platforms accelerated, the supply of public legal services continuously expanded, and the guarantee and incentive mechanism continuously improved. At the same time, there were still deficiencies in public legal services in Shandong Province in terms of platform construction, service supply effectiveness, team building, citizens' awareness of rule of law and legal literacy, etc. It is necessary to further improve the public legal service system, to promote the balance of public legal service resources, to strengthen the publicity of public legal services, and to strengthen the construction of public legal service teams, aiming to comprehensively promote the systematic construction of public legal services.

Keywords: Shandong; Public Legal Service; Legal Service Platform; Legal Service System Building

B.4 Conflicts and Disputes Resolution Report *Li Xu* / 085

Abstract: All localities and departments in Shandong Province insisted on developing and innovating the "Fengqiao Experience" in the New Era, creating a Shandong model for resolving conflicts and disputes, and significantly improving the quality and efficiency of resolving conflicts and disputes. As to the non-litigation mechanism for conflict and dispute resolution, Shandong carried out useful exploration, including: the guarantee mechanism for conflict resolution work was basically improved, the one-stop multi-dispute resolution system was further improved, and the effectiveness of non-litigation conflict resolution work was significantly improved. In terms of the litigation mode for conflicts and disputes resolution, Shandong formed valuable experience, including: the construction of Shandong's litigation service system was upgraded, the construction of smart courts was comprehensively deepened, and the mechanism reform of separation of cases into simple cases and complicated ones under civil proceedings was advanced. Meanwhile, all localities of Shandong actively explored and innovated new models for conflicts and disputes resolution, formed a new pattern of grass-roots social governance, and created a number of distinctive grass-roots models that could be promoted. In order to promote the in-depth development of conflicts and disputes resolution work, Shandong continues to make efforts in giving full play to the Party's political advantages, strengthening the investigation and early warning of conflicts and disputes, deepening reforms and innovations in the diversified settlement of conflicts and disputes, and improving the grass-roots conflicts and disputes resolution system, etc.

Keywords: Conflicts and Disputes Resolution; Litigation; Non-litigation

B. 5　Social Grass-roots Governance Report　　　*Meng Xingyu* / 104

Abstract: With the resolute implementation of the requirements of strengthening the modernization of grass-roots governance system and governance capacity, Shandong Province continuously consolidated the foundation of social grass-roots governance, coordinated urban and rural development, and accelerated the downward shift of the focus of social governance. Social grass-roots governance in Shandong achieved remarkable results. Shandong formed a social grass-roots governance system led by Party building, based on the " three governance integration" of self-governance, rule of law and rule of virtue, supplemented by

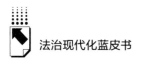
emergency management, and supported by a gridded information grass-roots management service platform. The system organically unified the government's performance responsibilities in accordance with the law, the active coordination of various organizations, and the extensive participation of the masses, presenting a diversified practical pattern of grass-roots governance.

Keywords: Social Grass-roots Governance; Governance Capacity; Shandong Pattern

Ⅲ　Research Reports

B.6　Report on Grass-roots Governance Innovation Based on the Path of Building an "Acquaintance Community"

Pang Zheng, Li Yang / 120

Abstract: The "acquaintance community" is a reform attempt to establish a new social relationship structure initiated by the governance subjects in a small-scale space. It is a high-level self-government community that is based on the community system, with the guiding ideology of "co-construction, co-governance and sharing", formed by recognition, mutual trust, and mutual benefit under the framework of rule of law, where community members are closely connected and interact well. The "acquaintance community" governance pattern has obvious advantages for adhering to and improving the social governance system of co-construction, co-governance and sharing. It is conducive to the transmission of governance information and the effective use of governance resources. It is helpful to realize the people-centered and service-oriented governance philosophy. It can provide a persistent normalized working space for grass-roots social governance. In recent years, Jiangyin City has vigorously promoted the urban and rural community governance work, taken grass-roots party building as the driving force mechanism, aiming to meet the needs of the masses, based on the diversified dispute resolution mechanism, with the participation of the masses as an important force, and with the construction of a good-neighbor culture. A series of valuable practical experience has been obtained, which has laid a good foundation for promoting the innovation and development of the "acquaintance community" governance pattern. To form an "acquaintance community", it is necessary to continuously strengthen the philosophy, to constantly innovate the mechanism, to form a new organizational form, a new carrier platform, and new public activity measures.

Keywords: Acquaintance Community; Municipal Social Governance; Co-construction, Co-governance and Sharing; Jiangyin

B.7   Research Report on Comprehensive Law Enforcement Reform in Grass-roots Governance in Changshu

Sun Wenkai, Lu Wenhui / 164

Abstract: Changshu is the first county-level city in Jiangsu Province and even the whole country to carry out comprehensive law enforcement reform in townships (streets). After nearly ten years of exploration, it has initially formed a mature comprehensive law enforcement experience, including: reasonably sinking administrative law enforcement resources, improving the comprehensive law enforcement operation mechanism, fully implementing the "three systems" of grass-roots law enforcement, improving the administrative dispute resolution mechanism, and improving the law enforcement supervision and inspection mechanism, etc. Through a series of reforms in grass-roots governance, Changshu has met the needs of economic and social development, promoted the standardization of grass-roots comprehensive law enforcement, innovated the law enforcement and judicial integration mechanism, and achieved a national lead in the work of "the one who enforces the law shall be responsible for popularizing it". In order to further deepen the reform, Changshu should adhere to the guidance of Xi Jinping Thought on the Rule of Law, implement the latest

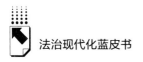
deployment of comprehensive law enforcement, effectively strengthen the level of law enforcement in key arenas, coordinate and improve the "government-court linkage" working mechanism, vigorously strengthen the capabilities of law enforcement personnel, and strive to summarize and form a replicable and extendable grass-roots governance "Changshu Experience".

Keywords: Grass-roots Governance; Comprehensive Law Enforcement; Government-court Linkage; Law Enforcement Reform

Ⅳ Survey Reports

B.8 Probe into the Practice of Grass-roots Governance in Urban Suburbs

—A Field Survey on Yangjiabu Sub-district in Huzhou City

Shao Zhiheng / 185

Abstract: Yangjiabu Sub-district is a suburban area of Huzhou City. The grass-roots governance practice of this sub-district is one of the typical samples for analyzing the grass-roots governance in the Yangtze River Delta region. Sorting out the measures and conditions of grass-roots governance in this sub-district is helpful to better understanding the construction of grass-roots society in the suburbs of cities in the more developed areas of China. Yangjiabu Sub-district has carried out distinctive grass-roots governance practices from three dimensions of politics, economy and society. Adhering to the leadership of Party building is the key measure for the sub-district to carry out grass-roots governance. Paying attention to economic development is the fundamental guarantee for grass-roots sub-district governance. Adhering to grass-roots governance measures of the "three governance integration" of self-governance, rule of law, rule of virtue is a useful experience and development direction for the sub-district to carry out grass-roots social governance. In the process of practice, Yangjiabu Sub-district has formed a perfect governance organizational structure and a distinct endogenous governance order. However, under the background of increasingly complex social situations, Yangjiabu Sub-district also faces the developmental barriers, such as the lack of professional legal talents and grid personnel.

Keywords: Grass-roots Governance; Integration of Three Governance; Villagers Self-governance

B. 9   Exploration on the Governance Pattern of Service-oriented Community in Xiqiao, Zhangzhou City   *Wang Weibin* / 203

Abstract: Individuals live together to form a community, which is a comprehensive concept that contains geographical, blood, and spiritual communities. At present, China's traditional community governance pattern of "emphasizing managements and ignoring services" needs to be transformed into a new pattern centered on services. Xiqiao Community, Zhangzhou City, Fujian Province has actively explored the service-oriented community governance pattern, providing services that are convenient and beneficial to the people, such as a "one-stop" comprehensive service, "2+N" grid governance model, "social worker + volunteer" linked volunteer services, and community public legal services, etc. The governance experience of Xiqiao Community has a mirror effect on the attempts of other communities to change their governance patterns and to improve their governance effectiveness.

Keywords: Community Governance; One-stop Service; Grid Governance; Linkage Service; Public Legal Service

B. 10   Report on the Practice of Community Governance in Xiaobudong, Linyi City   *Yan Fanglin* / 222

Abstract: In the governance practice, Xiaobudong Community in Linyi

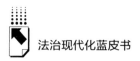
City pays attention to the construction of community system, and strives to improve the institutions, standards, and procedures of community governance. Xiaobudong Community stipulates specific rules and procedures of election work, and promotes the standardization of the election institutions for residents committees. Strict asset management systems and financial management systems have been formulated to improve the utilization efficiency of community assets. The construction of service-oriented community has been promoted from four aspects, including special group services, employment and entrepreneurship services, public security and change customs. However, the Xiaobudong Community still has some disadvantages, such as low level of specialization of the governance team, low level of residents' participation in governance, and low level of informatization of governance work. It is necessary to pay more attention to adjusting the structure of the community governance team, innovating the ways and means for residents to participate in community affairs, and promoting information infrastructure construction.

Keywords: Community Governance; Grass-roots Election; Management System; Service-oriented Community

B.11 Report on Grass-roots Governance Practice in Hongmen Village, Haizhou District, Lianyungang City

Zhang Yingying / 247

Abstract: As one of the typical urban-rural junctions, Hongmen Village, Haizhou District, Lianyungang City, has been actively involved in the construction of democratic and legal demonstration villages in recent years. Through the governance of "one committee, three sessions", Hongmen Village has made great progress in public health management, financial management, democratic evaluation of village cadres and openness of village affairs, etc. At the same time, Hongmen Village also actively focuses on the construction of the rule of law. It has achieved remarkable results in public legal services, mediation of conflicts and disputes, legal publicity and education, and creation of legal culture. However, as an urban-rural junction, Hongmen Village also has governance problems. It should take rural economic revitalization as the starting point, handle the boundary between village-level autonomous affairs and government administrative affairs, strengthen team construction, increase public participation, and improve the efficiency of grass-roots social governance.

Keywords: Urban-rural Junction; Grass-roots Governance; Democratization; Under Rule of Law

B.12 An Investigation into the Establishment of the "Democracy and Rule of Law Demonstration Community"

—*Taking Guanbei Community in Taihe County, Fuyang City, Anhui Province as the Object* Li Zihan / 263

Abstract: In the process of building a "Democracy and Rule of Law Demonstration Community", Guanbei Community in Taihe County, Fuyang City, Anhui Province, with a grid management platform, promotes the construction of community democracy by establishing residents' self-governing organizations, organizing non-governmental mediations, and creating residents' conventions, etc. At the same time, it combines anti-fraud, anti-cult and other legal publicity activities with legal practices such as crackdown on gang crimes, judicial correction, resettlement assistance, legal aid, etc., to promote the construction of community under rule of law. After years of hard work, Guanbei Community has successfully got the title of Provincial "Democracy and Rule of Law Demonstration Community". With the issues of insufficient community legal talents, low quality of residents and lacking of publicity activities of the rule of law, the construction of the "Democracy and Rule of Law Demonstration Community" in Guanbei Community needs to further integrate the resources of all

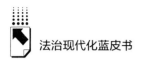
parties, to strengthen organizational construction, and to create a new situation in the practice of community governance under rule of law.

Keywords: Grass-roots Elections; Residents' Convention; Civil Mediation; Publicity of Rule of Law

B.13　Rural Community Governance Relying on Integrated
　　　　Development

—*Investigation Report of Lianchi Community in Xiangzhou*
Town, Zhucheng City, Shandong Province

Zhao Yongjie, Wang Qi / 277

Abstract: Since 2017, Lianchi Community has put forward the governance concept of "co-construction of three districts". It is committed to build new living communities, characteristic agricultural production parks and beautiful ecological scenic spots, which has preliminarily realized the integrated development of industries and interests among three districts. However, at present, with limited abilities to obtain information, the villagers in Lianchi Community do not frequently participate in community public affairs. Their recognition of community governance needs to be further improved. Unbalanced development among natural villages and the traditional living habits become a hindrance to the development of modern communities. Therefore, the institution of community governance urgently needs to solve key problems, such as the shortage of education and medical resources, using the concepts and methods of rule of law. The community should take the pastoral complex as the carrier to promote the deep integration of agriculture and tourism, education, culture, health care and other industries.

Keywords: Community Governance; Agricultural Park; Living Community; Ecological Scenic Spot; Integrated Development; Lianchi Community

V Annual Events Report

B.14 Top Ten Events of China's Law-based Society Development
in 2021 *Wu Huan*, *Zhou Zhuohan* / 292

Abstract: The selection and report of the "Top Ten Events of China's Law-based Society Development" is based on the selection and publication of the "Top Ten Annual Influential Rule of Law Events" carried out by China Academy of Rule of Law Modernization for seven consecutive years. It is a specific expansion of the development issues of law-based society, aiming to present the annual influential events in the development of law-based society in China and its legal significance. Since 2019, three selections and reports have been completed. Guided by Xi Jinping Thought on the Rule of Law, the development of China's law-based society in 2021 achieved remarkable results and highlights: The important concepts of whole-process people's democracy were systematically expressed at the central conference on work related to people's congresses, which provides ideological guidance and direction for the development of law-based society. The "Guidance on Modernizing the System and Capacity for Grass-roots Governance" was issued and implemented. And the modernization of grass-roots social governance stepped into a new stage. The "Eighth National Five-Year Plan (2021-2025) for the Publicity and Education of the Rule of Law" was issued and implemented, which set up a new blueprint for the "Eighth Five-Year" law popularization work. The "Guidance on Strengthening the Construction of Socialist Rule of Law Culture" was issued and implemented. The status and role of the rule of law culture in the construction of law-based society became more prominent. More than 100 apps such as "Didi Chuxing" were removed from the shelves due to illegal collection of personal information. The power of rule of law in cyberspace governance emerged. A series of innovative measures and institutional arrangements formed in the construction of the rule of law in agriculture and rural areas, legislations on

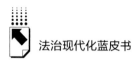

public welfare legal aid, and the legalization of social governance in munici-
palities. The selection and report of the " Top Ten Events of China's Law-based
Society Development " is executed by the Blue Book Studio of the China
Academy of Rule of Law Modernization.

皮 书

智库成果出版与传播平台

❖ 皮书定义 ❖

皮书是对中国与世界发展状况和热点问题进行年度监测，以专业的角度、专家的视野和实证研究方法，针对某一领域或区域现状与发展态势展开分析和预测，具备前沿性、原创性、实证性、连续性、时效性等特点的公开出版物，由一系列权威研究报告组成。

❖ 皮书作者 ❖

皮书系列报告作者以国内外一流研究机构、知名高校等重点智库的研究人员为主，多为相关领域一流专家学者，他们的观点代表了当下学界对中国与世界的现实和未来最高水平的解读与分析。截至2021年底，皮书研创机构逾千家，报告作者累计超过10万人。

❖ 皮书荣誉 ❖

皮书作为中国社会科学院基础理论研究与应用对策研究融合发展的代表性成果，不仅是哲学社会科学工作者服务中国特色社会主义现代化建设的重要成果，更是助力中国特色新型智库建设、构建中国特色哲学社会科学"三大体系"的重要平台。皮书系列先后被列入"十二五""十三五""十四五"时期国家重点出版物出版专项规划项目；2013~2022年，重点皮书列入中国社会科学院国家哲学社会科学创新工程项目。

皮书网

（网址：www.pishu.cn）

发布皮书研创资讯，传播皮书精彩内容
引领皮书出版潮流，打造皮书服务平台

栏目设置

◆ **关于皮书**
何谓皮书、皮书分类、皮书大事记、
皮书荣誉、皮书出版第一人、皮书编辑部

◆ **最新资讯**
通知公告、新闻动态、媒体聚焦、
网站专题、视频直播、下载专区

◆ **皮书研创**
皮书规范、皮书选题、皮书出版、
皮书研究、研创团队

◆ **皮书评奖评价**
指标体系、皮书评价、皮书评奖

◆ **皮书研究院理事会**
理事会章程、理事单位、个人理事、高级
研究员、理事会秘书处、入会指南

所获荣誉

◆ 2008 年、2011 年、2014 年，皮书网均
在全国新闻出版业网站荣誉评选中获得
"最具商业价值网站"称号；
◆ 2012 年, 获得"出版业网站百强"称号。

网库合一

2014 年，皮书网与皮书数据库端口合
一，实现资源共享，搭建智库成果融合创
新平台。

皮书网　　"皮书说"　　皮书微博
　　　　　微信公众号

权威报告·连续出版·独家资源

皮书数据库
ANNUAL REPORT(YEARBOOK)
DATABASE

分析解读当下中国发展变迁的高端智库平台

所获荣誉

- 2020年，入选全国新闻出版深度融合发展创新案例
- 2019年，入选国家新闻出版署数字出版精品遴选推荐计划
- 2016年，入选"十三五"国家重点电子出版物出版规划骨干工程
- 2013年，荣获"中国出版政府奖·网络出版物奖"提名奖
- 连续多年荣获中国数字出版博览会"数字出版·优秀品牌"奖

皮书数据库

"社科数托邦"
微信公众号

成为会员

　　登录网址www.pishu.com.cn访问皮书数据库网站或下载皮书数据库APP，通过手机号码验证或邮箱验证即可成为皮书数据库会员。

会员福利

- 已注册用户购书后可免费获赠100元皮书数据库充值卡。刮开充值卡涂层获取充值密码，登录并进入"会员中心"—"在线充值"—"充值卡充值"，充值成功即可购买和查看数据库内容。
- 会员福利最终解释权归社会科学文献出版社所有。

数据库服务热线：400-008-6695
数据库服务QQ：2475522410
数据库服务邮箱：database@ssap.cn
图书销售热线：010-59367070/7028
图书服务QQ：1265056568
图书服务邮箱：duzhe@ssap.cn

基本子库

中国社会发展数据库（下设 12 个专题子库）

紧扣人口、政治、外交、法律、教育、医疗卫生、资源环境等 12 个社会发展领域的前沿和热点，全面整合专业著作、智库报告、学术资讯、调研数据等类型资源，帮助用户追踪中国社会发展动态、研究社会发展战略与政策、了解社会热点问题、分析社会发展趋势。

中国经济发展数据库（下设 12 专题子库）

内容涵盖宏观经济、产业经济、工业经济、农业经济、财政金融、房地产经济、城市经济、商业贸易等 12 个重点经济领域，为把握经济运行态势、洞察经济发展规律、研判经济发展趋势、进行经济调控决策提供参考和依据。

中国行业发展数据库（下设 17 个专题子库）

以中国国民经济行业分类为依据，覆盖金融业、旅游业、交通运输业、能源矿产业、制造业等 100 多个行业，跟踪分析国民经济相关行业市场运行状况和政策导向，汇集行业发展前沿资讯，为投资、从业及各种经济决策提供理论支撑和实践指导。

中国区域发展数据库（下设 4 个专题子库）

对中国特定区域内的经济、社会、文化等领域现状与发展情况进行深度分析和预测，涉及省级行政区、城市群、城市、农村等不同维度，研究层级至县及县以下行政区，为学者研究地方经济社会宏观态势、经验模式、发展案例提供支撑，为地方政府决策提供参考。

中国文化传媒数据库（下设 18 个专题子库）

内容覆盖文化产业、新闻传播、电影娱乐、文学艺术、群众文化、图书情报等 18 个重点研究领域，聚焦文化传媒领域发展前沿、热点话题、行业实践，服务用户的教学科研、文化投资、企业规划等需要。

世界经济与国际关系数据库（下设 6 个专题子库）

整合世界经济、国际政治、世界文化与科技、全球性问题、国际组织与国际法、区域研究 6 大领域研究成果，对世界经济形势、国际形势进行连续性深度分析，对年度热点问题进行专题解读，为研判全球发展趋势提供事实和数据支持。

法律声明

"皮书系列"（含蓝皮书、绿皮书、黄皮书）之品牌由社会科学文献出版社最早使用并持续至今，现已被中国图书行业所熟知。"皮书系列"的相关商标已在国家商标管理部门商标局注册，包括但不限于LOGO（▨）、皮书、Pishu、经济蓝皮书、社会蓝皮书等。"皮书系列"图书的注册商标专用权及封面设计、版式设计的著作权均为社会科学文献出版社所有。未经社会科学文献出版社书面授权许可，任何使用与"皮书系列"图书注册商标、封面设计、版式设计相同或者近似的文字、图形或其组合的行为均系侵权行为。

经作者授权，本书的专有出版权及信息网络传播权等为社会科学文献出版社享有。未经社会科学文献出版社书面授权许可，任何就本书内容的复制、发行或以数字形式进行网络传播的行为均系侵权行为。

社会科学文献出版社将通过法律途径追究上述侵权行为的法律责任，维护自身合法权益。

欢迎社会各界人士对侵犯社会科学文献出版社上述权利的侵权行为进行举报。电话：010-59367121，电子邮箱：fawubu@ssap.cn。

社会科学文献出版社